自由法曹団

百年史 年表

編集
自由法曹団創立100年記念出版委員会

[出版] すいれん舎

「神戸人権蹂躙事件」の展示

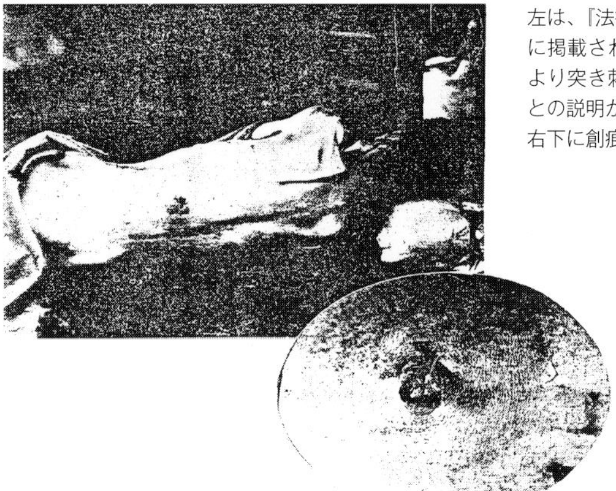

左は、『法律新聞』1876号（1921.8.30）に掲載された写真。「警官の為に背後より突き刺されて死去せる常峯俊一」との説明があり「其の突き痕」として右下に創痕の拡大写真が掲載された。

右は、「弁護士谷健次郎君と共に弁護士上村進君の応接室にて撮影せる人権蹂躙の事実を語る証拠にして麦藁帽子に残れる深き刀痕及び職工を撲りし為に折れし丸太の折口」との説明が書かれている。（『法律新聞』1872号　1921.8.20）

戦前の自由法曹団の幹部会　写真裏面に「ある時代の自由法曹団幹部会」と題されたメモがある。それによれば、向かって1列目の右から、楢橋渡、和光米房、（新聞記者）、上村進、横山勝太郎、松谷與二郎、塩坂雄策。2列目右から、1人おいて満尾叶、水上孝正、古屋貞雄、中村高一、瀬尾藏治、黒澤松次郎。

安保反対のフランスデモ　有楽町の高架線（ガード）が見える。その先が皇居、国会議事堂である。小島成一（1989.10〜1994.10　団長、右上）は、デモの現場にいて「眼の前に繰り広げられた壮大な統一行動のなかから新しく明るい社会が生まれてくる」との想いが募ってきたと度々語った。　u

（1966年10月）団創立45周年記念集会にて

笑顔

58年11月28日　自由法曹団主催の「松川事件公判報告・記録映画の夕べ」
花束を幼女から受ける廣津和郎。その左に、岡林辰雄、岡崎一夫、大塚一男、後藤昌次郎の各団員。　n

72年年11月21日、メーデー事件2審で騒擾罪不成立の勝利判決　中央のＶサインは石島泰団員。　om

73年3月13日、二睦事件の勝利判決　左から冨森啓児、2人おいて三浦敬明、岩崎功団員。　nas

93年12月22日、東電思想・賃金差別山梨事件の勝利判決　右から、2人目から関本立美（山梨）・飯野春正（群馬事件弁護団長）、1人おいて斉藤展夫（東京・山梨事件弁護団長）の各団員。飯野は、東電裁判全体の弁護団長でもあった。後方左に堤浩一郎（神奈川事件弁護団）、上條剛（長野事件弁護団）両団員の顔も見える。　ko

はじめに

自由法曹団の歩み

私たち団員は、愛着と自負の念をもって自由法曹団のことを「団」と呼ぶ。その団が2021年8月に創立100年を迎える。現役の弁護士で構成される法律家団体の団は今や全国で2000名を超える大所帯となっている。創立時の7、80名からスタートし、この100年で団参加の弁護士は、物故団員を含めると全体でおそらく3000名に達するはずである。

団員は、現規約の「人民の権利と自由を擁護し」あらゆる暴圧、加害を許さない社会を作り上げる目的で「人民と共に活動する」。団に結集した3000名の団員は、この100年の間、弾圧と差別と貧困と対峙し、虐げられた人民のために持てる力を存分に発揮してきた。時代を通して一貫性をもって活動し続けた団員の活動の総量を振り返るならば、その壮大さは誰もが認めるものではないだろうか。団という呼称は、そういう歴史を持つ団のなかに在るという自覚、責任といった感覚を私達団員に呼び起こすのである。

◇　◇　◇

団のこの100年の歴史は、大きく言って4つの時代に分けられる。

第1期は、1921年の創立から1933年の団員一斉検挙で団活動が圧伏させられた戦前である。大正デモクラシーの余燼が軍国主義の台頭で踏みにじられ、基本的自由がないことはおろか、無権利状態に呻吟する人民の苦難を前にして、個々の団員は誠実な活動をひるむことなく進めてきた。時の軍国主義的天皇制国家によって、誕生から僅か10年余で団活動は停止を余儀なくされた。「揺籃期」とは裏腹の、暗い時代であった。

第2期は、敗戦後のいち早い団の再建から占領軍・政府との熾烈な闘争を続け、松川事件の貴重な経験を通じて「大衆的裁判闘争」を創造し、労働事件・公害闘争等の諸分野に押し広げていった時代である。占領軍のみならず日本政府は、大衆運動の弾圧と人民に対する収奪に狂奔し、高揚する戦後民主主義の前に立ち塞がった。三池闘争や安保闘争にその典型を見る人民の統一的な連帯運動が各分野の裁判でも進み、困難を引きずりながらも多くの成果をあげた。72年のメーデー・辰野・仁保の3事件の無罪判決をもって、大衆的裁判闘争が実践的にも理論的にも確立した画期を成した。

第3期は、73年頃から大きく前景化した司法反動の嵐のもと、裁判内容の統制を含めて治安体制の再編強化が図られた時代である。団員は憲法に基づく民主主義擁護闘争の一環として裁判闘争を苛烈に、しかも広範囲に展開していった。それまでの弾圧・労働・公害に加えて差別問題をはじめ税金・基地・リストラ・労災・都市・薬害・環境・社会保障・情報公開・戦後補償……等。また団は総力をあげて折からの労働戦線の分裂と攻撃に反撃し、悪法ラッシュと言われた一連の治安立法の策定を阻止するため、悪法反対運動を果敢に進めた。真摯な活動を通じ地域の信頼を得て定着した全国の団員の力量に大きく依拠しながら所期の成果をおさめた。

第4期の始まりは、95年の阪神淡路大震災である。90年代当初のバブル破綻とその後の経済減速のもと、人民の生活は新自由主義の進行で大きく震撼させられ、格差と貧困はますます拡大してきた。2011年の東日本大震災と福島原発事故、2020年のコロナウイルス感染症などの災厄が断続的に起きるなか、悪化する政治経済システムの歪みが、「人民の権利と自由」をさらに形骸化している。政府は湾岸戦争を機に憲法9条の改悪を本格的に駆動させ、沖縄問題と安保法制を通して平和への挑戦者としての動きを露骨に強めている。この時代、団の闘いは憲法改悪の諸策動を抑えつつ、国民各層に深刻化する「命と生活」「平等と自由」の危機を克服し、憲法を活かした諸裁判闘争に深くコミットして今日に至った、と言える。

◇　◇　◇

本年表は以上のように100年を4つの時代に区分し、団と団員の活動の軌跡、その継起を記した。収録は1世紀にわたるため膨大な数に及んだ。団内で系統的な資料収集・整理がない中で、年月日と記載内容にはできるだけ正確を期した積りである。

本年表の作成の試みについて、若干のことを次に記しておきたい。

1　本年表の作成のきっかけは、創立100年目の区切りに、過去の活動歴を通史的に拾い上げておきたいとの思いである。団はこれまでに「団物語」等を著してきたが、「通史」という程の著作を残していない。過去の年表もその時々の必要に応じて約50年の「小年表」が作られたのみであった。弁護士3000人の100年の歴史は、現団員の足もとを照らすだけでなく、後に続く団員が活動の参考にすべきものであろう。「小史」等の基盤のうえに年譜を追加しながら、100年の流れを容易に俯瞰できるようにした。団員の任務を自ら顧みるとき、あるいは将来団の本格的な「正史」が作られるとき、本年表がその基礎的作業におおいに活用されることを願う。

2　人民とともに闘う団員の活動は、社会に広範に存在する人民とともに広く、また裁判闘争の場面では社会の底辺にまで届くような深さを持つ。団の歴史を振り返ることは社会運動史、大衆運動史などの人民の闘いの歴史を知ることである。確かにそれは人民の歴史の一部であり、一つの断面に過ぎないかも知れない。しかし団の活動は社会の最底辺から持ち上がってくる運動と一体化していくことを志向している。そのことが本年表から十分に窺えるはずである。団の歴史を社会運動史として位置づけて具体的に記録し、後世に残し伝えることの意義は少なくないと考える。

3　今日、任意に組織された法律家団体は多数・多彩に存在し、それぞれの特徴をもって活動を継続してきている。その中にあって団の歴史はもっとも古い。また世界の法律家団体を眺めても、団の伝統と気風、あるいは団員の気概と無私な活動ぶりは、他にあまり例を見ないものと思われる。団の活動の具体的な記憶は、民衆のために精励する世界の法律家運動にとっての一つの貢献になるのではないか。

以上が本書を作成した動機である。本年表は、収録事項のコメント、コラム、写真などを収めており異色である。活動・運動に役立つ年表、学べる年表、読む年表、楽しめる年表として読者の座右にながくおいてもらいたい。

◇　◇　◇

本年表に摘示した裁判や運動は、団員が実質的に関与し、かつ団の機関紙誌に報告されたケースを主に収めた。奮闘空しく一敗地にまみれた重要事件も多い。が、一部の例外を除き紙面の制約上割愛したことをお許し願いたい。そのながく続く墓標の列もまた団の歴史であることを私達は忘れてはなるまい。収録した事項は、団報や団通信等の団機関紙誌、総会等議事録、支部記念誌、『自由法曹団物語』（複数）・『憲法判例をつくる』等の団出版物、団員の個人的な著作や追悼集等の類い、法律事務所誌などから援用し整理したうえで掲載した。

本文には最低限のコメントをつけ、コラム欄を適宜設け、収録事項のイメージを喚起し、読者の理解に資するようにした。収録記事から当該事項に関与した団員の支部を推知できる。巻末に付した典拠文献と索引に拠って調査できるように読者の便宜を配慮した。巻末の資料も団の今後の活動の一助になることを期待して掲載した。本年表においては、1934年から1945年までの時代をあえて白地にした。団活動が全体として停止を余儀なくされたこの時期の、先輩の苦衷と困難への想いを紙白に託した。

最後になったが、本年表の作成にあたっては全国の団員の並々ならぬ協力を得た。収録事項の収集からコラム欄作成の協力、校正その他全般にわたり尽力していただいた主な団員の氏名を別に掲記した。彼等の協力がなければ本年表は決して陽の目をみなかった。あらためて心から感謝したい。本書出版にすいれん舎の高橋雅人社長、校正・制作に天野出版工房の天野清文さん、編集作業に東京合同法律事務所の板倉慧さんの大変なご協力を得たことに深く感謝する。

2021年7月1日　　　　編著　荒井新二

（自由法曹団創立100年記念出版委員会）

凡例

1　団員は原則として敬称を付けなかった。団員の氏名が変わる場合、はじめから新しい氏名で書いた。団員以外の第三者は必要に応じ肩書等を付すなど、文脈上推知できるよう配慮した。

2　団員名は、第Ⅰ期の戦前は最初に記す場合のみフルネームにし(コラム欄は別)、その後は氏のみにしたが、戦後は同じ姓名の団員が少なくないのでフルネームにした。

3　年については西暦とした。左欄の各年西暦の括弧内に元号を使用したのは、判例をはじめとする書誌類の検索上の便宜からである。また本文で1900年、2000年を使用せず下2桁だけにしたのは字数節約のためで、100年史ならではの使用法である。

4　事件の表示は、訴訟法上の呼称ではなく、一般に呼ばれる事件名とした（複数ある場合には、編者の判断で一つに絞った）。

5　事件や裁判は、初発（提訴、起訴等)、裁判日（決定・判決等)、解決（和解等）の時期を適宜選択したが、字数節約上収録事項に複数の時期をまとめて掲載したものもある。

6　人数で何名と何人と区分したが、前者は収録した局面（例えば訴訟）に固有名詞で登場している場合、後者はそうでない場合に着目して区別した。

7　コラム欄、写真に付した説明は、編者の責任で記載した。

8　各年の冒頭に「社会の動き」を簡潔に載せ、文脈・背景を示し、収録事項の理解の参考に供した。

9　月日の表示のうち、○月-、は日付が特定できない場合に用いた。

10　地名と官庁、会社などの表示は当時の名称を用いた。外国の表示は、新聞などの通用名を用いた。

【典拠文献と索引】

1　巻末に出典略号一覧と事項索引を掲載した。

2　収録事項を複数の文献を勘案し作成した場合、主な文献を示すにとどめた。

3　ウェブで確認できるものは出典記載摘記を一部省略した。

4　団小年表とあるのは、『自由法曹団物語』所収の「年表小史」である。

5　岡崎メモとあるのは、元団長の岡崎一夫が書き、団本部に保管してあったメモ。

6　（○○g××）とあるのは○○年議案書××頁の、○○v××とあるのは○○年5月研究集会特別報告集××頁の意味である。

7　HPは自由法曹団ホームページを指す。

目次

協力者一覧

阿部哲二
新垣　勉
伊賀興一
石川元也
石口俊一
今村幸次郎
岩田研二郎
上原公太
岡村親宣
菊池　紘
久保田明人
佐々木新一
篠原義仁
白井　剣
杉井静子
鷲見賢一郎
瀬川宏貴
田原裕之
中野直樹
中村和雄
仲山忠克
洪　美絵
森　孝博
横松昌典
横山　雅

イラスト　長野桂子

第Ⅰ期

1921年〜1933年

戦前——暴力と圧制に曝される人民の闘い

西暦 和暦	日付	団の活動と社会の動き
1921 大正10		*［社会の動き］ 4.8 借地借家法の公布、11.4 首相原敬刺殺される、11.12 ワシントン軍縮会議開催、12.10.- 日英同盟破棄。*
	4.8	足尾銅山争議が終結。労組の団結権承認・最低賃金制・8時間労働制の要求を掲げたストライキ闘争に対抗して、会社が活動家337人を解雇。布施辰治が現地で労組を支援。 oi88, u99
	5.1	メーデーで橋浦泰雄（民俗研究家）ら約15人が検挙され、のちに公務執行妨害で起訴。弁護人として山崎今朝弥、徳田球一が就任。 to32
	7.29	神戸の川崎造船所・三菱造船所・三菱内燃機の争議団のデモ行進に警察・軍隊出動、労組員の堂峯俊一が殺害される。戦前最大規模の3万8000人デモ。その後連日にわたり軍隊・警察・憲兵隊による暴力的鎮圧。「神戸人権蹂躙事件」と呼ばれる。争議の指導者に「秩序ある争議による要求実現、暴力否定」を唱道する賀川豊彦がいた。 h1876, u95
	8.10	「神戸人権蹂躙事件」抗議調査のため東京から弁護士14名（団長・宮島次郎）が神戸に到着、神戸弁護士会所属の弁護士らが迎える。ともにデモ参加者の事情聴取などを実施。 h1888
	8.14	「神戸人権蹂躙事件」の報告会が大阪の天王寺公会堂で開催される。 h1888
	8.15	「神戸人権蹂躙事件」調査団の谷健次郎・上村進・宮澤武七・山中正直・布施・松谷與二郎・山崎(今)・三輪寿壮・宮崎龍介が帰京し、報告書の公表・演説会開催・証拠品の展示等の活動を行う。帰京の車中で自由法曹団の結成が話し合われたと言われる［口絵］。 h1872
	8.20	自由法曹団の発会式が東京・日比谷の松本楼で行われる。世話人に上村と松谷を選任。創立時の規約は団に世話人を置くという極めて簡単なもので、参加者は6、70名と言われる。 a, h2187

Column—【参加者の顔ぶれ】

総会後の懇親会の出席者として『法律新聞』に掲載された者は以下の22名であった。

阿保浅次郎・田阪貞雄・片山哲・細野三千雄・瀬尾藏治・松谷與二郎*・高島春雄・山崎今朝弥・松田義隆*・上村進・菅沼広助・宮澤武七・芳賀喬一・和光米房・澤田精兵衛・宮島次郎・牧野充安・大澤一六・東海林民蔵*・黒田寿男・中村高一・藤田玖平。

26年新年号の『無産者新聞』には自由法曹団員として64名の名刺広告が登載された。上記懇親会出席者のうち＊印の3名を除いた19名のほかに、名前を連ねた者は次の通りであった。

池田清秋・飯塚友一郎・奥秋高義・神浦静夫・吉田三市郎・田坂貞雄・長野国助・黒沢松次郎・山中正直・真野毅・松田義隆・松高元治・布施辰治・古屋貞雄・藤倉元信・後藤進二・江渡由郎・秋山真澄・安東正臣・佐々木亮次・宮澤部七・三輪寿壮・三浦尚文・鈴木喜三郎・大澤一六・

海野普吉・高橋巳之助・横山勝太郎・伊勢勝蔵・藤原繁夫・藤井清士・斎藤林平・竹内金太郎・後藤伝兵衛・山口貞昌・山崎定市・神道寛次・楢橋渡・菅原裕・水上孝正・永田治人・坂井五郎・若林三郎・石黒英雄・馬渕分也・松平久松。

9.2 京都・西九条の沢田合金（海軍指定工場）労働争議に暴力団「国粋会」が連日、不当介入。その後上村・片山・松谷・宮澤・山中・宮島らが大挙して京都府知事・検事正に抗議、各地で糺弾演説会を開催。国粋会が警察の説得で撤退。 m7

9.7 神戸人権蹂躙事件について布施、山崎（今）、上村らが検事総長に面会し抗議と要請。 m20

10.5 小作争議弾圧のために岐阜県が警察犯処罰令の対象を拡大。以後十数県に拡がる。

11.11 石川島造船所争議について布施・横山ら50名を超す団員が警察の不当介入を警視庁・検事総長に抗議。「会社側の切り崩し工作と職工側の対抗に処する官憲(の)高圧の態度は遂に争議をして悪化せしむる」と人権蹂躙を糾弾。 h1907

12.- 21年以前から小作料減額・永小作権の確立等を要求する農民小作争議が各地で頻発。21年に全国で1680件、とくに愛知・岐阜が多く加藤高規（愛知支部）の著書『雉本朗造と鳴海小作争議』（88.9発行）によれば両県で278件であった。

1922 大正11

［社会の動き］ 2.15 ハーグに常設国際司法裁判所の設立、3.3 全国水平社創立（京都）、4.20 女性の政談会の禁止規定（治安警察法）の改定（許可制移行）、7.15 日本共産党結成、10月借家人同盟創立、10.28 ムッソリーニのファッシスト党ローマ進軍。

2.- 古島義英・池田・上村・松谷・松高ら35名が普通選挙要求のデモに参加しつつ警察による不当干渉の監視活動。 a

2.23 普通選挙法案の帝国議会への提出（翌23年3月に否決）。多くの団員が「普選運動」に参加。

3.5 団、過激社会運動取締法案の反対決議を発表。法案は22年2月に貴族院に提案され、3月に修正のうえ通過するも、衆議院では審議未了。東西の主要新聞社を束ねた新聞同盟が反対運動で大きな役割。山崎は経営する『労働週報』（編集者・平沢計七）に拠って反対論を展開。 u110

3.8 横浜船渠争議で組合事務所が数百人の警官に襲われ四〇人余が検挙される。これをめぐって、自由法曹団員を中心とした弁護士が実地検分し県当局、警察を追及、同夜、演説会を開いた。 t1026

4.9 日本農民組合（日農）の結成（神戸）。小岩井浄、大阪で「日農」の顧問弁護士に就任。 m338

6.1 「大阪労働学校」が賀川豊彦『死線を超えて』の印税で開設される。小岩井が科目「社会運動史」の講師をつとめる。 m338

6.12 山崎（今）、裁判官の資質一般について「低脳・化石」と論評した廉で弁護士業務停職4か月の判決を受ける。 m284

7.28 野田醤油争議で片山が収監された労働者と善後策を検討。 t1026

10.25 南葛労働協会が東京府南葛飾郡亀戸町（現江東区）に渡辺政之輔・川合義虎らによって結成される。 u104

10.- 布施主宰で借家人同盟の創立総会が東京神田のキリスト教青年会館で開催（21年4月の借地法・借家法の制定に対応）。 oi176

1923
大正12

［社会の動き］ 9.1 関東大震災発生、9.2 戒厳の布告・朝鮮人大量虐殺、9.4 平沢計七・川合義虎らが軍隊に虐殺される（亀戸事件）、9.16 大杉栄らが殺害される（大杉事件）。

1.4 岡山県藤田組児島農場（1287町歩）の小作争議（22年11月から第2次争議）で小岩井が逮捕される。のちに起訴され（煽動、窃盗、横領容疑）、布施・徳田・細迫兼光らが弁護にあたる。23年6月無罪となる（以上「藤田農場事件」）。 m②103

1.- 細迫、東京から大阪に移り関西で小岩井らと弁護活動を開始。 a

2.11 過激社会運動取締法案・労働組合法案・小作争議調停法案の悪法反対デモ。前2者は提出できず、小作調停法案は衆院で審議未了。

3.1 普通選挙法案が衆院で否決される。

5.20 東京弁護士会が分裂し第一東京弁護士会が設立。続いて26年3月29日に第二東京弁護士会が設立される。 x379

6.5 第1次共産党事件の発生。徳田・小岩井が検挙される（治安警察法の適用）。布施・山崎（今）・松谷・神道・黒田寿男らが弁護にあたる。 f14, u109

7.16 奥村電機商会（京都）で職工300名が賃下げ提案に社前抗議。喊声をあげ標識2本を引き抜き投石、ガラス戸を割る。労組員80人が検挙される。そのことに騒擾罪が適用され、後日起訴される。8月6日には小岩井が演説中、中止命令を受け会場混乱。争議は8月に一応収束するが、12月に再燃。 b7・8・合併14, t1026

7.〜8.- 布施、京城地方院での義烈団事件の弁護と朝鮮人留学生団体の夏季巡回講演のため朝鮮に赴く。 oi121

9.1 関東大震災の混乱に乗じ戒厳令下、数千人の朝鮮人等が虐殺される（朝鮮人虐殺事件）。政府・軍隊・警察によって「朝鮮人が井戸に毒を入れた」等の虚偽宣伝が流された。団は在日朝鮮同胞被虐殺真相調査会の活動に協力。 m21

9.2 戒厳令の実施（→11月16日迄）。

9.2 布施、単身で大震災当日の深夜、市ヶ谷刑務所に在獄者を見舞う。 oi156

9.3 朴烈（パクヨル）事件の発生（被告朴烈および金子文子）。25年5月に大逆罪で起訴される。 oi124

9.5 大震災に乗じて「社会主義者狩り」として亀戸警察署に連行された平沢計七・川合義虎ら労働者10名が近衛師団に引き渡され、この日未明に刺殺される。当時亀戸署管内では多数の朝鮮人・中国人が殺害された（亀戸事件）。 u107

9.6 桜井紀（のちに団員）、新聞『農民運動』の編集発行の容疑で憲兵隊らに検挙される。

9.16 大杉栄・伊藤野枝・甥の少年橘宗一が憲兵隊司令部で憲兵大尉甘粕正彦に殺害される（大杉事件あるいは甘粕事件）。山崎（今）が大杉の死体引き取り。合同告別式が12月16日行われたが、右翼によって遺骨が持ち去られた（遺骨なき葬儀）。

9.23 布施主宰の借家人同盟が「震災罹災者、権利主張、法律活用、実際問題解説」と銘打った小冊子を発行。焼け跡の急造バラックの立ち退き要求等の対処などの実務的な啓蒙書であった。 a, oi176

9.- 吉田三市郎、「甘粕事件」の抗議文を日本弁護士協会の機関誌・協会録事に掲載・発表。 a

10.10 「亀戸事件」から1か月を経過した時点で警視庁が軍隊の虐殺との真相発表。団、犠牲者家族と総同盟から徹底究明の正式要請を受け、山崎（今）・布施・黒田ら団員16名が犠牲者の動静や検束状況等の聴取書（のちに亀戸調書と言う）を作成（虐殺は、朝鮮人大量虐殺の事実を隠匿する目的であったとも言われる）。 d49, oi171

11.2　団、「亀戸事件」に対する抗議の決議。検事正に面会し事実の徹底究明と関係者の厳重な処罰を要求。司法大臣・戎厳司令官・内務大臣等にも抗議申し入れ。　a

1924
大正13

［社会の動き］　5.10 衆議院総選挙で護憲三派の圧倒的勝利、7.22 小作調停法の公布（小作争議対策）。

2.1　第2次護憲運動の国民大会が東京・日比谷で開催。『東京日日新聞』は「片っぱしから検束　民衆の波　警官の垣」と報じる。

2.17　亀戸事件の犠牲者の合同葬が青山斎場で行われる（日本最初の労働組合葬）。　p

5.10　布施、パンフレット「急進徹底普選即行」を発刊。普通選挙制度の民主的な意義・価値とその実施を訴える。　a

6.28　無産政党結成の準備のため政治研究会が創立。布施・山崎（今）・黒田が参加。　a

11.30　香川県太田村伏石で小作争議。日農顧問・若林、地主からの地代請求に事務管理留置権に基づく立毛刈取権で応訴するが、農民6、70人とともに検挙される（伏石事件）。罪名窃盗教唆で起訴されるが、弁護に松谷・細迫・水谷長三郎・井藤・吉田賢一および花村四郎・楢橋も参加。　b18, m②132

12.13　婦人参政権獲得期成同盟会の結成（久布白落実・市川房江ら）。　p

1925
大正14

［社会の動き］　4.17 朝鮮共産党結成、5.5 普通選挙法の公布、5.30 中国で5・30事件。

1.18　団、三重県水元事件（トンネル工事朝鮮人労働者に対する弾圧事件）の調査開始を決定。　a

1.-　米村正一、日農の香川県連顧問弁護士として高松に赴く。　a

1.-　群馬県世良田村の未解放部落の襲撃事件が発生。　a

2.11　治安維持法案に反対する示威行動が全国各地で行われる。　p

治安維持法反対の大集会。東京・芝に3000人が結集。　q

2.18　治安維持法案が衆議院に提出される（3月7日一部修正のうえ可決）。

3.10　日本弁護士協会が「伏石事件」のため高松に入る。松谷・古屋が参加。　b18

4.3　若林、「伏石事件」で司法大臣・検事総長に建白書を持参し抗議のため上京、車中で自殺未遂を起こす。9月7日高松地裁で懲役10か月の執行猶予付き判決。　b18

4.22 治安維持法（同年法律46号）の公布（5月12日施行）。普通選挙法（同47号）との「アメとムチ」の法制定であったが、その成立は23年関東大震災の際発布された緊急勅令「治安維持のためにする罰則に関する件」の廃止を条件とした。

5.8 治安維持法の朝鮮・台湾・樺太に施行する勅令の施行。

Columm―【治安維持法違反の年別検挙・起訴数】

治安維持法（28年の改悪を含め）が適用された事件の検挙数と起訴件数。あわせて対応する年の労働争議数・参加数と小作争議数とを官計数値（当局資料）から掲記する。

年別	検挙数・起訴件数	労働争議数・参加数	小作争議数
27年	不　詳	1,202・103,555	2,052
28年	3,426・525	1,021・101,893	1,866
29年	4,942・339	1,255・149,015	2,434
30年	6,124・461	2,289・191,805	2,478
31年	10,422・307	2,456・154,528	3,419
32年	13,938・646	2,217・不詳	3,414
33年	14,622・1285	1,897・不詳	4,000
34年	3,994・496	1,915・不詳	5,828

朝鮮・台湾などの植民地では独立運動が「国体」変革の行為とされ多くの死刑判決が出され、治安維持法が一層猛威をふるった（日本国内では死刑判決例は無い）。とくに朝鮮半島での治安維持法犠牲者はおびただしい数にのぼると考えられるが、記録上不詳である。詩集『空と風と星と詩』の作者・尹東柱（ユンドンジュ・間島出身）は同志社大学1回生のとき治安維持法で逮捕され、44年に実刑2年の判決を受け福岡刑務所で受刑中の45年2月に獄死した。

11.29 富士紡績工場労働争議（神奈川県川崎）で検束された労働者の釈放を求めて警察署前で待機中の芝浦労働者を警察隊が襲い騒擾罪・脅迫罪で一斉検挙。上村・布施・山崎（今）が弁護にあたり、その後無罪判決を勝ち取る。

12.1 京都学連事件（第1次）で12月7日までに38名が検挙される（日本人に対する初の治安維持法の適用）。 m②192

1926
大正15

［社会の動き］ ***3.5 労働農民党結成、4.9 治安警察法17条（同盟罷業扇動の禁止）の削除・労働争議調停法の公布、4.10 暴力行為等処罰に関する法律公布、7.9 中国の蒋介石の北伐開始、12.4 日本共産党再建、12.5 社会民衆党結成、12.9 日本労農党再組織。***

1.12頃 朴烈事件で朴烈（パクヨル）および金子文子両名が、山崎（今）・上村・布施に弁護を依頼。従前の官選弁護人と共に弁護にあたる。 oi124

1.15 京都学連事件（第2次）で38名が治安維持法で検挙される。片山、三輪、細迫、水谷、上村、守屋孝蔵、小田美奇穂が弁護にあたる。 a

1.19 東京・文京区の共同印刷労働争議でスト（→3月18日）。神道らが支援活動。 t727, u122

1.23 布施、日本労働組合総連合の設立にあたり会長に就任。

3.25 大審院は朴烈と金子文子に対し大逆罪を適用して死刑判決。4月5日に大赦で無期懲役に減刑。7月23日金子は獄中で自殺。 u124

3.- 布施、朝鮮半島に渡り全羅南道で耕地の取り戻し訴訟のため土地調査、あわせて各地で講演し農民を激励。 oi129

4.26 浜松市の日本楽器本社工場労働争議（→8月8日）。警察と軍隊の弾圧に抗して労組員1200余名が105日間のストライキを敢行。上村・布施・古屋・中村・楢原が支援。さらに神道・細迫・水谷も支援に入るが、労働者17名が騒擾罪で立件される。 u123, x342

5.5　4年越しの新潟県北蒲原郡木崎村小作争議が激化。立ち入り禁止仮処分に反対する農民が警察官と激突し28人が検挙される。岡崎一夫、「日農」オルグで活動。片山・井伊誠一・細野三千雄、続いて宗道太・岡崎らが弁護にあたる。その後も香田村・和田村で小作争議が継続。団員多数が来援。　m②157, ok107

11.25　団の時局講演会（神田青年会館）開催。その廉で松谷・神道らが検束される。　a

1927 昭和2

［社会の動き］　*3.15 渡辺銀行等の取り付け（金融恐慌の開始）、5.28 田中義一内閣が山東出兵を決定、6.27 東方会議で中国政策決定、日本共産党の27年テーゼ発表。*

1.29　労農党委員長就任に藉口した大山郁夫に対する大学教授職辞任の強要事件について、団は早稲田大学当局に抗議。　a

3.-　布施、台湾の二林甘蔗農民組合の農民運動について騒擾罪が適用された事件の弁護のため台湾に赴く。　oi134

7.23　川崎造船所（神戸市）が金融恐慌の影響で3037名の解雇発表。　u125

9.15　団の支援した野田醤油労働組合員1500名のストライキ（戦前最長のスト）。28年4月19日まで闘いぬく。解放運動犠牲者後援会発足の契機となる。　q11

12.-　朝鮮共産党（25年4月結党）事件（日本初の治安維持法適用・京城地方法院係属）について布施・古屋、朝鮮に渡る。布施、12月にも渡朝（4度目）して弁護にあたる。　oi143

1928 昭和3

［社会の動き］　*6.29 治安維持法の緊急勅令、12.24 新労働農民党結成、12.25 日本労働組合全国協議会（全協）結成。*

2.20　初の普通選挙に多数の弁護士が立候補。小岩井（愛媛2区）・近内金光（兵庫2区）・水谷（京都）・上村（香川）が労農党から立候補するが、水谷ひとりだけが当選。　m54

3.14　日農顧問弁護士として朝鮮・荷衣島での農民運動を支援していた天野末治が帰国し、帰国報告会の演説中検挙される。　m②410

3.15　日本共産党3・15事件の発生。全国で党員・支持者ら1568人におよぶ逮捕、起訴483人。団員では徳田・岡崎・近内・松岡二十世・米村らが検挙される。　m②10

4.7　解放運動犠牲者救援会が結成。創立大会が中央区協調会館（現在の中央労働委員会会館）で開かれる。評議員に宮崎・三輪・細迫・松谷・上村、会計監査に山崎（今）、法律部長に布施が選任。　q21

4.10　日本共産党3・15事件の報道が解禁される。同時に労農党（2万5000人）・全日本無産青年同盟（4000人）・日本労働組合評議会の解散命令が閣議決定される。　p

4.25　治安維持法改正案が司法省と内務省により閣議に提出される。最高刑を死刑にする「改正」案であったが、ただちに衆議院に提出。反対論が強く審議未了、4月27日に廃案となった。しかし田中義一内閣は閉会後の6月29日緊急勅令をもって強引に公布。

4.-　日本農民組合（日農）顧問であった天野が名古屋に移る。　m②411

5.26　司法省は東京・大阪に加えて思想係検事を控訴院と全国10地裁に配置。

7.3　内務省が治安維持法の運用にあたる警保局の機構改革と人員増を実施。特別高等警察（特高）が全国警察に配備。7月24日思想係検事を各地裁に任命配置。　u133

10.1　陪審員法（23年成立）の施行。10月23日大分地裁で初の陪審裁判（殺人未遂）。43年4月1日停止法で停止されるまで実施件数480件、うち無罪件数81件。

11.21 大阪地裁で日本共産党3・15事件の公判始まる（被告人98名）。弁護団長は布施であったが、実質的な弁護団のリーダーは副団長の小岩井であったといわれ、色川幸太郎（戦後最高裁判事）も弁護団に加わる。29年2月有罪判決。 oc82

1929 昭和4

［社会の動き］ 10.24 世界大恐慌おこる。11.21 浜口内閣の金解禁声明。

3.5 治安維持法改悪（衆院の承諾）。夕刻、反対した労農党・山本宣治が右翼に殺害される。細迫、上村が現場に急行、検証に立ち会う。犯人・黒田保久二は懲役12年で服役の後37年12月に仮釈放（在獄約7年半）。

3.15 東京・京都などで山本宣治・渡辺政之輔（28年10月6日台湾で警官に襲われて自殺）の労農葬。警官が参加者多数を検挙。 q29

4.16 日本共産党4・16事件の発生。全国一斉検挙、起訴290名。その後検挙者総勢は1000名を超し、起訴は339名に増加。

4.19 貴族院で治安維持法改悪について承諾、可決される。

4.- 天野、全農愛知県連の委員長となる。 m359

8.13 布施、大阪での日本共産党3·15事件公判（第1·2回）の弁護活動を理由に懲戒相当として東京控訴院懲戒裁判所に起訴される。公判開始は30年4月。（布施懲戒事件） b10·38, oc122

布施辰治の懲戒裁判の弁護団。写真前列中央が布施本人。 oc

8.- 風早八十二執筆の『治安維持法』（現代法学全集30巻　日本評論社）が上梓される。

12.5 東京市電労働組合の初のストライキ。警視総監の調停で解雇撤回などの組合有利の条件でいったん収拾するが、30年4月20日ゼネスト敢行。賞与削減等反対の闘争に入るもスト破りの暗躍に遭い敗北（東京市電争議）。 oi92, u136

1930 昭和5

［社会の動き］ 1.11 濱口内閣による金解禁、5.20 哲学者三木清・東大助教授平野義太郎・同山田盛太郎らが検挙される。この年世界恐慌の影響で失業と農業危機が深刻な状態に。

2.15 岡林辰雄（翌31年弁護士登録）、クルプスカヤ著『レーニンの思い出』（第1巻）を翻訳・出版。 oh37

4.9 鐘ヶ淵紡績の大阪淀川工場（鐘紡争議）で労働者たちが賃金切下げに抗議し職場離脱、翌日からストライキに突入。 u140

Column－【昭和恐慌と労働争議の激増】

鐘紡争議は京都・兵庫・東京・熊本などの鐘紡の工場にただちに波及し長期にわたる激烈な争議となった。前年29年10月には世界恐慌と浜口内閣の金解禁が重なって昭和恐慌が生じ、物価の大幅下落等から経営破綻が激増し失業者は250万人に。大企業では賃下げ・大量首切りが横行し、争議も生活防衛の闘いであった。30年10月に官吏年棒の一律1割カット問題が浮上した際、東京検事局の検事、次いで判事が反対に立ち上がり、他の官庁に飛び火してカット案は撤回された。30年に東洋モスリンや富士瓦斯紡績（富士紡）では女性労働者が工場封鎖・解雇・賃下げに抗してストを打ち、介入する暴力団の妨害とも闘った。31年には各地に労働争議が広がり1月横浜船渠（ドッグ）、2月芝浦製作所、4月住友製鋼所（大阪）・富士紡大分工場・陸軍火薬製造所、6月川崎造船所（神戸）で果敢な闘争が行われた。中小企業でも星製薬（30年5月）、東京製パン争議（30年9月）をはじめ大小の争議が頻発し、炭鉱争議も各地で行われた。農村部では家族離村・娘の身売り等の悲劇が続出し、とくに31年の北海道・東北を襲った冷害・凶作は悲惨な状況を現出させた。団は農村窮状を訴えて募金活動を展開する等の活動を行った。

7.11 日本共産党の弾圧裁判について、「全国的統一集合裁判」「公開裁判」の要求を決める。 oc109

8.5 解放運動犠牲者救援会をモップル日本支部・日本赤色救援会と改称。 q40

8.17 三信鉄道（現・飯田線）争議で大量の警官隊が300人超の労働者を検挙、20名余を暴力行為処罰法違反で起訴。支援の天野が8月逮捕される。釈放後警察署長を告発、その後不当逮捕と留置場の不衛生で損害賠償裁判を提訴（名古屋区裁判所）。 m②416

8.- 布施、新聞紙法・郵便法違反で東京区裁判所に起訴される。獄中被告への信書が公安を害する禁制品として郵便法違反とされる。32年7月に禁固4か月の有罪判決（2審で1部無罪であったため3か月に減刑）。 oc129

10.27 日本共産党3・15、4・16事件公判準備のため豊多摩刑務所で東京地裁宮城実裁判長、布施らの立ち会いで被告会議が開かれる。裁判所に統一公判を認めさせる。 oc115

1931 昭和6

［社会の動き］ ***3.17 労働組合法案の衆院通過（貴族院で審議未了）、3月17日 3月事件頓挫。4.19 日本労働組合総評議会結成、8.15 全農全国会議派結成、9.18 柳条湖事件（満州事変）の発生、12.23 犬養内閣による金輸出の再禁止（金本位制の停止）。***

3.- 角田儀平次・谷村直雄が東京・新宿に共同して四谷法律相談所を開設。市ヶ谷刑務所やモップルの事務所に近く合法的活動の拠点として多数が訪問・利用。救援弁護団の事務所となる。 m②82

4.7 小岩井が赤色救援会大阪地方委員長としての活動の廉で4回目の逮捕。 q56

4.29 解放運動犠牲者救援弁護士団結成（神田駿河台下ブラジル会館）、治安維持法と対決し階級的な裁判闘争を行う弁護士集団の結成を被告団らから要請されたことを受けた。幹事に布施・上村・神道・牧野の4名、書記長に小林恭平（5月に谷村に交代）を選出。四谷相談所が団の事務所になる。 m②28

6.10 東京控訴院懲戒裁判所が布施に対する東京弁護士会からの除名を相当とする判決を下す。（布施懲戒事件） oc125, x411

6.25 日本共産党3・15、4・16中央統一裁判が東京地裁で始まる（32年6月25日判決）。裁判の方針はモ・ベ・ヒ会議で決められた（モはモップル〈国際赤色救援会〉、べは弁護団、ヒは被告団の略称）。なお弁護団の団長に布施、幹事長に上村が就任。 q51

9.10 井藤、ピオントコフスキー著『マルクス主義と刑法』を翻訳、上梓。 if16, m②203

	9.14	全農全国会議派弁護士団が結成。3月の全農組合の分裂に伴い左派の全農全国会議を支援。	
	10.-	小岩井が獄中のまま大阪府議選挙（東成区）に立候補し当選。	a
1932 昭和7		***［社会の動き］ 1.28 第1次上海事変（→3.3 ）、2.9 血盟団事件、3.1 満州国政府樹立、5・15事件発生（犬養首相射殺）、6.29 警視庁に特高部を設置、7.10 共産党の32年テーゼ発表、9.15 日満議定書の調印（満州国を承認）。***	
	7.7	日本共産党3・15事件、4・16事件の統一公判の弁論始まる。	
	7.19	団、築地小劇場で「死刑重罰反対・階級的政治犯即時釈放演説会」を共催。	q68, m②51
	7.25	赤色救援会本部役員が検挙される。8月に松岡・細迫・谷村・阿河が治安維持法違反で検挙される。	q69
	8.-	角田、満州・朝鮮での解放犠牲者救援のため大連・京城に赴く。	a
	9.1	解放運動犠牲者無罪要求無産者団体協議会（略称・無罪要求の会）が結成。合法的左翼集団が赤色救援会を中心に結集。	q66, t500
	10.29	日本共産党3・15事件、4・16中央統一裁判の判決。被告人181名全員有罪、うち無期4名懲役15年2名などの重罰。	q66
	11.2	岡林が検挙される（日暮里警察署に留置→12月1日）。	b15・18
	11.3	岩田義道が西神田署の特高に虐殺される。布施・大森・河合・青柳が遺体を引き取る。解放運動犠牲者救援弁護士団は調査・抗議・告発および岩田労農葬に参加。	ao41
	11.11	布施、大審院で弁護士除名の懲戒判決を受ける。東京弁護士会は、11月19日上村をはじめとする会員30名の申し立てに基づき布施除名処分に抗議。	x413
	11.12	赤色判事事件起きる。尾崎陞東京地裁判事が検挙。翌33年2月に同じ治安維持法違反で為成養之助、3月に滝内礼作、福田力之助の現職判事たちが相次いで検挙される（司法官赤化事件）。	m175
	11.30	東北諸県（秋田県を除く）で左翼的農民運動指導者の一斉検挙。	
1933 昭和8		***［社会の動き］ 1.30 ヒトラーのドイツ首相就任、3.3 三陸地方大地震（M8・5）大津波襲来、3.23 ドイツ国会でナチスへの全権委任法可決、3.25 旧弁護士法改正、3.27 日本の国際連盟脱退、5.26 京大滝川事件発生。***	
	1.-	布施の懲戒除名処分確定。布施事務所に居た大森・河合篤・青柳盛雄が独立して中央法律事務所を開設。	oc128
	1.29	解放運動犠牲者救援弁護士団と全農全国会議派弁護士団が合同して日本労農弁護士団（幹事長・上村）を結成。弁護士団には救援弁護団29名のほか、土屋英雄と関西の加藤充・浪江の3名が入団。	a
	2.22	2月20日に築地署に逮捕され虐殺された小林多喜二の労農葬（→23日）。青柳・三浦が遺体引き取りのため奮闘。告別式参加者が全員検束される。根拠は明治12年の太政官布告の「凶悪犯の葬式は禁止する」。	ao63
	2.-	日本労働組合全国協議会（全協）の中央委員が全員、検挙される。	p
	2.-	満州で起きた間島事件の獄内被告達に上村・神道・青柳・窪田の名前で激励文を送り弁護したい旨申し出る。	m②34
	4.3	日本労農弁護士団関西支部の創立。井藤、垣見周瑞、加藤（以上3名が大阪無産者法律相談所開設）と浪江が参加。	a

4.5 布施、新聞紙法違反で東京豊多摩刑務所へ下獄（禁錮3月）。その後出獄するも翌34年3月に治安維持法違反で再度起訴される（39年5月懲役2年確定）。 oi102

4.25 救援会事務局が弾圧される（8月25日救援会指導部に対する弾圧）。 q②40･263

5.16 角田（赤色救援会救援部長・救援弁護士団書記長）が検挙される。

6.7 3・15等裁判の獄中被告の日本共産党幹部佐野学・鍋山貞親が転向声明書を提出（6月10日新聞報道）。 p

7.5頃 阿河が再び検挙される。 a

9.13 日本労農弁護士団の弁護士一斉検挙。 d115別冊, oc142

Column－【団活動の停止】

この日は3・15事件、4・16事件の2審1回目公判予定日の前日。検挙理由は主として治安維持法違反事件の弁護活動が治安維持法違反にあたる、というものであった。翌14日東京朝日新聞は次のように報じた。「警視庁特高部は十三日払暁特高課長の指揮の下に課員を総動員して出勤、日本労農弁護団所属弁護士上村進・布施辰治（先般弁護士資格失格）・神道寛次・河合篤・大森詮夫・窪田貞三郎・梨木作次郎・牧野芳夫・牧野充安・中村高一・池田遠思・東本紀方・土屋英雄・三浦次郎・蓬田武・大貫清・武藤運十郎の17名をそれぞれ寝込みを襲い一斉に検挙」。出張中の青柳盛雄は当日に、後藤亨と三浦次郎はその数日後に検挙された（記事の三浦検挙は誤記）。検挙されたほとんど全員が起訴された。関西では直後の9月15日に井藤誉志雄、垣見周端、浪江源治、加藤充の4人が検挙されたが、井藤ひとりが起訴（34年1月22日）。起訴を免れた加藤は、その後44年年10月に左翼系書籍の所持を口実に2回目の検挙（45年7月に釈放）。検挙者に対する起訴・不起訴を問わない特高警察の監視と追及は、刑を終えた出獄者にも執拗に続いた。

日本共産党3・15事件裁判（大阪地裁）で編笠・腰縄・手錠姿の被告人。裁判では被告人らの要求した「統一公開裁判」が一部、極めて不十分な形で強行された。司法部を含め権力者は日本共産党の姿と主張が国民の耳目に入ることを忌悪した。 q

1934
昭和9～
1945
昭和20

［社会の動き］ 35年2.28 天皇機関説事件おこる、36年2.26 2・26事件、37年7.7 日中戦争開始、39年9.1 第2次世界大戦はじまる、41年12.8 真珠湾攻撃（アジア太平洋戦争はじまる）。

第Ⅱ期

1945年～1972年

大衆的裁判闘争の創造から確立へ

1945(昭和20)8.14～1946(昭和21)1.22

西暦 和暦	日付	団の活動と社会の動き
1945 昭和20	［社会の動き］	***3.9 東京大空襲、3.26 米軍沖縄の慶良間諸島に上陸・沖縄戦開始、7.26 ポツダム宣言、8.6・9 広島長崎に原爆投下、8.15 日本全面的降伏、10.4 GHQ人権指令、10.15 治安維持法・思想保護観察法の廃止、12.22 旧労働組合法の成立。***
	8.14	梨木作次郎、都心・丸の内の三菱21号館ビル2階に法律事務所を新設、弁護士活動の新しい運動拠点を確保。 ns39
	10.6	解放運動犠牲者救援会の発足。 q77
	10.8	自由法曹団の再建準備会が開かれる（東京・大森ホテル）。上村進・神道寛次・岡崎一夫・岡林辰雄・梨木作次郎・青柳盛雄・武藤運十郎・大脇松太郎が出席。7日の朝日新聞によれば団員が「広く全国の家族と連絡を取り、出獄者に寝具・衣料その他の生活必需品を送るとともに病弱者への病院・必需品の世話などの支援活動」を行うと報じられた。 ns45
	10.10	自由戦士出獄歓迎人民大会開催（東京田村町・飛行会館）。徳田球一ら政治犯3000名釈放。布施辰治が「皆さん、久しぶりでした」と開会挨拶。 q79
	10.24	団、読売新聞第1次争議の生産管理闘争下の警官による暴力的干渉を告訴。労組が正力松太郎社長の戦争責任を追及し退陣を求めたが争議指導者5名が解雇。生産管理闘争が50日間続く。団員が争議支援。 m③31
	11.7	解放運動犠牲者追悼全国大会が開催される（東京神田共立講堂）。 q80
	11.10	団の再発足（再建）大会が丸の内・東京会館で開かれる。 m194
		Column－【団の再建総会】 世話人上村進・吉田三市郎・山崎今朝弥・田坂貞雄4名の呼びかけで再建大会が参加者150名余で行われる。幹事長に上村、顧問に布施・山崎が選出される。団事務所は丸の内の梨木法律事務所で、規約は作らなかった。行動要領として決めたのは①釈放政治犯の法律的援助②被拘禁政治犯の調査と釈放③一切の人権蹂躙の究明④人権蹂躙官憲の具体的調査とその処罰⑤人権抑圧諸法令の撤廃⑥司法制度の徹底的革新、であった。
	12.11	上村進らが京成電鉄（千葉）での労働組合による生産管理闘争を支援する。 d198
1946 昭和21	［社会の動き］	***2.1 第1次農地改革、4.10 敗戦後第1回衆議院選挙、6.12 ポツダム勅令（占領目的阻害行為処罰令）、9.9 生活保護法の公布、10.13 労働関係調整法の施行、10.21 第2次農地改革、11.3 日本国憲法公布。***
	1.-	東芝の団体協約交渉（10日間連日）に上村、岡崎が参加。 ok139
	1.22	東京・板橋区造幣廠隠匿物発見・摘発。この行動に対する警察隊の干渉・弾圧に対して布施辰治・上村進・岡林辰雄・岡崎一夫・青柳盛雄・牧野芳夫・神道寛次らが抗議し、起訴された3名の裁判闘争に参加（2審で2名無罪）。その後全国的に隠

退蔵物資の摘発運動が展開される。東京・杉並、川崎、福島、宮崎などで弾圧事件が発生。 m③20

4.10 細迫兼光が戦後初の総選挙で当選（その後も日本社会党から出馬し4期連続当選）。

4.- 井藤誉志雄・浪江源治・菅原昌人・古野周蔵・佐々木健介らが中心となって関西自由弁護士団が結成される。 m154

5.1 2・26事件以来禁止されていたメーデーが11年ぶりに開かれる（復活メーデー）。200万人参加。 u233

5.3 極東国際軍事裁判所（東京裁判）開廷。その後48年11月12日に東条英機など戦犯7名に死刑判決（12月23日執行）。

5.7 川崎食糧メーデー事件の発生。川崎市役所で「パンよこせ」と食糧営団事務長らに緊急配給を要求。1週間後に恐喝・住居侵入で3人が逮捕・起訴される。47年末に横浜地裁が無罪判決。 j8, ok150

5.11 東京都杉並区食糧営団荻窪支所での米よこせ（杉並）区民大会で支所長団交によって米・麦・甘藷を区民に配給させる。5月に「暴力行為等処罰ニ関スル法律」違反で運動幹部4名が起訴（その後有罪、執行猶予）。翌日世田谷区で続く。 oz215

5.19 飯米獲得人民大会（食糧メーデー）において「プラカード事件」が発生。天皇に対する不敬罪で起訴されるが、46年11月2日東京地裁が名誉毀損（不敬罪適用は否定）として有罪。その後47年6月東京高裁で免訴判決（48年5月最高裁・確定）。 b16

6.21 読売新聞第2次争議（会社が編集員幹部5名を解雇）。武装警官隊500名が出動し労組員50名余を逮捕。戦後初の労働争議介入のための警官動員であった。7月から10月までストライキ。団は支援活動。 k2, u227

7.6 団、第2回総会を開催。団規約を制定し「代表機関」として幹事長1名、幹事会の設置などを定める。あらためて幹事長に上村進、顧問に山崎今朝弥・布施辰治・吉田三市郎・田坂貞雄を選出。 m③9

7.26 茨城県高萩炭坑争議にピストル・匕首を持った暴力団員70人が争議団本部を襲撃する事件が発生。これに抵抗した労組員が起訴され、梨木作次郎らが弁護にあたる。 j1

9.11 清源敏孝（九州）が御用組合幹部の子分による宝珠山炭鉱（争議）執行委員（兼総務部長）の刺殺事件で現地調査、10月4日まで3度にわたり調査。現地では捜査検事が会社寮に宿泊して饗応されたことを突き止め報道させるなど活動。 b16, j2

10.1 『自由法曹団ニュース』創刊号の発刊。同号に仙台支部が「大川修造・菊地養之助・逸見惣作・篠塚宏諸君により」すでに創立されたこと、同じく名古屋支部が「天野末治・下田兼助君によって結成されたが、大脇君も名古屋支部で活躍されている」ことが報じられる。団は全国での支部結成を促す。なお実際の東海支部の発足は48年3月といわれ創立の会合に天野末治・桜井紀・白井俊介・森健・西村美樹（三重）・土田光保が参集した。

憲法公布記念祝賀都民大会 u

11.3 新憲法の公布。

12.12 東洋時計の埼玉県上尾工場の生産管理闘争が暴力団に襲撃され死傷者を出す。デモなどが「暴行」にされて起訴され、為成養之助をはじめ団員が裁判に取り組む。埼玉県下で最大の争議と言われる。 j②4·6, ta59

12.15 労農運動救援会の再発足。解放運動救援会を改組。 q92

12.20 在日朝鮮人生活権擁護委員会主催の官邸前デモに対する弾圧で大量の逮捕者が出る。うち14名が軍事法廷に起訴される。井口清・森長英三郎・青柳盛雄・牧野芳夫・北村利夫が弁護。 j4

> **Column－【関西自由弁護団の設立】**
>
> 『自由法曹団ニュース』3号は「大阪自由弁護士団は昨年（46年のこと。引用者），河合栄蔵・菅原昌人・井藤誉志雄・浪江源治・色川幸太郎・和島岩吉・加藤充等30余名によって結成された。京都自由弁護士団も小田美奇穂・小林為太郎等によって結成されたが、近く前者に合流する予定」と報じる。その後合流が実現し、47年2月に関西自由弁護士団となる。

1947
昭和22

［社会の動き］ ***1.31 GHQ指令による2・1スト中止、3.12 トルーマン・ドクトリン、3.31 教育基本法・学校教育法公布、4.17 地方自治法公布、5.3 日本国憲法の施行、7.20 沖縄人民党創立、9.1 労働基準法の施行（一部11.1 施行）。***

1.6 九州・小倉製鋼の生産管理闘争について福岡地裁小倉支部は組合勝訴の判決を出す。清源敏孝によれば生産管理を合法とした国内初の裁判。 b16

1.- この頃生産管理闘争に対する弾圧は強化されて種々の人権侵害をもたらした。東洋時計上尾工場、日本タイプ（東京・三田工場・調布工場）、大和製鋼・東洋製罐（大阪）・愛光堂（印刷出版・東京）・究化工業（山梨）・理研小千谷（新潟）等の争議現場に多くの団員が駆けつけて支援活動を行った。 j4·12, m③33

> **Column－【生産管理闘争とは】**
>
> 団員の協力のもと労働者・労働組合が生み出した新しい労働争議の方法。敗戦後経済界が混乱しインフレーションが荒れ狂うなかで、経営者が経済再建に向かわずに物資の隠匿・資材横流しに走る「生産サボタージュ」が広がっていた。労組はストや工場占拠から1歩すすめ、争議中の経営者から指導監督権限を労組に委譲させ、自己の責任で生産を継続し事業を管理する闘争形態を編み出した。この「生産管理」闘争は生産サボタージュで酷い被害を受けていた広範な人々の利益と合致し、まず第1次読売争議で用いられ次いで京成電鉄・日本鋼管鶴見製鉄所（46年1月）・第1次東芝争議（同）・北海道三井美唄炭鉱（46年2月）の成功を経て次第に全国に波及して他業種・事業に広がっていった。その後敗戦のショックから醒めた経営者と政府が一体となって「違法行為を断乎取り締まる」（46年2月1日 4.相声明）との方針を固め、警察による不当な弾圧が横行し、やがてこの生産管理は鎮圧されていった。この間、合法とする裁判例も少なくなかったが、最高裁が50年11月山田鉄鋼吹田事件で2審無罪判決（47年11月）を取り消して原則的に違法とした。しかしその時にはこの闘争形態はほぼ終息していた。

2.7 群馬県・泉製作所（桐生分会）の生産管理闘争で組合員21名中16名が逮捕。うち7名が住居侵入罪で前橋地裁に起訴。 q95

3.- 安部正一が千葉県労働委員会の公益委員に選任される。 d166

4.24 北海道酪農協同争議（旧北海道興農公社）弾圧事件で札幌地裁が無罪判決。北村利夫が弁護、地元の木田茂晴弁護士が共同して弁護。

5.24 片山哲内閣が成立（→48年2月10日総辞職）。 j5

6.5 国鉄労働組合（国労）が結成される（組合員56万3000人）。 u236

6.8 日本教職員組合（日教組）が結成される（組合員50万人）。 u236

8.10 小松製作所で従業員を半減する再建整備案について組合が拒否してストライキに入る。百日闘争と呼ばれる。 na42

8.25 団、「司法改革に関する意見書」(第4回総会で採択) を三淵忠彦最高裁長官に手交(梨木作次郎・青柳盛雄・牧野芳夫・東本紀方)、これに先行して鈴木司法大臣・福井検事総長に意見書を提出。

9.- 小沢茂が群馬県草津「栗生楽泉園」の解放闘争の援助に参加。 j7, oz489

10.7 福岡県嘉穂郡・住友炭鉱でスト決行中、婦人部長がスト破りの石炭搬出に抗してレール上に座り込み。その後業務妨害罪で起訴、清源敏孝らが弁護にあたり正当な争議行為だとして無罪判決 (48年3月22日福岡地裁飯塚支部)。56年12月11日最高裁確定。 b16

10.- 梨木作次郎が東京から石川県金沢市に法律事務所を移転し団事務所の所在地が梨木・東本法律事務所から東本法律事務所に改称される。 na310

11.20 岩手県教組幹部2名が知事交渉上の「暴行」で逮捕。すぐに起訴・公判始まる。

11.23 自由人権協会の創立 (会長・海野普吉)。

12.8 川崎市役所での食糧メーデー事件について横浜地裁が無罪判決 (岡崎一夫・布施辰治・福田力之助・東本紀方・牧野芳夫・高橋正義が弁護)。 j8

12.- 井藤誉志雄・竹内信一が日本毛織加印 (加古川・印南) 工場争議で解雇無効の提訴。関西で初の解雇無効事件と言われる。 if27

1948 昭和23

[社会の動き] 4.3 南朝鮮の済州島で島民3万人余が虐殺、6.1 全学連結成、6.28 北陸大地震 (福井市中心)、7.22 マッカーサー書簡 7.31 政令201号発布 (=公務員のスト権剝奪)、8.15 大韓民国の建国 (韓国)、9.9 朝鮮民主主義人民共和国の建国 (北朝鮮)。

1.26 帝銀事件の発生。8月21日平沢貞通氏が逮捕。 tk154

1.- 神戸で住友金属の隠匿物資摘発運動に関して大量検挙事件が起きる (井藤誉志雄と竹内信一が弁護、岡崎一夫が神奈川県から応援に入る)。 kz

3.7 新警察制度の発足。これに先立ち1月に国家地方警察の都道府県本部に警備部警備課が設置される。警備公安警察の再建・強化へ。

3.15 全財務労組の政府に対する地域別最低賃金制の確定等を求めるストライキ。中央執行委員長と佐賀支部長2名が労働関係調整法違反で起訴される。九州の松井佐・永野謙丸と岡林辰雄 (東京) が弁護。23年7月23日公訴棄却を含む判決。全国から99万7718通の無罪要求署名が集まる。 b16, t414

3.17 東京弁護士会の会長に長野国助、常議員に高木右門の各団員が選出。 x

3.18 第1回解放運動犠牲者合葬追悼会が開かれる (東京青山墓地の無名戦士の墓前に集う)。その後毎年3月18日に開催 (解放運動無名戦士合葬追悼会に改称)。 oc230

3.24 団内で生産管理研究会をもつ。その後検討を続けてパンフレットを大量普及。

3.31 小松製作所が760名超の首切りを通告。組合が解雇を承諾したため被解雇者の一部が撤回を求め団体交渉を石川県地労委に申し立て。「東の東宝・西の小松」と言われ、わが国の労働争議を当時代表するものであった。 na45

4.8 映画会社の東宝が270名の大量解雇を通告。

4.15 団・労農運動救援会が共同してパンフレット「生産管理闘争の合法性について」(執筆上村進) を発行。 HP

4.22 日本タイプ生産管理闘争で労組員が会社側の仮処分執行に大量に動員された警察官 (幡ヶ谷工場200名・三田工場300名。翌23日には調布工場に300名) に抵抗、公務執行妨害で検挙・排除され40名余が起訴される。1審全員有罪であったが、53年5月2審で3名無罪、その他全員執行猶予判決。 j9, m③40, oz217

4.24 朝鮮人学校閉鎖反対運動を鎮圧するため占領軍が神戸市に初の非常事態宣言。約1570名の在日朝鮮人が検挙される。当日農地委員の業務で出張中の井藤誉志雄も検挙され1か月拘束される。その後釈放され軍事法廷で弁護。 if2

5.14 岡崎一夫、横須賀税務署事件で軍事法廷（米軍横須賀基地内）において禁固3か月の実刑判決を受ける。 ok156

6.8 日本発電猪苗代分会の電源スト。後日労組幹部が情報提供を拒否したことを理由に軍事裁判にかけられる。現地の北村利夫、布施辰治、森長英三郎が弁護。

6.10 石川県・小松製作所争議の団交に関して梨木作次郎が検挙される。その後住居侵入・脅迫・威力業務妨害で金沢地裁に起訴される。梨木は直後に勾留理由開示公判を他の労組幹部被告と一緒に開かせる（国内初）。その後1審有罪判決（49年1月）を2審で取り消された後、53年1月最高裁で破棄差戻しのあと名古屋高裁で55年7月無罪判決(確定)。 d86, na39

小松製作所労働組合顧問弁護士であった梨木は6月23日（第1回公判）午後6時過ぎに他の労組幹部と一緒に保釈されて、多数の組合員に迎えられる（写真中央の腕を組んだ二人のうち右側）。 【写真:na49】

6.23 川崎製鉄（神戸）労働争議で宿泊寮の供用・給食等の停止禁止仮処分命令。当時稀な、申請（6月23日）から10日という短期間で命令が出される（井藤誉志雄らが代理人に就く）。これ以降、労働事件でさまざまな仮処分が創案される。 if28

7.7 北陸大地震（6.28）をうけ、福井市が（占領軍の指示で）全国初の公安条例を制定・施行。続いて大阪市条例、翌49年に東京都条例をはじめ各地で次々に公安条例が制定され、警察権力等の弾圧に供される。 na55

7.17 徳田球一（当時日本共産党書記長）の博多駅頭での歓迎・合唱する学生・労働者等に、米兵が殴打し襲いかかる事件が発生。後日「占領軍の安全阻害と輸送妨害」で9名が起訴され8月12日軍事裁判で重労働の判決（うち2名が無罪）。 b16

7.22 マッカーサー書簡（マ書簡）の発出。公務員の団体交渉権・争議権の否認、逓信省関係の2分割、鉄道・専売の公共企業化を求める。芦田政府は7月31日に政令201号公布、施行。1300人が逮捕約400名が起訴、重罰に処せられた。占領軍は司法部に干渉し、マ書簡を金科玉条のように援用する裁判官も少なくなかった。

7.23 全財務の全国一斉賜暇闘争の弾圧事件で佐賀地裁が公訴棄却。 b17

8.19 東宝撮影所で組合に対する職場排除の強制執行が行われる。 j9, kz

Column－【来なかったのは軍艦だけ】

良心的映画を作りたいとする映画人・撮影所労働者と映画界からの「赤」追放を画す経営者とのたたかいが東宝砧撮影所をめぐり行なわれる。4月8日以降会社は合計910名超の解雇通告のうえ、6月に砧撮影所を閉鎖、労働者は職場を占拠して闘争を続けた。会社は中労委の調停を蹴って明渡し断行の仮処分命令をとり、武力出動による撮影所奪取が8月19日行われた。武装警官2000名が数十台のトラックに分乗し、8台の米軍戦車・2機の米軍機に搭乗して監視するなかで強制排除

が行われて組合員はバリケードを解いた。「来なかったのは軍艦だけだった」と言われる。 u

9.14 宮崎県延岡市の旭化成労組（1万3000人）のスト突入。組合間差別と数次にわたる懲戒解雇の攻撃で10月22日妥結まで刑事事件5件、労働事件14件、地労委2件の裁判闘争が組まれた。清源敏孝・松井佐のほか庄司進一郎（熊本）・今永高雄（福岡県小倉市）・黒木喬（延岡市）が奮闘。GHQの命令で急遽出頭のため乗った木炭自動車の事故で清源が重傷を負った（同乗の県評オルグが死亡）。 b16

9.30 静岡県全逓清水局争議で警察官400人が出動し労組員18名が検挙される。岡崎一夫らが弁護にあたる。 kz

10.14 全日本金属労働組合（全金）が結成される。 u245

11.20 文学者高倉テルが6月の講演の廉で占領政策違反として逮捕される。23日後に釈放。その後軍事裁判にかけるな、の運動が文学者の声明等と結びついて起訴見送り。 q123

11.27 国会議員武藤運十郎（日本社会党）が国会でハンセン病患者の国立らい療養所での処遇を改善するよう求める。 q114

12.9 労農運動救援会が日本労農救援会と名称変更。 q117

12.12 11月以来ジフテリア予防接種で京都市（死者38名）・島根県東部（重体79名）の乳幼児死亡事件が発生。被害者約1000名の提訴。戦後初の薬害事件。

1949 昭和24

［社会の動き］ ***1.23 衆議院選挙・第3次吉田茂内閣成立・日本共産党35名当選、5.27 行政機関職員定員法の成立（推定失業者170万人）、6.1 改正労働組合法の施行、9.19 国家公務員の政治的行為に関する人事院規則が制定、10.1 中華人民共和国成立（主席毛沢東）、11.1 政令325号（占領目的阻害行為処罰令）制定。***

1.23 衆議院総選挙。10名を超す団員が当選。

2.1 全金愛知豊和工業分会の団体交渉で労組員150名が逮捕され23名が起訴される。 m③65, q124

3.13 東芝の堀川町工場（神奈川県）の労働争議、会社の一方的な協約解約を争って東京地裁に仮処分を申請。横浜地裁でも岡崎一夫・山内忠吉・青柳盛雄が奮闘。 ok145

3.29 長野県の東芝川岸工場強行閉鎖。「企業整備」に抗して生産管理闘争中の労働者700名が警官隊600名に強制排除される。6月には警官600名が動員され労組員143名が逮捕される。 m③73

4.4 政府が団体等規正令（団規令）を発表（46年2月23日ポツダム勅令「政党等の結成禁止等に関する件」の「改正」）。

5.12 岡林が全国労組法規対策協議会（全法協）宣伝資料として「労働組合の『正当性』について―労働組合法1条2項の問題」を執筆。

5.27 全進駐軍労組書記長の忠誠検査強要の反対運動についてGHQ指令違反として弾圧。横須賀米海軍基地で軍事法廷が開かれ山内忠吉が弁護にあたる。 d86

5.30 東京都公安条例上程反対デモ3000人に対し武装警官500人が襲い、労組員の橋本金二が3階から階段突き落とされ死亡。翌日から都電・都バスが止まり、ストライキが続いた。都公安条例はその後都議会で成立し49年10月に公布。 q126

6.9 人民電車事件が起こる。横浜の東神奈川車掌区分会が懲戒処分反対で6月9日から国電ストを決行、乗客の要請で「人民電車」と書かれた表札をつけてラッシュアワー時に東神奈川から赤羽間で運行させた（50年10月横浜地裁判決）。 d86, m③79

6.17 東芝の加茂工場（新潟）で企業整備を狙う会社に対する労組の闘いで女性労働者72人を含む143人が警察に逮捕される。 d③66

6.30 平事件が起こる。福島県平市（現いわき市）の労働者ら500名が掲示板撤去の抗議で平警察署に集団で押し寄せる。その場で「住居侵入」「公安条例違反」として大量逮捕。その後「騒擾罪」で約160名が福島地裁平支部に起訴された。 tk170

7.4 国鉄労働者3万人超の第1次解雇を国鉄当局が発表。 m③68

7.5 東芝の堀川工場で4500人の人員整理が発表される。組合はストライキのほか不当労働行為の申し立て等多様な争議手段で対抗。がその後被解雇者は約6600人となり8月仮処分で協約違反の組合主張が潰えて11月にスト収拾。 u251

7.6 下山事件起きる（国鉄総裁下山定則が3万700人の国鉄労働者の首切りを通告した翌5日に行方不明、6日に轢死体で発見された）。自殺説・他殺説をめぐり報道が分かれ世論沸騰。 q130, u247

7.12 国鉄労働者6万3000人の第2次解雇を国鉄当局が発表。 u249

7.13 団内で政令201号訴訟に関する研究会を開催。

7.15 中央線三鷹駅から突然無人電車が暴走し17人が死傷した（三鷹事件）。後日9名の共産党員と竹内景助氏が「列車転覆致死傷罪」で東京地裁に起訴される。裁判には26名の団員が参加し、弁護団には団外からも広く参集。 j10, m231, oz377

8.1 雑誌『人民の法律』創刊号を発刊。団・全法協・民主主義科学者協議会法律部会（民科部会）との共同編集（近代評論社）。 m③85

8.17 松川事件が起きる（東北本線の福島・金谷川と松川間で列車転覆し、乗員3名が死亡）。18日午後増田甲子七官房長官は「今までにない凶悪犯罪である。三鷹事件をはじめ、その他各種事件と思想的潮流においては同じ」と談話をラジオを通して発表し共産党による組織的犯罪であると強く示唆。 n, HN

9.8 朝鮮総連が団規令に基づく解散命令を受ける。直後に全国労働組合総連合（全労連）にも同じ命令。朝鮮総連は命令無効を主張し行政訴訟を提訴するが、直ちに却下される。 HP

9.10 松川事件ではじめて赤間勝美氏が逮捕される。これを機に9月22日第一次検挙。北村利夫（平事件などの主任弁護人）が日本労農救援会の要請で初の接見。 n

11.5 団編集の『労働法律旬報』が発刊される（近代評論社発行）。

11.16 12月5日の松川事件公判開始を前に、20名被告の家族が集合。弁護団の勧めに「松川事件被告家族会」を結成。 n

12.2 布施辰治、日本労農救援会会長に就任（52年11月まで）。

列車転覆の現場写真（松川事件）。25mのレールが13m先に吹っ飛び線路用具のバールとスパナが水田から発見された。下山事件とは違って人為的な事故であることは初めから明らかであった。事件直後に警察は国鉄松川線路班から線路工具が無くなったと発表した。13年後、最初に無罪を言い渡した仙台高裁判決（61年）は同線路班からの紛失の事実を否定し、自白の強要、証拠物の捏造・隠滅などの権力犯罪を明らかにし「珠玉の真実」を発見したとし無実を宣言した。その後続けられた松川事件国家賠償裁判でデッチあげがさらに具体的に解明され政治的な謀略事件であったことが一層明白にされた。しかし今なお真の実行犯は歴史の表舞台で「発見」されていない。

[写真:n]　nn175, oh

1950
昭和25

[社会の動き]　***2.9 米国の非米活動委員会の反共活動、3.15 ストックホルムアピール、4.20 蜷川虎三京都府知事誕生（以降7期連続当選）、6.6 GHQが吉田首相宛書簡で日本共産党中央委員全員24名の公職追放を指令、6.25 朝鮮戦争はじまる、7.8 マッカーサー元帥による警察予備隊の創設、9.1 閣議で公務員レッドパージの決定、10.1 日中友好協会結成、11.1 政令325号の占領目的妨害行為処罰令の公布（46年のポツダム勅令「改正」）、11.30 米トールマン大統領が朝鮮戦争に原爆使用発言。***

2.21　千葉県九十九里浜の漁民が米軍実弾演習の中止と補償を求める街頭宣伝活動中、占領目的阻害として検挙される。その後6名が軍事裁判にかけられ、布施辰治・岡林辰雄・為成養之助が弁護するも有罪判決を受ける。　j10, ta57

3.14　岡林辰雄が松川事件裁判闘争に関連して『アカハタ』に「松川公判とデマ宣伝（上・下）」を14日15日と連載し「法廷の外にこそたたかいの主要な場面がある」と主張。後に「主戦場は法廷の外」が大衆的裁判闘争のスローガンとなった。

3.20　団規令による東京都港区の台東会館の実力接収（警官600人出動）。抗議した朝鮮人ら約120名が逮捕され、その後公務執行妨害で25名が起訴される（台東会館事件）。　m③55

3.28　埼玉県川口市の自由労務者約150人が日当増額を要求し市議会場で演説。介入した川口警察署への抗議が弾圧される。　ta62

5.3　憲法記念日の演説でマッカーサーが日本共産党を侵略の手先と非難し非合法化を示唆する。　p

5.3　全面講和を唱える南原繁東大総長を吉田首相が「曲学阿世の徒」と非難。

5.11　軍事基地情報活動の容疑で朝鮮人らが軍事裁判にかけられる（北鮮スパイ事件）。当時戦争犯罪人が収容されていた巣鴨プリズンにこの事件の被告が拘禁されていたので世上「巣鴨事件」といわれた。　tk32

写真は警視庁特設の軍事法廷で弁護人席に立つ布施辰治。その右側が米軍人裁判官席である。弁護人席の布施から右に竹沢哲夫・青柳盛雄・上田誠吉。

6.2　GHQと政府の方針により警視庁が都内での集会・デモを全面的に禁止。

6.3　5·30事件（5月30日に皇居前広場で5万人参加で開かれた民主民族戦線東京人民大会の参加者と米兵との間でトラブルが発生し労働者・学生8名が逮捕された）で軍事法廷が開かれ全員有罪の判決（重労働7年から15年の重刑）。　j10, q143

6.-　杉之原舜一（北大教授を49年に退官）が弁護士になり、木田茂晴（50年没）と入れ替わる形で白鳥事件・芦別事件ほか多くの刑事弾圧事件や労働争議のため道内全域を駆け巡っての弁護。　su

7.11　日本労働組合総評議会（総評）が結成される。

7.18　GHQが新聞『アカハタ』とその後継・同類紙の無期限・発行停止の指令（6月26日の『アカハタ』1か月停止指令を拡張）。

7.24　大企業でレッド・パージがはじまる。GHQが新聞協会代表にレッド・パージ実施を勧告。　j12

8.11　三鷹事件で東京地裁が竹内景助被告に無期有罪、その他全員に共同謀議は空中楼閣と断じて無罪判決。前日に東京地検検事正、次長検事、担当検事に国家賠償を提訴した。その後2審で竹内被告に死刑判決、55年6月に最高裁で死刑確定。　oz377

9.21　富士工業（旧中島飛行機）の三鷹工場（東京）無期限ストライキに対抗し会社側が労組員520人解雇（9月4日）。そのうえで職場立ち入り禁止仮処分の執行で労働者約500名を強制排除、うち124名が逮捕される。

9.30　団、『働くものの法律知識』（近代評論社）を刊行。

10.7　公職追放で議員を剥奪された日本共産党幹部・春日正一が団規令による出頭要求を無視したため逮捕される。その後有罪懲役の実刑判決。その後3年間在獄。

11.27　神戸市長田区役所での市民税免除・生活保護を求める集団行動で朝鮮人らが騒擾事件として逮捕。100人弱が起訴される。　if10

12.6　松川事件で福島地裁は、死刑5名・無期5名、懲役15年1名・12年3名・10年2名・7年3名・3年半1名の有罪判決を出す（3名は無罪）。　n131

12.9　団総会の開催で解散提案をめぐり論議。　j②1

Column－【団の解散論をめぐる議論】

団員の一部から団規令適用による団員追放の恐れがあり、回避策として解散案が出される。総会は団員の脱退する自由を確認して解散論を斥けて団規約・人権相談所の設置等を決め、松川事件の闘いに総力をあげるとの方針を確認。あらたに団長になった吉田三市郎らは12月23日「吾人は飽くまでこの規定（団規約2条）の精神に徹し、ボス的勢力を排し、不当な権力に抗し、圧迫される者の味方となって、遍く人権を擁護し、人道的明朗な社会の実現を期する。虐げられた人々の来て訴えるを待つ」と声明。解散を主張した団員は退団した。

1951
昭和26

［社会の動き］ 3.7 国公立大学管理法案の提出（6.5 廃棄）、7.10 朝鮮戦争休戦会議はじまる、9.8 講和条約、日米安保条約の調印。

1.13 団、「裁判所侮辱制裁法案に対する声明」を発表。 j②1·6

1.- 上村進らが公職追放無効確認訴訟を提訴（東京地裁）。 j②5·6

2.- 『平和のこえ』がアカハタ後継紙として弾圧される。4月には『人民の声』の弾圧。この後継・同類紙で全国で700人以上が逮捕、300人が起訴される。51年に検挙された者は政令325号違反全体で2070人以上。

3.15 団編集に係る『労働法律旬報』№50に人権相談所として次の場所と所長が「告示」される。恵比寿人権相談所（所長佐々木茂）・千葉県市川相談所（安部正一）・代々木相談所（布施辰治）・呉相談所（原田香留夫）。

8.3 全国商工団体連合会（全商連）が結成される。

8.24 公安条例の廃止を求めて「期成同盟」は布施辰治・海野普吉・長野国助らを申請人として指定し都選管に直接請求を申請。 q163

8.29 団員らが都知事の受領した退職金について不当支給として背任罪で告訴する。 j②1

9.4 上村進(団員)・細川嘉六等18名が政令325号・団規令違反で逮捕。「平和のこえ」発行で逮捕の上村は事実無根で釈放されるも衆議院議員資格停止。吉田三市郎・森長英三郎ら代理人で12月無効確認を提訴（東京地裁）。 b4·22, j②6·7, x706

10.23 三重県松阪市の職安事件で約200名が検挙され西村美樹が弁護。60年5月名古屋高裁で一部無罪。

10.26 円山公園のデモ、京都府公安条例適用について京都地裁が違憲判決。

11.12 日本労農救援会は全国大会を仙台で開き、名称を日本国民救援会と改称することを決める（以後「救援会」という）。 q168

11.- 松川事件被告の獄中書簡所収の「真実は壁を透して」（松田解子他編）が刊行される。廣津和郎氏や宇野浩二氏らに届く。 oh240

12.26 争議中の労組員が駐在所巡査を殺害したという練馬事件が発生。

1952
昭和27

［社会の動き］ 2.28 日米行政協定の調印、4.9 内閣調査室の設置（閣議決定）、4.28 サンフランシスコ講和条約・日米安保条約発効・日華平和条約の調印、6.19 ローゼンバーグ夫妻の死刑執行、9.25 法廷等の秩序維持に関する法律の施行。

1.11 国、意見書「団体等規正法案の反動性」を発表。 d②3

1.21 白鳥事件（北海道・札幌）の発生。白鳥巡査殺害の主犯として村上国治氏が後に逮捕される。 u271

2.19 青梅事件（国鉄青梅線小作駅から貨車暴走）の発生。53年1月以降共産党員2名・一般青年7名等が逮捕され、鉄道往来妨害罪で起訴された。

2.20 ポポロ事件起きる（東大構内で学生演劇を密偵していた私服警察官を学生が発見、学園の自由侵害として問責）。学生2名が暴力行為処罰法違反で起訴されるが、後の東京地裁（54年5月11日）・高裁（56年5月8日）ともに無罪判決。最高裁は63年5月22日に「警察官の集会立ち入りは大学の学問の自由と自治をおかすものではない」として破棄差戻しの逆転判決。 f6·j③44

4.3 占領軍軍事裁判柴又事件（米軍基地の状況メモを携帯した容疑で51年12月日本共産党員が逮捕された事件）で、青柳盛雄・上田誠吉・石島泰および英語に堪能な中村平三が弁護にあたるが、被告らは重労働7年等の実刑判決を受ける。いったん釈放され、同一事由で政令325号違反で再逮捕、東京地裁に起訴。 t1068

4.17 破壊活動防止法（破防法）案が団規令に代わって国会に提出される。法案反対の政治ストが同年4月から6月まで全国で展開される（参加者293万人といわれる）。団は法案の問題点を究明し国民運動に貢献。団が組織的に取り組んだ初の悪法反対運動であった。しかし同法案は7月4日国会で成立。 j②2·4

4.28 外国人登録法の公布。旧植民地出身者は国籍選択権を認められず国籍を自動的に喪失。

4.30 辰野事件（長野）の発生。長野南信地域での警察・税務署などの爆破事件で共産党員13名が逮捕され長野地裁飯田支部に起訴される。

5.1 皇居前広場でメーデー事件発生。死傷者多数で血のメーデーと言われた。騒擾罪適用で261名が東京地裁に起訴される。 e

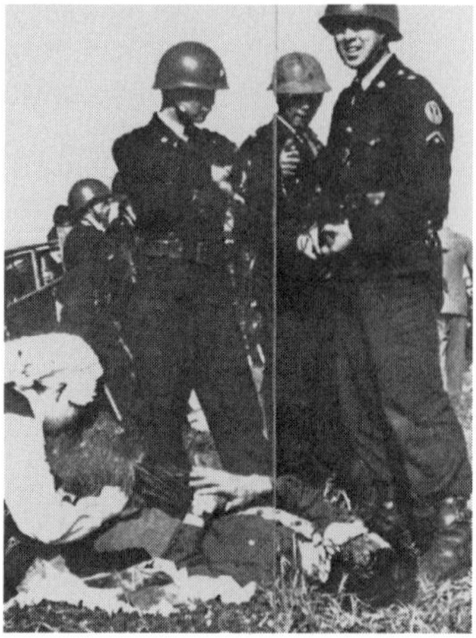

写真：メーデー事件・皇居前広場での惨状
デモ隊犠牲者は死者2人、重軽傷者千数百人である。5月1日だけでも検挙人員158名、うち入院者27名を含めほとんどが負傷者であった。当日の警察官拳銃発射は70発、催涙弾ガス弾73発に及んだ。 om

5.7 愛知大学（小岩井浄らによる創立）で無断で学園に立ち入った警官を学生が問責した事件が発生。学生が起訴されるが、後に70年8月名古屋高裁は大学自治の侵害として刑を免除する判決。愛知大学事件と言われる。 d62, k

5.28 団、田中耕太郎最高裁長官が法律雑誌に「法廷秩序維持の問題」を発表し、その中で「共産主義者」の法廷闘争が「遅延目的」による「法廷秩序破壊」と決め付けたことについて田中の弾劾訴追を申し立てる。 j②5·6

5.30 大阪扇町公園内デモが弾圧される。十数名が起訴され関西自由弁護士団（幹事長山本治雄）が弁護団を結成。

6.2 菅生事件（大分県菅生村駐在所のダイナマイトによる爆破）の発生。共産党員らが大分地裁に起訴される。

6.25 大阪の吹田事件の発生（軍事輸送に使われた国鉄吹田操車場での朝鮮戦争反対デモが弾圧される）、騒擾罪・威力業務妨害罪で111名が起訴（半数が在日朝鮮人）。 is75

6.25 大阪の枚方事件の発生（朝鮮戦争・旧火薬庫復活反対行動が弾圧）。67年9月16日に最高裁が上告棄却・有罪確定するまで、1・2審の裁判闘争が続いた。 q②260

7.1 沖縄在住の弁護士によって沖縄革新共闘弁護団が結成される。革新共闘会議・沖縄県祖国復帰共闘協議会に協力。

7.7 大須事件の発生。名古屋市での中国帰国報告集会後行われたデモ行進に騒擾罪適用。152名が起訴される。この年に起きたメーデー事件・吹田事件・大須事件は戦後三大騒擾事件と呼ばれる。 nd32, nn94

7.16 メーデー事件で東京地裁は統一公判の要求を蹴って8分割審理を決める。これに対し獄中被告は公判不出頭で抵抗、その後弁護団との協議を経て12月10日に裁判所が分離公判方式を撤回。統一公判が実現する。 e57

7.21 破防法公布・公安調査庁の発足。後の10月から11月までに京都・三重・釧路・岐阜で政党関係の宣伝文書が破防法違反に問われる。 k

7.29 芦別事件（北海道根室本線芦別駅付近の鉄道爆破事件）の発生。 q②161

7.30 警察法「改正」成立。警視総監や道府県本部長の任命権限を首相が握る。54年6月に新警察法が成立し警察の国家警察中央集権化が図られ戦後の警察制度改革（48年3月）が反故にされる。

7.30 あけぼの事件（山梨県）の発生。山村地主への村民による抗議行動が強盗傷人罪として起訴される（64年1月最高裁で有罪確定、下獄）。 q264

8.7 横川事件の発生（埼玉の山村工作隊事件）。浦和地裁の審理中、法廷に仕掛けられた盗聴器が発覚。 j②9, q178, ta69

9.13 団、「法廷等の秩序維持に関する法律（法秩法）」施行を前に声明を発表して立法化に反対する。 j②8

10.3 京都破防法事件（9月日本共産党京都府委員会発行の『京都のハタ』弾圧）が京都地裁に起訴される（破防法事件第1号）、能勢克男・毛利与一（のち団員）が弁護。 j②2

10.24 石島泰に対する懲戒申し立てが東京弁護士会宛に行われる（その後55年11月同弁護士会は懲戒しない決定を出す）。 d97, f1･2, j②7･8･11, x647

> **Column－【団員に対する弁護士懲戒申立てによる攻撃】**
>
> 8月5日に最高裁事務総長の五鬼上堅磐が日弁連に「最近左翼思想背景とする事件を担当する弁護士で裁判官に対し、侮辱的言辞や不穏当な行動に出たものがある」として懲戒権の発動を促した。7日日弁連はこれに迎合した内容を各地単位会に発令。石島泰（東京）、諫山博（福岡）、原田香留夫（広島）の弁護活動に関して懲戒処分が各地で申し立てられたが、多くの弁護士会では取り上げられることは少なかったが、林百郎は勾留理由開示公判に際しての裁判所の不当な措置に抗議した際の器物損壊（裁判所の窓ガラス破損）の廉で懲戒および起訴された。

12.7 アメリカ諜報機関（キャノン機関）に拉致監禁された反戦運動家・鹿地亘氏が解放される。キャノン機関食事係りの山田善二郎（のちの日本国民救援会会長）が監禁を公表し釈放につなぐ。その後鹿地は53年11月に電波法違反で起訴される（69年6月東京高裁で逆転無罪判決）。団は53年1月鹿地氏支援を決定。（鹿地事件） q187, t354

1953 昭和28

［社会の動き］ 3.5 ソ連スターリン死去、4.3 沖縄で土地収用令公布（米軍による強制土地取り上げ）、4.21 犬養健法相の指揮権発動（佐藤栄作自民党幹事長逮捕許諾請求を拒否）、6.2 石川県内灘試射場使用の閣議決定、6.7 全日本民主医療機関連合会（民医連）の結成、7.27 朝鮮休戦協定。

1.21 「吹田事件」「枚方事件」で公判前の検察官調書閲覧の拒否について、大阪弁護士会が改善を求める決議。その直後関西自由弁護士団からの申し入れを受けて団も全国的に問題提起。 j②9

2.25 団、造船疑獄の政財界への広がりの報道を受け声明発表。「検察官は違憲違法な一切の反民主的な弾圧活動を即時中止し一切の努力を汚職摘発に集中すべき」と要請。 j②11

3.4 全金日本製鋼所9日間ストに入る。旧板橋造兵廠であった米軍基地において賃上げ闘争が行われる。

4.5　日本婦人団体連合会（婦団連）の結成。

4.8　国労青森弘前機関区分会政令201号事件（職場離脱等）で最高裁が違憲判決。

5.13　日本共産党幹部・松本三益が政府の出頭命令を拒否したとして団規令で逮捕。その後東京地裁に起訴。　ma

5.26　王子製紙で賃上げの無期限ストライキがはじまる。6月9日組合側勝利で妥結。

6.7　全日本民主医療機関連合会（民医連）の結成。

6.13　石川県内灘村米軍試射場の無期限使用に反対する内灘農民らの座り込みが始まる。

7.22　新聞『平和のこえ』がアカハタ後継紙とされた政令325号違反事件で最高裁が逆転免訴判決。戦後初の違憲判決。　tg28

7.27　東京北部の労働者約5000名のデモが公安条例違反等で弾圧され、その後起訴される（東京地裁）。

7.29　吹田事件公判で「黙祷事件」が発生（2日前の朝鮮戦争休戦を機に朝鮮人被告を中心に休戦を歓迎し、犠牲者へ黙祷を捧げた）。最高裁は9月「法廷の威信について」の通達を発し「遺憾とする」として裁判長の具体的な訴訟指揮に介入。　is77

8.7　三井鉱山が6700人の人員整理・解雇案を発表。三池・砂川・美唄・芦別炭鉱で「英雄なき113日の闘い」、11月27日解雇撤回。　u274

9.21　争議中の日産自動車が工場ロックアウトに引き続き組合幹部6名の解雇。バリケードをつくり組合対峙するが、第2組合の結成を経て9月妥結。　u272

11.21　団定例大会で本部事務所を8月から仮事務所として使用していた東京合同法律事務所（港区琴平町）と定める（右の写真は62年に改装したもの）。　tg

12.11　進駐軍被害者連盟の要望に応えて、団内に占領被害対策委員会を設置し、損害賠償請求に取り組む。　j②10･11, oz155

Column－【米軍人の犯罪と犠牲者の救済】

占領期間中の米軍人らの「公務外」死傷事件（交通事故を含む）は沖縄を除いても被害者1万人を超えた。占領軍は米兵の不法行為については賠償しないという立場で責任を負うことはなかった。かろうじて支給されるのは日本政府の「雀の涙」ほどの少額の見舞金。団は標記の対策委員会（責任者・小沢茂）を立ち上げ被害者の組織づくりに尽力、54年3月進駐軍被害者連盟が結成された。東京地裁に同10月賠償裁判を提訴し米国・政府への責任追及とともに国内立法を要求。59年8月に被害者の全国大会を開くなど活発に運動した結果、61年4月被害者給付金法案が成立した。その後、団は「笠井事件」裁判（67年提訴・76年6月和解）をはじめとした諸取り組みを通じ地位協定に基づく給付金増額の努力を続けた。82年6月には沖縄で「城間事件」が提訴され日本国の責任と被害救済の取組みがさらに進められ、96年12月のSACO合意により確定判決額と米国見舞金との差額を日本政府が支払うことが決められた。今日ではSACO合意の限界突破を目ざす裁判が行われている。

12.22 松川事件2審有罪判決（死刑4名、無期2名、懲役15年2名など有期11名、無罪3名）、弁護人178名が即日上告。仙台市公会堂で2000人の抗議集会が開催。議長団の作家・堀田善衛氏が壇上から「金のあるものは金を出す、力のあるものは力を…何もないものは心を出そう」と訴える。 j②10, n

12.25 八海事件（51年1月24日発生）の第1次上告審の弁護依頼の要請を受けて団は団員を派遣。

1954 昭和29

［社会の動き］ ***3.1 第5福竜丸がビキニ水爆実験で放射能被災、3.6 日米相互防衛援助(MSA)協定の調印、6.3 教育二法（教員の政治活動を教育の中立性で封ずる）の公布、7.1 陸・海・空3自衛隊発足。***

2.2 吉田首相が「愛国心の高揚と道徳教育の振興」を楯に教職員の政治活動制限の教育二法を国会に提出。日教組は教員の行動制限を強いるとして署名活動や抗議集会で反対運動を展開したが、5月29日修正案が成立。

2.25 団は3月18日の無名戦士墓前祭の参加を決める、以後参加。

4.24 青年法律家協会（青法協）の発会式が本郷・学士会館で開かれる。

5.19 松本三益（日本共産党幹部）の団規令違反事件について1審無罪判決（東京地裁）。特別弁護人に柳田謙十郎・大山郁夫・久保田豊・宮本顕治・川上貫一・細川嘉六・藤森成吉が就く。56年7月16日に免訴判決（東京高裁）。 ma

54年4月5日公判でのスナップ写真。手前に松本氏、2列目左から青柳盛雄、細迫兼光（立っている）、ひとりおいて守屋典郎、3列目左から宮川寛雄、風早八十二。 ma

6.4 近江絹糸（彦根工場）の従業員組合（従組）が9700人で結成、無期限ストの突入。組合承認のほか外出・宗教・結婚・通信の自由など基本的な人権・自由を要求し、人権争議といわれる。9月16日組合勝利の妥結。 j②12

6.5 東ドイツ（当時）ライプツィヒでの国際民主法律家協会の会議「水爆実験・マッカーシズム・主権と安全保障」に黒田寿男らが参加（→7日）。 a

6.12 団、国際民主法律家協会日本支部結成への協力を決める。 j②12

6.13 団、原水爆禁止声明を発表。 j②12

7.5 住民が板付基地（福岡県）の立ち退き裁判を起こす。

7.8 日本製鋼所室蘭製作所争議で指名解雇の通告。6月16日会社が人員整理915名の提案。193日間にわたる、組合の就労闘争と会社側のロックアウトを含む長期争議。11月に執行委員が検挙され刑事裁判にかけられる。植木敬夫（東京）が常駐して弁護活動。 ut158

7.10 近江絹糸富士宮工場で従業員の社宅・寮使用、外部との面会の禁止について静岡地裁が会社に妨害禁止の仮処分を命じる。 j②12

8.27 沖縄で米軍による人民党弾圧事件の発生。退去命令を受けた人民党員を匿ったとの出入国管理令違反容疑等で瀬長亀次郎氏（ほか40人超）が検挙。 c165, j②11

9.15 静岡県公安条例について東京高裁が規制が過度に広汎・包括的であるとして違憲判決。

9.15 破防法事件で初の無罪判決を杉之原舜一が釧路地裁で獲得。 su98

11.26 全国生活と健康を守る会連合会（全生連）の結成。

> **Column－【保護行政の縮減】**
>
> この年厚生省から生活保護（生保）行政について「適正化」通知が発出された。収入認定の強化・保護費の削減・受給世帯の削減をはじめ外国人を生保対象にしない（当分の間必要とする保護は行う）などの重大な問題を持つ「通知」であった。その保護費給付を縮減しようとする方針は今日の生活保護行政に続いている。とくにこの「通知」に基づく現場の運用では結核等入院患者や在日朝鮮人に対する厳しい給付の停止・減給が行われた。しかも在日朝鮮人の場合には保護行政に関する異議は一切できないとする差別政策が如実であった。

11.- 沖縄人民党弾圧事件に団は東京の宮川寛雄・金綱正巳の派遣を決めるが、米軍が拒否したため沖縄に渡航できずに終わる。瀬長は弁護人不在のまま審理され10月懲役2年の実刑判決を受ける。立法院議員としての資格剥奪される。 a

1955 昭和30

［社会の動き］ 4.18 アジアアフリカ会議、5.14 ソ連東欧8か国友好援助条約（ワルシャワ条約）の調印、7.9 ラッセル・アインシュタイン宣言、8.6 第1回原水爆禁止世界大会（広島）が開催、11月自由党と民主党の「保守合同」で自由民主党発足（55年体制の開始）。

1.25 インド・カルカッタ（現コルカタ）で開かれたアジア法律家会議に岡崎・岡林ら団員4名が参加。沖縄における弾圧の状況等を報告。帰路中国（中華人民共和国）を初訪問、これを機に58年以降65年迄日本国際法律家協会（国法協）と中国政法学会との交互訪問が3次にわたり続けられた（世話人石島泰・石川元也）。 nn35

3.15 金孟兒母娘に対し退去強制令が出る。6月国内在住の父親が娘を人身保護請求（不法な強制収容）で釈放。 j②13

4.6 帝銀事件（48年1月発生）で平沢貞通被告の上告棄却（死刑確定）。

4.20 名古屋地裁、暴行刑事に対する全国初の準起訴手続（特別公務員暴行陵虐罪）を決定。 j②13

5.26 田中耕太郎最高裁長官、松川事件裁判批判を雑音と非難する訓示を出す。 n377

6.22 最高裁、三鷹事件について竹内被告の上告を斥け死刑判決が確定。団はただちに「無実を信じて疑わない」との抗議声明を発表。 j②13

7.11 スパイ容疑で日本共産党金沢地区委員長らが石川県公安調査官を調査。拒絶された後に警察に引き渡した（6月10日）が、逆に同委員長が暴力行為処罰に関する法律違反、監禁・逮捕罪で起訴される。対抗して破防法の職権乱用で調査官を告訴したものの不起訴処分となる。 f3, na126

8.6 三鷹事件の最高裁法廷における田中耕太郎裁判長の不当な訴訟指揮について、団員4名が東京弁護士会に、調査と弁護士会として裁判官訴追委員会に弾劾の申し立てをするよう申し入れる。 j②14

8.18 平事件（49年6月発生）で騒擾罪不成立の判決（福島地裁平支部〈現いわき支部〉）。 tk16

8.- 松川事件の最高裁上告趣意書作成のための弁護団合宿が20日間伊東市で行われる。弁護団合宿のはしり。 n371, tg17

9.19 原水爆禁止日本協議会（原水協）が結成される。 p

12.15 団ニュースを『自由と人権』に改題して第1号発行。55年秋の団内資料によると、全国の団員の関与する弾圧事件で公判中のものだけでも67件、1351名に達し、その中には100名を越えるもの（騒擾罪など）、殺人・放火・汽車転覆などの重罪事件や争議弾圧事件などがあったと報告されている。 f1

1956
昭和31

［社会の動き］ 2.14 ～25 フルシチョフによるスターリン批判、7.8 参院選で護憲勢力が3分の1を確保、10.5 日ソ共同宣言・平和条約の締結、12.16 国連が日本の加盟を可決。

2.20 八海事件を題材にした映画『真昼の暗黒』が完成試写会に団員多数が招待される。監督今井正・脚本橋本忍・音楽伊福部昭のこの映画は「まだ最高裁があるんだ！」のセリフが人口に膾炙し大衆的な「裁判批判」が広がる。 f3, q222

3.19 全金小糸製作所争議はじまる。3月部分ストに対し会社が4月工場ロックアウト。5月争議妥結。

3.19 鳩山内閣による小選挙区制法案の国会提出（6月3日審議未了で廃案）、選挙区区割りが自民党に有利になるような区分けのためハトマンダ―と呼ばれる。 p

4.15 第1回働く婦人の中央集会が開かれる（東京・芝公会堂）。その後毎年開催。 p

5.1 チッソ附属病院長細川一氏が水俣病を公式発表「水俣病に原因不明の中枢神経疾患が発生している」。 y146

5.22 国際民主法律家協会（IADL）総会（ブリュッセル）に青柳・牧野が参加（→25日）。その後中国を経て帰国。 f5･6･7, i

6.16 大阪で民主法律協会創立（会長・恒藤恭、幹事長・菅原昌人）。弁護士・学者・労働組合・借地借家組合参加の権利擁護センターとして発足。

6.17 浜松収容所から台湾への強制送還反対の中国人6名たちが警備官（100名超）の実力行使に抵抗。公務執行妨害として訴追されたが、検察官が審理途中で公訴取消の申し立てを行う。その後中国人全員は無事帰還。 f7･18

6.20 沖縄で軍用地4原則貫徹の住民大会が各地で開かれ、合計14万人が参加。 ar

7.9 団、「沖縄問題について」の声明を発表。沖縄住民に対する米国の不当、不法な処遇について日本政府を追及。 f8

9.- 団、西ドイツ共産党非合法化判決（8月16日）に抗議声明。 f9

10.12 東京立川基地の強制測量阻止に反対する座り込み闘争に警察官約2000名による暴力的な強制排除。基地拡張反対の同盟員約1200名が重軽傷を負う（第1次砂川事件発生）。 m③187

10.20 憲法擁護弁護士団が結成。 f10

10.- 楽器自動車（東京・代々木）争議が起きる。57年5月に労働者全員が解雇される。

11.1 愛媛県教育委員会が勤務評定の実施を決定。これに対し愛媛県教組はハンストに入り組合員の校長は評定書の提出を拒否して抵抗した（愛媛第1次闘争）。

12.27 破防法起訴第1号事件、京都地裁が無罪判決。 f13, k, ud273

Column－【破防法事件の無罪判決】

破防法事件では、52年10月に起訴された京都事件（日本共産党京都府委員会事件）が初の起訴となった。その後釧路・三重・岐阜と各地で起訴が続いた。標記の京都事件判決の前の54年9月15日の釧路事件が初の無罪判決となった。その後、55年2月28日津事件、59年1月27日岐阜事件も無罪となった。控訴された京都事件では大阪高裁が66年4月21日に検察官控訴を棄却した。反対運動の高揚にもかかわらず52年破防法は成立したが、裁判闘争を通じて破防法の適用を事実上困難にさせる成果を得た。その後長らく同法の本格的な発動は事実上封印されてきた。

1957
昭和32

［社会の動き］ 1.30 ジラード事件発生、2.25 岸信介（元A級戦犯）内閣成立、10.4 ソ連・人工衛星の打ち上げ。

2.14 佐賀県日教組（佐教組）の定員削減等に反対した3·3·4割休暇闘争（→2月14日）。その後処分。

3.13 菅生事件の真犯人である現職警官の戸高公徳（市木春秋と名乗る）が潜入先から出現。11月22日に刑事告発。

4.27 国際法律家協会（のちの日本国際法律家協会）の設立総会（東京·申込者550名。58年4月に国際的なIADL（国際民主法律家協会）に参加（以下、国法協と略す）。 f15, i

5.4 李承晩ライン内海底軍事専用線修理の出航を拒否したことで、電電公社が労働組合執行部3名に対する解雇（千代田丸事件）。 k

5.15 団、春闘での公労協にたいする弾圧に抗議し、公共企業体労働者の争議権回復を求める声明を発表。 a, f15

5.24 佐賀県日教組の休暇闘争が地方公務員法61条4号違反として教組幹部が逮捕される。日教組に対する初の本格的弾圧（佐教組事件）。71年に無罪（最高裁で確定）。 r上40

5.27 総評弁護団が設立される（会長・海野普吉）。約190名の弁護士が参加。

6.29 松川事件で諏訪メモの所在について毎日新聞福島版がスクープ報道。 n420

7.8 砂川基地での「細目測量」が強行される。急報を受け支援の労組員・学生1000人超が現地に集結し、示威行動を行う。この過程で警官隊との特段の衝突もなかったが、9月22日に23名が基地内に立ち入ったとされ逮捕された（第2次砂川事件）。このうち7名が刑事特別法（刑特法）違反で10月2日に起訴。総評弁護団が組織をあげて初の集団的な弁護にあたる。 d23, k

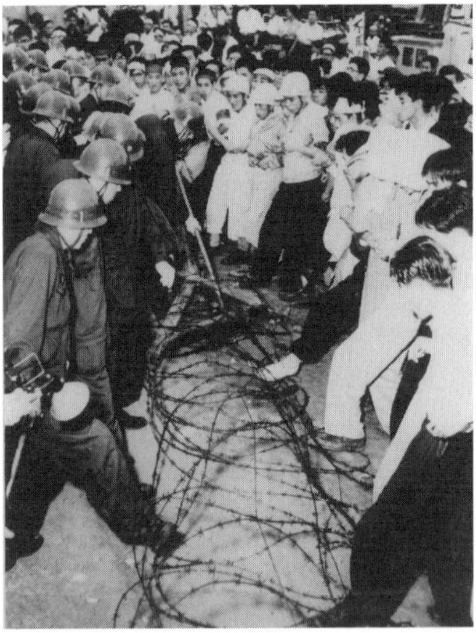

刑事特別法（刑特法）違反に問われたのは立川飛行場内へ数メートルの「侵入」であった。写真奥のヘルメット姿がこの事件の被告たち。後方からデモ隊に押され「立ち入ってしまった」のが実態であった。警官隊と一定の距離を保って対峙したこの数メートルの僅小な空隙からやがて「砂川事件」が重大裁判になって全国に広がり、その問題関心は2015年の安保法制の時期まで及んでいる。

8.12 岡山の国立療養所の結核重症患者である朝日茂氏が、国の劣悪で非人間的な生活保護基準を憲法に反するとして東京地裁に提訴（人間裁判ないし朝日訴訟）。 k

10.5 団はジラード事件（群馬県相馬が原で米軍人が主婦を狙い撃ちで死亡させた事件）について、米兵の起訴（9月17日）が殺人罪でなく傷害致死罪であったことを非難し、凶悪犯が多い米軍犯罪の起訴率が低く刑も軽いことに抗議声明。 f17

10.15 八海事件の第1次最高裁で、2審の死刑を含む有罪判決（53年9月）に事実誤認ありとして破棄、広島高裁に差戻す。その後無罪・有罪の判決が目まぐるしく繰り返され、その後3度目の最高裁（68年10月）で無罪確定。 b13

11.4 青梅事件（東京・青梅線小作駅で52年2月発生の列車暴走・衝突事件）で東京地裁八王子支部で全員有罪判決、その後東京高裁でも61年5月に有罪判決。被告弁護団が上告。 f18, ut54

11.7 第1回アジア・アフリカ法律家会議（シリア・ダマスカス）に日本法律家代表団・団長小岩井浄ほか3名参加（→11日）。 i

12.23 アジア・アフリカの人民連帯会議のカイロ集会に宮川寛雄と牧野内武人が出発（→58年1月1日）。沖縄問題を訴える。 f19·21

12.25 沖縄の瀬長亀次郎氏、モーア高等弁務官の布令で那覇市長（56年12月当選し就任）を追放される。 c213, d54, f20

1958 昭和33

［社会の動き］ 10.4 安保条約改訂交渉開始。

2.4 朝鮮アジア団結委員会の招請で日本友好使節団が訪朝・会談（→2月8日）。 f20

2.14 石川県の丸大撚糸が年末一時金闘争後、組合活動家約50名を人員整理すると発表。女性労働者を中心に決起しストライキを決行。会社は暴力団を雇いロックアウト。労働者が金沢地裁に仮処分を申し立て。 na161

2.27 団、朝鮮人送還問題調査団に加わり大村収容所等を調査。 a

3.20 全逓初の実力行使（東京・大阪・名古屋中郵事件）。2時間ほどの時間内職場集会の開催であったが、いずれも起訴される。 u303

3.27 沖縄の瀬長亀次郎氏らが無届けの政治活動との理由で布令144号違反として起訴。団は民主主義擁護連絡会（民連）の要請に応え4月4日、風早八十二・宮川寛雄・青柳盛雄・佐藤義弥の派遣を決めるが、沖縄渡航の交渉が進まず、やむなく断念。瀬長氏らは8月25日布告「政治犯への恩赦」に基づき免訴となる。 c230, f22

4.23 東京都教職員組合（都教組）ほか関東2県で全一日休暇闘争として勤評闘争が行われる。警察は地公法37条違反容疑で日本教職員組合（日教組）・都教組の事務所と組合幹部の自宅を捜索、都教組委員長など27人を逮捕した。 r上51

> **Column－【勤評闘争】**
>
> 57年6月第2次岸内閣発足を機に文部省が「職員勤務評定（勤評）実施規程」を制定し9月全国実施を発表。日教組は反対闘争を組んで対抗し、まず愛媛で57年10月に第2次闘争が行われた。それが終結したのち都道府県教育長協議会が実施に向け強行方針を打ち出した。日教組は12月「非常事態宣言」を発し本格的な勤評反対闘争に入った。標記の都教組等の休暇闘争が全国的運動の口火を切り、以後58年末まで佐賀、福岡、和歌山、高知、京都、群馬、大阪、東京等で全一日休暇闘争が実施された。これに対し地公法61条4項が適用され（高知を除く）警察による大規模な捜索・聞き込み・呼び出し・逮捕が行われ、各県教組幹部に対する「煽り・そそのかし」罪での起訴が行われた。各地の裁判では1審段階から地公法の違憲性が激しく争われた結果、限定解釈等の手法が用いられる等多くの無罪判決が出された。これらの裁判闘争の蓄積が69年4月2日の「都教組4・2最高裁違憲判決」を導くこととなった。

5.6 東京・蒲田の公安条例事件裁判で東京地裁はデモ規制につき違憲・無罪判決を出す。 d36

5.28 練馬事件（51年12月26日発生）で最高裁が「共犯者の自白」「共謀共同正犯」を容認する判断。団、7月4日に最高裁に抗議申し入れ。 f23

6.9 菅生事件について、福岡高裁が警察のデッチあげを認め逆転無罪判決（60年12月最高裁で確定）。なお真犯人・戸高公徳は57年9月に起訴。が、1審無罪（「期待可能性なし」）、2審免訴（「上司に自首した」）であった。 f23

6.30 平事件、仙台高裁が騒乱罪否定の1審を破棄して騒擾罪の成立を認定し有罪判決。

7.18　王子製紙の労働争議（協約改定問題・賃上げ要求）で労組が無期限ストライキを開始。会社が対抗してロックアウト、北海道・苫小牧などに第2組合ができ警官出動で衝突事件が頻発（12月にスト終結）。渡辺正雄が現地に張りつく。　tko10

10.8　団、原田香留夫（八海事件の弁護人）に対する弾圧に抗議。　a

10.15　団は警察官職務執行法（警職法）案の廃案を実現するため全力を尽くすと国民に向けアピール。団員は手分けして労組・団体に積極的に学習会・講演会を開催するよう要請。「都内の合同（東京合同）、第一、黒田（現・東京）の法律事務所だけで『2か月の短期間で140の集会』に参加。（略）全国で開催された集会がこの5倍にも6倍にもなる」といわれた。　f24

11.5　松川事件の最高裁弁論がはじまる（→26日、10日間）、諏訪メモについて異例の取り調べが行われる。　n453

11.5　警職法案反対第4次全国統一行動が行われる。　k

> **Column－【デートもできない警職法】**
>
> 岸信介内閣による警職法案の国会提出に対する国民の反撃はすばやかった。警職法反対国民会議が10月16日につくられ20日足らずのうちに同会議の傘下に396団体約1000万人が結集。6次にわたる全国統一行動がくり広げられた。松川事件最高裁弁論開始日と重なった11月5日の第4次統一行動では、炭労・全鉱・全国金属が24時間ストをうち、国労も時間内の職場大会を行い全国の労働者参加数は450万人に及んだ。団員は法案反対を訴える中で裁判所の令状なしの身体検査・検束・逮捕の危険を指摘し、デモ・集会・街頭活動等への弾圧の危険を訴えた。「オイコラ警察復活反対」「デートもできない警職法」の秀逸なスローガンが巷に流布し、短期集中型の草の根運動が広がって新聞・雑誌が批判を次第に強めた。反対運動の昂揚を前にし警職法案は11月自社両党合意による衆院自然休会、12月審議未了で廃案。市民・大衆運動が戦後はじめて手にした勝利であった。警察は国家公務員法や公安条例を濫用して不当に介入し弾圧を強化した。最高裁判決で著名な60年7月20日都公安条例事件、73年4月25日全農林警職法事件裁判の「公訴事実」は警職法案反対のデモ・集会の組合幹部指導であった。

11.23　11月5日の警職法反対統一行動で全農林中央執行委員の全員が逮捕される。　r上131

11.27　警職法「改正」案の廃案（22日審議未了を自然休会で合意）。

12.15　日教組委員長・小林武氏が高知県森小学校で労組教員と会議中、父兄たちが大挙して小林氏ら教員に重軽傷を負わせる。団員が現地支援に赴く。　t257

1959 昭和34

*［社会の動き］　**3.28 安保条約改定阻止国民会議の結成、4.7 最低賃金法の成立、6.30 沖縄・宮森小学校にジェット機が墜落（死者21人）、8.29 三井鉱山4580人の第2次整理案発表（三池争議始まる）。***

2.15　「主婦と生活社」の不当配転に反対する争議で長期ストがはじまる。労組が社屋4階を占拠、会社はロックアウト。会社はさらに労組員13名解雇、業務妨害での告発を行い、組合は不買運動・執筆拒否を訴える等支援の輪が広がった。暴力団の社屋一部占拠、非組合員との激突や組合員逮捕の警察の介入など中小企業争議に特有な闘争諸形態が現出したが、組合の健闘で12月29日勝利的な解決。　b2, m③207

2.16　団、最高検の偽証取り締まり強化の方針に抗議。　a

3.28　安保改定阻止国民会議（国民会議）が結成される。安保改定阻止と積極的な中立の実現を方針とし「職場と地域をつなぐ国民的な規模の共闘組織」の創設。　HN59

3.30　砂川・刑特法事件で東京地裁が米軍駐留を違憲として無罪判決（いわゆる伊達判決）。国がただちに飛躍上告。　k, w上112

3.31　団の理論的機関誌『人権のために』第1号発刊。2月11日から再刊のため団内募金活動。

4.11　千代田丸事件、乗組員が出航義務を強制されるほどの朝鮮海峡の危険は無かったとして、裁量範囲を逸脱したとして解雇無効の判決（東京地裁）。2審は敗訴（63年6月）するが上告。　k

5.13　大塚一男、救援会の訪中代表団に参加（→7月1日）。北京で松川事件の報告。　b2, oh321

5.24　田中耕太郎最高裁長官が「最近の裁判批判は放置できぬ」と会同で発言。　b2

6.28　東京地裁所長が、松本善明・坂本修の弁護活動（労働公安事件）について刑事訴訟規則違反として東京弁護士会に処置要求を行う。12月に同弁護士会は法違反にあたらないとして斥ける。　d3

8.8　原水爆反対デモ事件（58年4月発生）、警職法反対デモ事件（58年11月）の一括審理で、東京地裁（岸盛一裁判長）が東京都公安条例の適用について違憲無罪判決。58年から59年にかけて東京地裁は、公安条例事件についてこの「岸判決」をはじめ4件の違憲判決を出した（一部違憲を含む）。　k

8.10　松川事件、最高裁で破棄差戻し（裁判官7対5の僅差の勝利）。松川中央集会（日比谷野外音楽堂）で1万人が全国から集まる。大会宣言を発表し、その後デモ。　b3, n

9.23　八海事件第2次審で広島高裁が無罪の判決。　b1

9.30　この時点でレッド・パージ事件（解雇無効請求）約110件が全国の裁判所に係属。59年1年のみで30件提訴。　d1·3

9.30　中国視察（8月8日→9月3日、団長弁護士長野国助）報告会を開く（報告者・風早八十二、石島泰、小島成一）。たまたま当日毛沢東・フルシチョフの北京会談で共同声明が採択されず「中ソ対立」が公然化。　d1

10.3　全逓大阪中郵事件で証拠開示について西尾貢一（裁判長）決定が出る（大阪地裁）。検察官手持ちの全証拠を開示せよとの訴訟指揮命令であったが、最高裁は12月26日取り消し。　b5, is135

10.26　小繋事件（農民の入会慣行に基づく伐木採取を森林窃盗として逮捕（55年10月）。起訴されるが、盛岡地裁が入会権の存在を認め無罪判決（2審63年5月有罪、最高裁で66年確定）。　b4, tk21

10.31　団総会開催、安保改定の反対決議。団長・上村進、副団長・岡崎一夫、顧問・神道寛次、黒田寿男、江橋活郎を選出。「団報」1号を10月15日付で発刊。　d2

10.-　福島等（東京）が北海道に派遣される（12月迄）。道内全域に奔走する杉之原舜一を援助しつつ白鳥事件弁護活動に従事。　d1

11.16　砂川事件、最高裁で破棄差し戻し。

11.26　田中耕太郎最高裁長官が刑事裁判官会同で「荒れる法廷」の訓辞。　b6, d2·3·6

Column－【荒れる法廷】

この訓示で具体的に俎上にあがったのは静岡の全逓、福岡の国労、秋田の全林野等の公安労働刑事裁判での入廷・傍聴券制限の問題であった。その狙いは裁判官の訴訟指揮権を絶対視し、これに抗する弁護活動を問答無用式に排除することにあった。田中長官は、「荒れる法廷」を明言したこの訓示に先立つ5月25日公安労働関係事件で「裁判所の正当な権威を否定し、その正常な機能をマヒさせる法廷闘争」を非難する訓示を行っていた（6・1裁判所時報）。法務大臣も呼応して11月19日に公安労働係検事会同で同様な訓令を行った。6月の松本善明・坂本修の「刑訴規則違反」を口実とする処置要求、あるいは60年のハガチー事件での寺本勤・福島等や三池炭鉱事件での横山茂樹（61年）の各「法廷等の秩序維持に関する法律（法秩法）違反」を口実に制裁が行われ、団員の活動に対する制肘と弾圧が広がっていった。団は「裁判所の権威」を楯にした攻勢に対し弁護士会にも毅然と対応することを要請し、組織をあげて団員を擁護する一方、「荒れる法廷」問題に警鐘を高く鳴らし続けた。

11.4 風早八十二のベッカリーア『犯罪と刑罰』(共訳・岩波書店)の出版祝賀会。 a

12.10 三井鉱山が三池炭鉱で1279人の指名解雇。会社は8月提案の人員整理を含む第2次合理化案を強行。組合の強い反対を無視し中労委の斡旋も拒否して解雇を強行した。

12.16 砂川事件で最高裁大法廷が日米安保が高度の政治性を有するとして1審無罪判決を破棄差戻し。61年3月差戻審で罰金2000円の判決(63年2月最高裁・確定)。 w上114

1960 昭和35

[社会の動き] 5.20 未明国会で安保条約強行採決、6.23 条約の発効・岸内閣の退陣、7.19 池田勇人内閣の成立、10.12 浅沼稲次郎社会党委員長刺殺される。

1.25 三井・三池炭鉱で会社がロックアウト、労組が無期限ストの長期戦に入る。総評弁護団を中心に東京・大阪などから弁護士が派遣され常時7～8人が待機、「ホッパー決戦」前には総勢39名が集結。延べにして1500名に達した。 d4·13·17, r上304

会社側がロックアウト、組合側が無期限ストで対抗した長期争議(60年1月～同9月)となった。写真は笹林公園を埋め尽くす労働者たち。 ar

2.8 新島ミサイル試射場の受け入れに反対する島民らが東京地裁に提訴。 b5, m③193

2.9 白山丸(中国残留日本人の帰国船)に保釈中の者が含まれ、58年7月に舞鶴港で2000人の警察官が集められ大量逮捕(白山丸事件)。大阪地裁に出入国管理令違反で起訴されるも時効で免訴判決。2月15日には別の部で免訴判決(その後大阪高裁で破棄)。2月26日には東京地裁では訴因不特定として公訴棄却の判決。 d3·4·5, is105

2.20 団が主宰し公安条例事件弁護団を結成。

3.19 メトロ交通争議の解決。54年12月以降3次にわたる争議(58年4月に大阪へのタクシーキャラバン行動)の末、第4次として59年3月から378日間の長期争議が闘われた。 b5, r上105

3.24 東京·池袋の映画館·人生座の労働争議が解決。59年1月労組設立·ストライキ突入、会社側の告発により労組員多数が逐次逮捕され、うち3名が起訴される。 b4

3.29 三池炭鉱四ツ山坑の正門付近でピケ中の労組員が暴力団に刺殺される。 r上297

4.6 徴税虎の巻事件（国家公務員法〈国公法〉違反・秘密漏洩の嫌疑）で大阪地裁が墨塗り証拠では「実質秘」の判断不可能として無罪判決。その後62年大阪高裁の破棄判決後、差戻審が67年に判決理由に租税法定主義違反を加え無罪。2審が73年逆転有罪判決を出すが、77年最高裁は有罪としつつ「実質秘」を認める。 is109

4.16 団、安保阻止法律家会議による安保条約改定阻止の請願大会とデモに参加。

4.16 岸首相訪米阻止(1月16日行動)の「羽田事件」裁判について弁護団が解散する。 68g

4.18 最高裁で東京都（1審違憲・2審最高裁に移送）・広島市（1審違憲・2審有罪）、静岡県（1・2審とも違憲）の各公安条例事件の口頭弁論（→20日）。昂揚する安保闘争のなかで弁護団が「デモ・集会・街頭宣伝の自由」を熱弁。 d49, ut232

4.18 中外製薬のレッド・パージ事件で最高裁は50年7月のマッカーサー指令について、報道機関の規制であったことを認めつつ、「その他の重要企業を含めてなされたもの」と解釈した根拠として当時「そのように解釈すべき」との指示が最高裁に対してなされたことは「裁判所に顕著な事実」と摘示。 HP, tk53

4.- 法務省、「改正刑法準備法案（未定稿）」を公表（スパイ罪、内乱・外患教唆、公務執行妨害罪・騒擾罪の拡張）。

5.4 福岡地裁が三池・三川鉱ホッパー立ち入り禁止仮処分を出す。5月10日に仮処分執行。ホッパー付近で最高7000人に達したピケのため執行できず。警官1500人にピケ隊排除を要請するが、連日の衝突から新たな流血を避けた方がよいとの警察側の判断から仮処分執行は一時見合わせられた。 u316

6.4 安保改定阻止の政治的ストライキ。全国で560万人参加。団は安保阻止法律家会議請願デモに参加。仙台では高裁広場前で宮城県安保阻止国民会議の集会が開催され後に裁判所書記官などが逮捕される。 HN62

6.10 ハガチー事件の発生。来日したハガチー大統領新聞係秘書が羽田空港付近でデモ隊に囲まれヘリコプターで脱出。この事件で多数共謀による監禁・威力妨害罪等で23名が東京地裁に起訴された。 d7, r上244

6.15 安保改定阻止のゼネスト580万人参加・国会デモ13万人、一部が国会構内侵入。団は安保阻止法律家会議に結集してデモ参加・警備などにあたる。以後6月18日33万人の国会包囲デモ、6月22日安保改定阻止の政治スト600万人など反対運動は最高潮となる。労働旬報法律事務所（当時）が国会包囲デモ指導に対する援助・助言の事実上の拠点となる。 HN62･63

6.17 マスコミ主要7社による異例の「暴力を排し民主主義を求める共同宣言」発表。 b16

7.2 「刑法改正準備草案について」団としての基本的見解を明らかにする。 a

7.4 群馬安保6・4スト闘争で20人が逮捕される。 b6

7.11 寺本勤が法秩法違反で過料を科される。 b6, d5･8

Column－【寺本・福島団員の弁護活動に対する法秩法制裁】

ハガチー事件の勾留理由開示裁判で主任弁護人指定について寺本の陳述を、東京地裁の富川秀秋裁判官が中止させ、訴訟指揮に従わないとして退廷・拘束を命じ、3時間監禁のうえ法秩法違反で科料3万円を科した。寺本は団の支援を受けて8月2日に富川裁判官を東京地裁に国家賠償（国賠）請求で提訴。さらに総括裁判官である飯守重任が8月8日の開示公判冒頭、弁護人との間で世界観の相違があると前置きして公判進行の持論を述べた。福島等が政治的偏見を有する裁判官に適正な裁判を行う能力があるか疑わせると述べたところ、激昂した飯守が発言の取り消しを求め「拘束」を命じた。法廷で拘束された福島は裁判所地下に拘禁され約5時間後法廷に戻され「監置20日間」の制裁を受けた。団はこの東京地裁刑事14部による団員の弁護活動に対する法秩法の制裁に対し総力をあげて反撃、62年に至るまで団員援護と飯守らの不当な裁判を徹底的に批判する一方で法秩法廃止の運動を粘り強く推進した。

7.20　東京都公安条例事件で最高裁が合憲判決（いわゆる潜在的暴徒論の判示）。　k

7.29　砂川事件で逮捕された日本鋼管労組員が「会社の信用を棄損した」理由で解雇された事件で東京地裁が無効判決（その後最高裁で勝訴確定、原職復帰）。

8.2　団、原水爆禁止世界大会法律部会に出席。　d7

10.8　団、総評弁護団とともに裁判官飯守重任に公開質問状を出す。　a

10.10　三恵木材合同労働争議で、組合潰しの偽装倒産・組合委員長に対する解雇（58年、親会社の圧力による解雇）で逆転勝訴の仮処分（東京高裁）。その後本訴では最高裁（71年）まで連続的な勝利判決（解雇無効）。　r上201

10.10　ソフィアでの国際民主法律家協会（IADL）大会に仁科哲、斎藤一好、内蔵功らが参加（→14日）。

10.14　団、東京地裁裁判官が法秩法違反で日弁連に対し制裁を求めたことについて日弁連・東弁に厳重抗議。　a

10.19　「人間裁判」朝日訴訟で東京地裁（浅沼武裁判長）が生活保護支給問題で違憲判決。　d20, k

10.20　平事件（騒擾罪）で最高裁口頭弁論（→22日）。メーデー事件弁護団員も加わって騒擾罪の故意論（未必的共同意思論）・「大衆捕獲の網」論などを論述。　b7·8

10.-　団、三池炭鉱争議支援のため田代博之（東京）が3年にわたり現地に常駐。　b17

11.10　団、救援会と協力し最高裁判官国民審査運動を強化し共同行動を行うことを確認。　a

12.8　平事件　最高裁が騒擾罪を適用した2審判決を維持して有罪確定。

> **Column―【平事件被告団の声明文】**
>
> 最高裁判決に対し発せられた被告団の抗議声明は言う。「不当だ。全く不当な判決だ。我々が何をしたと云うのだ。許可を受けて立てておいた掲示板に警察がインネンをつけたから、皆で抗議しただけではないか！　それがどうして悪いと云うのだ。それがどうして騒擾罪だと云うのだ。玄関前の乱闘も留置場の問題も偶然に起こったのではないか（中略）それを理由に全体を処罰すると云う事ではデモも集会もすべて集団行動に参加すると云う事が刑務所え（ママ）行く事と全く紙一重の状態にあると云う事になる（中略）先に公安条例の判決では『群衆は常に暴動を起こそうとする状態にある』と述べた最高裁判官たちの集団行動に対する見方、考え方が、我々の場合にも一貫してとられている」。常磐炭鉱傘下の労働者の、薄いセロファン紙上に朱色で書かれたこの肉声は騒擾罪の核心を見事に撞いている。

12.26　国民審査ビラ配布にたいする警察の不当妨害についての全司法労働組合（全司法）群馬支部抗議声明を団は支持し檄文を送る。　a

1961　昭和36

［社会の動き］　2.1 右翼少年が中央公論社社長嶋中宅の女性2名を殺害（嶋中事件）、6.3 政暴法案を衆議院で強行採決（62年5.7 に廃案）、12.27 池田内閣が所得倍増計画を閣議決定。

1.17　団、ラオスに対する軍事干渉反対国民集会（日比谷野外音楽堂〈日比谷野音〉）に参加。　a

1.19　日弁連機関誌『自由と正義』に寄稿した上田誠吉論文「法廷秩序と勾留理由開示」が不掲載とされたことで、団は日弁連に再掲載を要請。「飯守重任判事からの名誉棄損」のクレームを考慮したとする理由を受け、団は1月30日「荒れる法廷」問題の本質を理解せず日弁連の使命を投げ捨てるものと批判。　b9, us217

2.13　福田力之助、中華全国総工会訪日代表団送別パーティに出席。

2.17 右翼テロ糾弾の講演会を他の法律家団体と共催。2月23日団独自の意見書を公表。浅沼稲次郎刺殺事件に続き嶋中事件が起きたことに警鐘を鳴らし、治安対策の基本的な対象に右翼を据えるべきだと警鐘。 b6・10

2.25 飯守重任裁判官が嶋中事件の遠因に安保闘争があったとする問題発言、団は飯守に対する糾弾声明を出す。 b10

4.4 沖縄人権協会の設立。

4.11 吉田岩窟王事件(1913年発生の強盗殺人事件)、日弁連が協力した初の再審請求(第5次)で、名古屋高裁が再審開始決定。50年ぶりに無罪の道が開けた。

4.15 横山茂樹(当時、福岡県弁護士会)、三池事件公判で他の裁判所批判に言及した理由に安東勝裁判官から法秩法違反とされ過料3万円を科される。団は横山に激励電報を打ち支援カンパを決定、熊本地裁に抗議電報をうつ。 b10

5.13 政治的暴力行為防止法(政暴法)案の国会提出。団は5月15日に法案反対声明を発表。 b8・10, ud263

6.2 安保共闘会議による政暴法案反対デモ(国会周辺に10万人デモ)。警察はデモ規制で不当介入して弾圧、検挙者約100名、うち15名を公安条例違反で起訴。団は現場監視や理論的究明で尽力。

6.7 私鉄総連中国・山陽電軌支部のスト決行(61年5月開始)中に組合員が逮捕される。その後も逮捕が続き8月中旬までに合計40人超が逮捕され、多くが山口地裁と同下関支部に分かれて起訴された。 b8, r上308

6.8 政暴法案が衆議院議長の斡旋により継続審議となる。審議が実質的に停止する。

7.14 長崎相互銀行従組争議で組合員3名の逮捕について福岡地裁が実質的違法性がないとして無罪判決(その後62年4月福岡高裁が1審維持)。

8.8 松川事件差戻審で仙台高裁(裁判長・門田実)で全員無罪判決(63年9月第2次最高裁で確定)。

仙台のレジャーセンター(体育館)での判決報告集会、立って拍手を受ける弁護団。右側から5番目の開襟色シャツ姿が大塚一男。若き大塚(25年生)は事件当初から岡林辰雄とともに弁護活動を中心的に担った。

tg

8.12 宮川寛雄が第7回原水禁世界大会に団を代表して参加。 d7

8.15 団、第4回日弁連人権大会の議題に法秩法廃止をあげることを日弁連と各地弁護士会に申し入れ。 a

9.23 第4回日弁連人権大会(仙台市)に団員40名が参加し法秩法による福島等団員の制裁について発言(提出した修正案は否決される)。 d18

10.7 日本民主法律家協会(日民協)の創立。 d8

10.26 文部省が56年から一部実施していた学力テストを全国中学2・3年一斉に実施。日教組が当日の反対闘争を行う（学テ闘争）。官憲の介入と弾圧が各地で行われる。とくに全国闘争の中心になった岩手では岩手教組幹部21名が逮捕、うち7名が起訴されたほか、870人超の教員の懲戒処分、大掛かりな捜索・任意出頭等の弾圧が行われた。 d7･8, r上432

10.31 毎日新聞・TBSを背景にした広告代理店・正路喜社の破産を理由にした解雇、以降争議中の社内立入禁止仮処分等と闘い、地域共闘の支援のもと、連日30人を超す泊まり込み。長期間の徹底抗戦を続けて70年9月25日東京地裁で勝利的和解。 d65, r上374

11.13 団、中国法律家との懇談会を開催（日比谷・松本楼）。 a

1962
昭和37

［社会の動き］ 8.6 第8回原水爆禁止世界大会の開催（ソ連核実験抗議決議で紛糾）、10.25 アメリカによるキューバ海上封鎖（キューバ危機）。

1.20 第4回白鳥事件現地調査に団員十数名が参加。支援団体による「白鳥事件対策協議会（白対協）」の組織的指導と、全国各地に生まれた草の根運動の「村上国治を守る会」と結合し支援活動の輪が広がった。 d10

2.10 団、国税通則法（62年施行）に反対する会の結成に参加。 b11･12

2.20 政暴法案が審議入りせず停止状態が続いていたが、政府が「民主的秩序防止法案」という名称で再提出の動きをみせたため、団は「新政暴法案」反対声明を発表し各団体・労組に送付。 a, d19

3.26 団は日弁連総会での法秩法廃止発議に向けて署名運動をすすめ533筆の署名を提出。その後5月の日弁連総会に付議されたが継続審議、11月17日の臨時総会で審議続行の末に理事会検討に付議されることになった。 d13･14･17･18

4.18 都教組勤評反対闘争で「あおり」行為の限定解釈で無罪判決（東京地裁）。 k284

4.25 加藤健保訴訟（長期療養患者による傷病手当を請求して56年に提訴）で東京地裁が不支給処分を取り消す判決。 b65

5.7 政暴法案の廃案。

5.17 東京地方争議団共闘会議が結成される。当時争議中の約30の中小企業労組が結集し連帯を強め協力を誓う。 tko

5.19 八海事件で最高裁が原判決を破棄し2審に差戻す（第2次上告審）。

6.20 東京・三光自動車労組丸山委員長の刺殺事件が発生。 m③212

9.13 死刑囚藤本松夫の再審請求が棄却され翌日に死刑執行。

10.21 第2回アジア・アフリカ法律家会議（於ギニア共和国コナクリ、尾崎陞代表団団長ほか、上田誠吉、石島泰、清源敏孝が参加）。派遣費用の団内支援募金で目標60万円のところ100万円を超す。 d16･17

10.22 盛岡地裁が全逓の団交要求を「住居侵入」として可罰的違法性を肯定。

10.30 吉田岩窟王事件の確定。名古屋高裁が62年1月開始決定を取り消したことを最高裁が取り消し。63年2月にようやく名古屋高裁で無罪確定。

12.4 山陽電軌労働争議の刑事裁判で論告を批判した於保睦団員の最終弁論（8月27日）について山口地検検事正が山口弁護士会に法秩法違反として懲戒を求める。団は12月弁護士会に対し弁護権の擁護を要請。同弁護士会は63年2月に懲戒請求を却下。また下関支部の12月7日公判における吉田孝美団員の尋問についても立会検事が法秩法違反で懲戒せよと求めた（裁判所は取り上げず）。 d18･19

12.11 恵庭事件（基地付近の酪農家野崎兄弟が軍事演習の騒音に抗議し基地通信回路を切断した）の発生。63年3月に自衛隊法違反で札幌地裁に起訴される。 d23

1964年5月の恵庭での現場検証。左から三人目が内藤功団員、右から野崎健之助氏（兄弟の父）、佐伯静治副主任弁護人。 ni

1963
昭和38

［社会の動き］ 7.20 中ソ会談の決裂（対立激化）、8.5 第9回原水爆禁止大会の分裂（社会党・総評系のボイコット）、11.22 ケネディ・アメリカ大統領暗殺される。

1.- 団、平沢帝銀事件弁護団に団員参加を決定。 a

2.9 団、「暴力行為等処罰に関する法律」の改正案（新暴力法）の撤回を求める声明。結成された「新暴力法反対法律家協議会」(議長・牧野武人)に参加し、同法案批判の新聞を大量発行(16万部)。活動が昂揚し、7月に同法案は廃案になったが、12月に再提出され64年6月に成立。団の64年発行したビラは16万部に達した。 b19·20, d51

2.20 病気療養中の天野末治に対し団幹事会で経済援助活動を行う旨決定し、後日募金を届ける。 d21

5.1 狭山事件（埼玉県狭山の女子高校生誘拐・殺人）の発生。後日Ｉ氏が起訴され、64年3月浦和地裁が死刑判決。 nn180

5.22 東大ポポロ事件（52年2月発生）で1・2審無罪であったが、最高裁が破棄・差戻し判決。団、5月25日批判声明。 d21

5.23 中国政治法律学会の招きで宮内裕京大教授を団長とする青年法律家代表団が訪中。団員6名参加。 is264

5.23 大阪学芸大学スパイ摘発事件で全員無罪判決（大阪地裁）。 is120

6.12 思想信条に関する経歴の秘匿について、経歴詐称として解雇した事件で横浜地裁は解雇無効の仮処分決定。 d22

6.22 吹田事件で大阪地裁判決。騒擾罪不成立で無罪判決。 b14

6.24 坂本福子がモスクワで開かれた世界婦人大会に参加（→29日）。有力週間紙による大会への中傷報道に団は他の民主団体とともに抗議を申し入れる。 d21·22

6.28 サリドマイド訴訟の提訴。レンツ博士（独）の警告に反して鎮静・催眠剤サリドマイド販売が継続され、被害者は約1000人（認定309人）に達する。国とメーカーを相手に名古屋地裁に提訴（64年京都地裁、65年東京地裁に各提訴）。 d53

7.5 「在日朝鮮中・高生に対する人権侵犯事件調査団」を結成、現地調査等を行う。8月に調査報告書を公表。 63g27

9.12 松川事件第2次上告審で無罪判決（検察官の再上告棄却確定）。

9.19 神戸地裁龍野支部が石川島播磨重工業レッド・パージ事件でマッカーサー指令の法規範性を否定し解雇を無効とする判決。 d24

9.21 団総会がはじめて東京から出て静岡県伊東市で開催。100名超が参加(→22日)。 d21

10.17 白鳥事件で最高裁が村上国治氏の上告棄却、有罪確定。日比谷公園に1万人が集まり抗議集会。村上氏網走刑務所に下獄。 q261

10.21 60年4月の中外製薬レッド・パージ事件の最高裁判決でいうマッカーサー指令の解釈指示について団総会の「決議」に基づき小沢茂らが最高裁事務総長関根小郷に面会し、その内容を問いただすが、裁判内容の干渉を理由に回答拒否。 d23·24

11.5 東京・中野区の民主商工会（民商）会員等が税務調査を妨害した容疑で逮捕。12月公務執行妨害罪で起訴（東京地裁）。中野民商事件の発生。 d25

11.9 三井三池炭鉱三川坑大粉塵爆発災害で死者458人、負傷555人を出す。 HP

11.19 上田誠吉がアジア・アフリカ法律家会議に平野義太郎氏と一緒に出席（コナクリ、その後白鳥事件の弾丸鑑定でプラハ等を経由して帰国→11月25日）。 d24

11.20 昭和女子大事件で学生勝訴の判決（東京地裁）。女子学生2名が学外団体加入、破防法反対署名の学内活動を理由にした退学処分の無効を提訴（62年2月）。団は支援するが、67年4月に東京高裁は逆転敗訴判決。 d11·12

12.14 「（民商への）税攻勢」討論集会を民商・税理士・全国税労働組合（全国税）の参加で開催。62年4月の国税通則法施行後、全商連や民商・同会員への強権的な税務調査と推計課税の報復的な攻撃が強まっている情勢を討議。 d25

12.20 芦別事件で無罪判決（札幌高裁・確定）。 d25

12.25 岡崎一夫自由法曹団団長、石島泰、斎藤一好が中国を訪問（→64年1月16日）。 i

1964
昭和39

［社会の動き］ ***4.8 日本共産党の4・17公労協スト反対声明、6.16 新潟地震発生（M7・5）、7.3 憲法調査会が最終報告書を首相に提出、8.2 アメリカがトンキン湾事件を報じる、8.28 臨時司法制度調査会意見書の提出、10.10 東京オリンピックの開催。***

2.8 団、全金日本ロール支部(映画「ドレイ工場」のモデル)との交流・学習の場をもつ。 d26·64

2.10 横浜地裁が認めた富士通信機労組に対する「妨害排除」仮処分執行の際、警察官500人と暴力団150人が組合員を襲った事件について、団は抗議電と組合に激励電を打つ。

3.1 熊本県収用委員会が小国町の下筌（しもうけ）・松原ダムの裁決を行う。4月以来反対運動の拠点の「蜂の巣城」（59年築造）に弁護士1・2名の常駐体制（6月からは4名）をとる。6月23日8年目の強制撤去。団員は裁決取消し訴訟・執行停止などの法廷闘争を展開。 d28-29·36, 64g141

3.30 大阪教職員組合のストライキで大阪地裁は「あおり」行為規定を違憲とする無罪判決を出す。 k(285頁)

3.31 尾崎陞ら4名がブダペストに国際民主法律家協会（IADL）大会に出発し（→5日）、会議後にハノイを訪問。 d27

4.5 米軍ジェット機が東京都町田市商店街に墜落し4人死亡。

4.16 実践女子学園の組合活動家の解雇事件（62年）について、東京地裁が委員長を除き3教員の解雇無効の仮処分判決。 r上284

4.- 東京地裁労働部の右陪席に園部秀信裁判官が着任。いわゆる「園部裁判官問題」が起こる。 d37·38, x872

5.16 三井三池炭鉱三川坑大粉塵爆発災害(63年11月発生)について団は現地調査団を編成し、調査団長・梨木作次郎ほか団員7名を派遣(→17日)。団声明発表。 d29, HP

5.19 松川事件で東京地裁に国家賠償請求を提訴。ただし2審無罪の3名は56年12月（第1次最高裁判決以前）に福島地裁に提訴（その後移送）、東京地裁で一括して審理される（松川国賠事件）。 d36, HN

6.6 団、「農村活動者会議」を長野県伊那市で開催。全国各地から団員40名超が参加し、5班に分かれて調査報告。 d28·29

年	月日	事項	出典
	6.20	新暴力法案（暴力行為処罰法）の成立。63年通常国会に提案されて以降、3度目の国会提出によるものであった。	d27
	6.29	「在日朝鮮人の人権を守る会」として田代博之（団事務局長）・高橋信良・三野研太郎が北朝鮮を訪問（1か月）。	d30·36
	7.24	原水禁世界大会派遣団員の結団式（団長·岡崎一夫、事務局長·小島成一、総勢10名）を開く。	
	7.-	団、国法協と共同して「沖縄に於ける自由と人権に関する意見書」を発表。	65g112, HP
	8.1	東京都青少年育成条例の成立。団は6月家族生活への警察の干渉・侵害を指摘し都議会議長宛に反対申し入れ。	64g22
	8.28	臨時司法制度調査会（我妻栄会長）の意見書が内閣に提出される（臨司意見書）。	d28-29·37, x816
	9.1	団、最高裁長官・横田喜三郎が7月2日の刑事裁判官会同で行った「法廷に法の支配を」発言を批判する声明。	d30
	9.8	神奈川県大和市の鉄工所に米軍爆撃機墜落、死者5名等の犠牲者を出す（館野鉄工所事件）。	tg182
	10.3	団、憲法改悪阻止闘争を強力に実践する決議をあげる。12月に「人権のために—憲法特集号」を20万部発行。	
	11.24	団、国法協の招きで来日（11月20日）した中国政法学会代表団（法律工作者代表団とも呼ぶ）5名の歓迎会を開き交歓（団側約20名出席）。その後各地の法律事務所や労働争議団と交流（→12月14日）。	d32, i
	12.5	水戸市で「百里基地反対」講演会を開催、200名以上が参加。翌6日百里基地の現地調査、地元反対住民と交流。	b4, d32
	12.11	熊本県荒尾市の生活保護の「不正受給」事件について詐欺罪で起訴。この時期官憲の取締りが各地で強まった。	d34
1965 昭和40		***［社会の動き］　2.7 アメリカの北ベトナムへの爆撃（北爆）はじまる、2.10 国会で自衛隊の三矢作戦文書が暴露される、6.22 日韓基本条約の調印（請求権など7付属協定を含む）、10.21 初のベトナム反戦統一スト、12.10 日本国連安全保障理事会非常任理事国に当選。***	
	1.23	有楽町ビラ撒き事件（62年6月起訴）、道路交通法違反を認めず労組員に無罪判決（東京地裁）。	k
	3.6	憲法改悪阻止各界連絡会議（憲法会議）の結成（団常任幹事会が2月16日参加決定）。	d33
	3.18	帝銀事件の再審請求中の偽証罪による証人逮捕・起訴について団は抗議声明を発表。	d33
	4.18	統一行動デモ警備中の岡田啓資が機動隊員にフィルムを強奪される。団は東京弁護士会に人権救済を申し立て、同人権擁護委員会は66年3月10日に人権侵害を認める。岡田は国賠を提訴し、70年4月勝訴判決（東京地裁）。	d35·36, 65g88
	5.6	芦別事件の国賠請求の提訴（札幌地裁）。	
	5.22	憲法学校を開く。団員が憲法活動家養成のため講師活動。その後随時、開催。	d36
	6.1	福岡山野鉱山でガス爆発（死者237人）。	
	6.6	白鳥事件、村上国治氏の実母葬儀出席が実現。網走刑務所に要請電報が集中。	q308
	6.12	家永三郎氏、国の教科書検定違憲訴訟を東京地裁に提訴（第1次家永訴訟）。	k
	6.12	マスコミ産業の労働争議に対する警察の違法な介入・弾圧について、総評弁護団とともに研究対策会議を開催。	a

6.22 東京労音が源泉徴収義務の有無を争った訴訟で東京地裁が徴収義務を課したことは違法だが不当でないと判断。64年4月頃から国税庁による各地の一斉課税に対し、各地で異議申し立てや裁判で争う事件が多発。 oz415

8.1 団、『人権のために』№14でメーデー・吹田・大須の3大騒擾事件の特集を編む。

8.15 法律家中国訪問団が司法制度調査等のため9月11日迄中国を訪問。弁護士毛利与一団長、植木敬夫事務局長、総勢24名うち団員15名。12月9日に東京で報告会開催（小冊子報告書の発表）。

8.30 八海事件第2次差戻し審で広島高裁が有罪判決。団、9月4日に抗議声明発表。 d36

9.9 沖縄人民党・瀬長亀次郎氏ら8名が国に対し渡航制限等の違憲損害賠償を提訴（東京地裁）。

10.11 団、日韓条約反対法律家団体連絡会議に正式加盟。 a, d37

10.13 白鳥事件（村上国治氏）の再審請求が起こされる。 d54·81

10.- 東京弁護士会が「臨司意見書批判」を発表。 x826

11.1 法律家団体7団体として「日韓条約に関する意見書」を発表し、反対を表明。 HP

11.9 団が中心になって法律家団体共催の「日韓条約批准阻止法律家集会」を東京弁護士会館で開く（65名参加）。 d37

11.18 団、沖縄立法院選挙に関し、瀬長亀次郎氏ほか3名の失格宣言に対して琉球政府に対する抗議声明。 d37

11.26 民青新聞の公選法・政治評論規制違反について1審の有罪判決を破棄して逆転無罪判決（東京高裁） j③2

11.27 団、三光自動車闘争支援のため現地調査などを他の法律団体と共同して行う。 d37

12.21 沖縄にはじめて団員共同事務所の沖縄合同法律事務所が深沢栄一郎・芳澤弘明・古堅実吉団員3名で設立される。 d47

12.22 電柱ビラ貼りが軽犯罪法違反・広告物条例違反に問われた事案で、東京高裁は1審有罪判決を破棄し軽犯法2条刑の免除判決。 d38

12.25 団、ハンフリー米国副大統領の来日に反対し抗議声明。 d38

1966
昭和41

［社会の動き］ 4.26 公労協・交通共闘統一スト、5.31 沖縄の「教公二法」の事実上の廃案、6.25 建国記念の日の国会制定、8.18 北京天安門で「文化大革命」で紅衛兵100万人集会、10.21 ベトナム侵略反対等統一ストライキ（全国で547万人の参加）。

1.3 ハバナで行われた三大陸連帯人民大会に、尾崎陞・仁科哲が参加（→15日）。 66g5

1.22 伊豆大島大火災支援法律相談に安達十郎、市木八郎を派遣する。

2.27 新東京国際（成田）空港反対の闘争支援のため現地の成田富里・八街地区で交流懇談会を開く（団員11名参加）。 d38

2.28 東京・有楽町街頭の「米核実験・日韓協定反対」ビラ撒き（62年5月）について、「交通に著しい影響を及ぼさない」として無罪判決が出される（東京高裁）。 k

3.24 青梅事件で最高裁は事実誤認を認め2審東京高裁の有罪判決を破棄して差戻す。団は「当然の判決」と声明発表（68年3月に差戻審で全員無罪判決）。 d38

3.31 民主商工会（民商）の相模原交友会専従事務員による税務申告書作成関与について（62年2月起訴）、最高裁が税理士法違反にあたるとして有罪とする。 d25

4.3 東京12チャンネルの争議（65年6月発生）で22名解雇。70年2月に職場復帰の解決。

4.4 在日朝鮮人の民族教育問題に関する法律家懇談会を開く。4月11日に文部・法務大臣に佐藤栄作内閣の企図する学校教育法改悪強行による民族教育の抑圧の動きに抗議し申し入れる。 d39

4.29 団員ら総勢200人で荒川区・東京朝鮮第1初中級学校・小平市の朝鮮大学校を訪問し教育の実情を調査。 d39

5.25 旭川学テ闘争で、学力テストが大綱的基準を超えて教育内容に影響を及ぼす違法があるとして一部無罪判決（旭川地裁）。 r上436

6.19 団、第4次選挙制度審議会に小選挙区制案反対の申し入れ（反対発表は5月30日）。

7.4 朝日訴訟で最高裁大法廷弁論（3日間）。 d40, s30

7.18 仙台で団員所属地方法律事務所交流会が開催（→19日）。

8.12 公害反対の電柱ビラ貼りで軽犯罪法違反・広告物条例違反に問われた事案で松山簡裁は広告物にはあたらない、ビラ貼りの現況からしてこの広告を取り締まることは平等に反するとして無罪判決。 d40

10.1 団創立45周年記念祝賀会（ダイヤモンドホテル）の開催、『自由法曹団物語』『人権と公判闘争』を発刊（労働旬報社）。 HN

10.2 団創立45周年記念権利討論集会を法政大学で開催（約630名が参加）。 【口絵】

10.5 団創立45周年記念集会をこの日東海地方で開催。以降各地で連続的に記念集会が行われる（大阪支部10月21日1000人、10月28日京都支部1600人、その他九州支部10月19日、北陸支部10月22日、兵庫県支部10月27日、中国地方支部11月3日、仙台地方11月21日）。 d41

10.13 ベトナムにおける米国の戦争犯罪調査日本委員会の設立（事務局長・森川金寿弁護士のほか実行委員として、石島泰、渡辺卓郎が派遣される）。 b17, i

10.15 タクシー会社・石川交通の労働争議で車両の持ち出しを行った会社に抗議し交渉していた組合幹部が暴力処罰法で起訴された裁判で無罪判決（金沢地裁）。 na226

10.17 団、10・21ベトナム反戦統一ストライキ支持の声明発表。 d41

10.26 全逓東京中郵事件で最高裁で破棄差戻し判決（公労法の適用を受ける労働争議の刑事罰からの解放）。 b15·16, r上65

12.15 石島泰が米国戦争犯罪の調査団の団員としてベトナムへ出発(→67年1月20日)。 d42

12.16 国労尼崎駅事件で公共企業体労働関係法（公労法）17条の違憲の疑いを指摘しつつ、争議行為のピケに一定の有形力の行使が許容されるとして無罪判決（神戸地裁）。 is153

12.20 住友セメントの女性職員結婚退職制を性別による差別で違憲とする判決（東京地裁）。

12.27 団、最高裁判官の国民審査にあたってのアピールを発表。 d42

1967 昭和42

［社会の動き］ 4.15 社共推薦の美濃部亮吉氏が都知事当選、12.11 佐藤栄作首相国会で非核三原則を表明。

1.7 日産・プリンス自動車の合併で、第二労組員による全金プリンス労組員に対する取り囲み・集団的な罵声・暴力が2月末まで続く。団は2月3日に現地調査、その後警察・人権擁護局への申し入れ、都労委審問での抗議、提訴等の活動を展開。71年に勝利解決。 r下621

1.18 三鷹事件竹内景助氏獄死。団は「事実上無法な死刑の執行にも等しい」との抗議声明を発表。 d42

2.16 団、日弁連沖縄調査団に参加する高橋融·工藤勇治·斎藤義雄の支援を決める。 d43

2.28 善隣会館事件の発生。華僑青年らが在館の日中友好団体等を反中国活動の理由で退去させる目的で暴行流血事件を引き起こす。団は3月25日に岡崎一夫団長を先頭に現地調査。 d43

3.9 団、日本政府が金東希青年を韓国へ強制送還することに抗議の共同声明を発表。 d43

3.16 「明るい革新都政をつくる会」の設立。団は3月14日に参加決定。 d46

3.29 恵庭事件（酪農営業の兄弟が営農妨害だとして自衛隊の通信線を切断した）について札幌地裁が当該通信線を「防衛の用に供する物」にあたらないとして無罪を言い渡すが、自衛隊法の違憲性について判断回避。団3月27日声明。 d44, k

3.31 東京・大森簡裁が三矢作戦反対等を内容とするビラ貼り（私鉄ホーム壁）について軽犯法違反を認めず無罪判決（2審・東京高裁では有罪判決）。

5.4 団、在日朝鮮人の民族教育を抑圧する「学校教育法改正案」に反対する共同声明を発表。 d43

5.4 団、法律家5団体の共同声明で沖縄の教育二法反対運動で行われた教職員に対する弾圧について抗議声明。 d46

5.20 新東京国際空港（成田空港）建設予定地の三里塚の現地調査、交流集会に参加（→21日）。 d43, m③337

5.24 朝日訴訟（人間裁判）で最高裁は、亡原告朝日茂氏（64年2月没）の訴えが一身専属的な権利で、死亡により消滅するとして裁判終了を宣告（66年7月に3日間最高裁弁論）。東京地裁1審判決（60年10月）を取り消した東京高裁逆転判決（63年11月4日）が確定。 d40, k

5.27 日弁連が臨司意見書に対する批判意見を発表。

6.12 新潟水俣病（阿賀野川流域有機水銀中毒）、原告77名が昭和電工を相手に新潟地裁に提訴（四大公害裁判第1号）。団、7月15日取り組み支援を決定。 y1967

6.23 家永三郎氏が教科書不合格処分の取り消し訴訟を東京地裁に提訴（第2次家永訴訟）。 k

7.26 群馬教組の勤評闘争反対運動の弾圧事件で全員無罪判決（前橋地裁）。以後69年にかけて福岡・佐賀・京都・和歌山教組の地裁・高裁レベルの無罪判決が続出。 r上63

8.11 訪朝法律家代表（上田誠吉・松山正・山田一夫・於保睦）が北朝鮮へ出発。 d44

8.27 佐教組事件で争議行為の限定解釈により無罪判決（佐賀地裁）。 K(284)

8.28 「ベトナムにおけるアメリカの戦争犯罪と日本の協力加担を告発する東京法廷」（いわゆるラッセル日本法廷）開催（→30日）。 b17, i

9.1 四日市ぜん息公害訴訟、コンビナート各企業を相手に津地裁四日市支部に提訴（四大公害裁判の第2号）。 y238

9.29 在日朝鮮人の青年2名が電柱ビラ貼りで逮捕された事件（初の高知県でのビラ弾圧）で、外国人登録法・県屋外広告物条例違反・軽犯罪法違反で無罪判決（高松簡裁）。

10.9 団をはじめとする法律家団体が小選挙区制に関する国会審議に抗議申し入れ。 d49

10.18 成田空港反対闘争について団内対策会議。 d49

12.16 団、飯守重任裁判官（鹿児島地裁）による民放労働者弾圧事件での不当な訴訟指揮について日弁連へ問題提起。

1968
昭和43

［社会の動き］ 1.29 医学部無期限スト開始で東大闘争がはじまる、2.5 沖縄嘉手納基地からB52爆撃機の連日ベトナム戦出撃、3.16 ソンミ事件、5.13 パリの5月革命、5.16 十勝沖地震（M7・9）、7.1 核拡散防止条約の調印、8.20 チェコ事件（ソ連など5か国のチェコ侵入）、11.10 屋良朝苗（革新統一候補）が琉球政府主席に当選。

1.27 団、公安条例問題シンポジウムを開催。渡辺脩が「潜在的暴徒論」、高橋清一が「運用の実態等」を報告。 d49

1.31 東京・中野民商による税務署の不当調査に対する名誉棄損訴訟(提訴63年12月)で、東京地裁が判決で結社の自由を侵害することを認めて損害賠償を命ずる。 d44

2.17 団、弁護団とともに家永三郎教授を励ます法律家の会を開く。 a

3.1 団、首相・文部大臣宛てに「外国人学校法案」の国会提出について抗議と要請。 d48

3.9 富山イタイイタイ病、三井金属鉱業を相手に提訴(四大公害裁判の第3号)。 m③322

3.10 団本部と長野県支部が塩嶺(諏塩)トンネル短絡線工事の現地調査を行う。73年11月にも現地調査(住民700名参加)。その後75年10月に事業認定取り消し訴訟を起こすが、80年土地収用裁決申請で運動終結。 d48·75, nas66

3.15 治安維持法犠牲者国家賠償要求同盟の結成。 a

3.16 団幹事会で「団婦人部」(その後女性部と改称)の設置を決定(5月に結成)。団員に女性が増加する中で民主的な婦人組織と女性法律家との関係を改めて確立。 d48, j③1

3.25 全逓猿払事件、旭川地裁が国家公務員法上の政治活動制限規則を違憲として無罪判決。69年6月の札幌高裁も1審維持。 r下726

4.29 朝鮮大学校許可を求める運動が高まり、この日東京都が設置認可。この日団は朝鮮学校見学・交流の機会をもつ。 d49·54, ud308

5.11 団、松川・白鳥・メーデー等の弾圧事件の総括と学習集会の開催。 a

5.18 失業対策(失対)事業の打ち切りに抗議した福岡県飯塚市の全日本自由労働組合(全日自労)分会長がささいな暴力を理由に就労紹介から除外されたこと(67年8月)について執行停止を勝ち取る(福岡地裁)。 d49

5.22 ベトナム民主共和国代表団歓迎の法律家集会の開催(会場・日弁連)。 d49

6.7 法律家5団体、「在日朝鮮人の帰国事業継続、会議再開に関する要請書」を入管に提出。 d49

6.12 三菱樹脂高野事件(63年6月の本採用拒否)の東京高裁(近藤莞爾裁判長)は「学生の入社試験で政治的な意見・信条を申告させることは憲法19条等違反」とし1審(67年7月)に続き会社の本採用拒否を無効とする。 k

6.26 日教組旭川学テ闘争事件で札幌高裁が学力テストを違法として公務執行妨害について無罪判決。 r上436

7.6 ベトナムに関する世界法律家会議(グルノーブル)に仁科哲(団長)、石島泰、斎藤一好参加(→7月10日)。

7.20 団の全国幹事会(熱海)で①職場における政治的自由、②現在の裁判(所)の役割、③とくに団規約2条を中心にした改正問題について討議(全国各地から124名超参加。→21日)。 d50, HN75

7.25 吹田事件、大阪高裁で騒擾罪不成立の判決(無罪確定)。 d48

7.30 大阪・都島商工会(民商)事件で裁判長が訴訟指揮による証拠開示を命令(最高裁も69年4月25日命令を適法とした)。 d50·52·54

8.6 宮崎県の弓削公選法事件、福岡高裁で無罪判決。1審の宮崎地裁(67年4月)の無罪判決を維持、1審無罪に続いての2審無罪判決は極めて異例であった。 d47, q②256

9.5 テレビ下請の毎日放送映画の偽装倒産・不当解雇を争う仮処分事件で組合員17名の解雇無効判決(大阪地裁)。その後大阪府地労委の救済命令(69年7月)を経て71年12月中労委で勝利的な解決協定。 r下637

9.9 都教組事件で最高裁の大法廷で弁論(→9月11日)。次いで9月17日に安保6・4事件で最高裁で弁論(→18日)。 d49

10.1 やぐら荘事件(宮城県民生部公務員が、66年10月に警察官にスパイ活動を強要され、4時間にわたる暴行・監禁を受けた)の付審判開始決定。70年5月警察官は有罪判決を受け、77年6月国賠訴訟では国の責任を認めた(各仙台地裁)。 d51·62, m③288

10.9 春闘ビラ貼りについて大阪・枚方簡裁で無罪判決。大阪府屋外広告物条例を憲法21条違反と判断（2審で取り消し）。 b15, k

10.17 『自由法曹団ニュース』創刊号（10月10日付）を出す。

10.21 国際反戦デーに新宿駅周辺で学生等が線路上に乱入。駅舎・信号機の破壊等の行動（「新宿騒乱」事件）。騒擾罪の適用に行動関係者が「成果」と喧伝。団は「騒擾罪の適用に反対しトロツキスト集団の暴力的挑発行動を糾弾する」声明を発表。 d51·52

10.25 八海事件の第3次上告審で最高裁が死刑を含む4被告に無罪を自判。無罪確定まで17年余が経過。 q②109

11.10 沖縄主席選挙で「明るい沖縄をつくる会」の推す屋良朝苗氏が当選。12月1日投票の那覇首長選挙でも革新統一候補・平良良松氏が当選。 c436, d52

11.19 沖縄嘉手納空港からベトナムへ飛行の米B52爆撃機が知花弾薬庫付近に墜落、人家に多大な被害。核兵器の貯蔵が疑われる現場であったことで12月7日「命を守る県民会議」が結成。翌69年2月4日ゼネスト、県民総決起集会に5万5000人が参加。

11.30 愛知県蒲郡市で開かれた団総会で団規約2条「目的」をめぐって討論。病床の桜井紀に見舞い決議。 d52

12.13 長野電鉄争議で長野県地労委は定給を含め賃金差別を認める（73年4月に勝利解決）。 nas60

12.20 新東京空港反対の団監修パンフレット「土地利用法と国民の権利」を発行。 HP, j③3

12.20～24 東京高裁で無罪判決の2つの戸別訪問（葛飾署名運動事件2審65年11月30日と民青同盟事件同26日）について最高裁が破棄差戻し判決（前者12月24日・後者同20日）。 d53

12.24 千代田丸事件で最高裁は、2審判決（63年6月）を再逆転して乗組員には李承晩ライン内の朝鮮海峡への出航義務し解雇無効の判決。 d53, k

1969
昭和44

［社会の動き］ ***1.10 東大闘争で確認書の調印、1.18 東大安田講堂に機動隊導入、6.8 南ベトナムで臨時革命政府が樹立、7.20 アメリカの月面着陸、8.3 衆院で大学運営臨時措置法を強行採決、10.15 ベトナム反戦運動ワシントンで25万人集会。***

1.16 団、緊急全国幹事会総会を開き東大闘争支援、全共闘等の暴力行為を非難する声明発表。 69g6·76, j③4·5

1.27 中国書籍出版社大安書店の解雇事件、東京地裁で毛沢東主義者の会社側集団が団員5名に暴行。3月7日裁判所に抗議。300名超の団員が告訴代理人となり起訴に持ち込む(有罪)。暴力、偽装閉鎖等の大安争議は4年後に完全勝利。 69g19, tko249

2.5 全国金属（全金）支部の団結権侵害による謝罪文掲示の仮処分申立てについて静岡地裁浜松支部が認容。 j③5

2.18 団、初の「公職選挙法弁護団会議」を開催。その後数回継続。 69g19

2.24 法律家5団体で「出入国管理法案」の即時撤回を求める声明を発表。 d53·54

3.3 日本ナショナル金銭登録機解雇事件（アカハタ号外配布）、東京高裁で勝訴判決（77年12月14日中労委和解）。 d53

3.15 西郷吉之助法相が都公安条例事件無罪判決を出した裁判所を指して「あそこだけは手が出せないが、もはや何らかの歯止めが必要になった」と発言（世論の批判を受け当日発言を取り消す）。 wa16

3.27 国公法違反で起訴された塀本事件（個人演説会の司会・投票呼びかけ演説の容疑）で無罪判決（徳島地裁）。 q②9

3.27 小梶公選法事件で戸別訪問規制は違憲として無罪判決（松江地裁）。 q②9

4.2 都教組事件と安保6・4事件、最高裁で公務員争議の「あおり行為」について限定解釈の手法で違憲無罪判決。 b15·16

4.5　新潟水俣病公害の現地調査。鹿瀬工場見学（椿忠雄証人尋問傍聴も）、団員20数名（総勢百数十名→7日）　j③6·7

4.6　田口康雅の「刑事弁護にみる黒い死の思想」が『朝日ジャーナル』4月6日号に掲載。これに対し石島泰が反論を「『暴力学生』と『人権』」を『世界』に掲載。　HN

4.9　大阪市東住吉区矢田で解放同盟（解同）が教組役員選挙で配布した文書を「差別」として、教員らに対する脅迫・監禁事件が発生（矢田事件）。告訴して70年起訴。大阪地裁では無罪であったが、81年3月大阪高裁で逆転有罪となる。　d77

4.18　公選法違反事件（戸別訪問・文書配布の禁止）で違憲判決（長野地裁佐久支部）。　nas67

4.22　自民党総務会、4・2都教組判決等を槍玉にあげて「偏向判決」批判。特別委員会設置の決定。直後に最高裁から抗議を受ける。　wa16

4.23　松川国賠で勝訴判決（東京地裁）。70年8月2審東京高裁が1審判決維持（確定）。　d63, HN53, q②160

5.1　稲村五男（京都支部）に対する鉄道公安官による暴行事件が発生。その後同団員が国賠請求を提訴。73年2月慰藉料50万円の支払いを命じる（京都地裁）。　j③13

5.24　団全国幹事会（→25日）で、トロツキスト集団の刑事事件について団としては伝統的な弁護は行わない、個々の団員が弁護を行うことを拘束しない、と申し合わせる。　d55

6.3　蛸島学童殺人事件で別件逮捕により得られた自白の証拠能力を否定し無罪判決（金沢地裁七尾支部）。　k, d54

6.5　電電公社レッド・パージ事件、憲法違反を理由に解雇無効判決（東京地裁）。　d67, j③9

6.14　熊本水俣病訴訟、周辺被害住民がチッソを相手に提訴する（四大公害裁判の第4号）。　d58, m③314

6.25　荒川民商広田事件（66年9月発生の検査拒否）、税務調査の質問を不合理として無罪判決（東京地裁）。　d54, k

6.25　『安保条約下の治安体制』（中田直人・渡辺脩）を出版（新日本出版社）。

6.28　不二越の人員整理で富山地裁が原告13名について整理解雇無効の仮処分判決。　j③9

6.-　団、北富士演習場の忍草入会組合からのミサイル発射演習反対座り込みへの支援要請を受けて弁護団を結成（団員12名）。　70g40

7.1　東急機関工業事件で男55歳女30歳の定年制について、東京地裁が性別を理由にした差別と認め無効とする。　r上584

7.6　『法律時報』（日本評論社）に田口康雅「『弁護拒否』論批判」および上田誠吉「刑事弁護と自由法曹団の立場」が掲載。　ud251

7.7　大宮三菱原子炉収容施設について住民が提訴。住民が建築審査会に申し立てた審査請求を却下した裁決の取り消しを求めたところ、浦和地裁が69年11月27日に手続き違反として住民勝訴の判決を出す。74年7月に勝利的和解。　d62, j③4·9·13

7.17　東京都中央区で「電報事件」（公選法違反）発生。武山哲夫氏が逮捕される。　d69

7.21　ベトナム民主共和国法律家代表団が訪日。各地で歓迎集会開催（→8月18日）。　d56, j③10

7.26　富山市で青年法律家協会（青法協）主催の第1回全国公害研究集会が開催され、全国から約200名が参加（→27日）。　y268

7.31　訪朝法律家代表団出発。団長・斎藤一好、小泉幸雄、杉山彬が参加。　i

8.11　団、「大学の運営に関する臨時措置法」に反対し大学の自治を擁護する声明を発表。　j③11, d57

8.17　千代田区麹町署で椎名麻沙枝・亀井（中村）時子・沢口嘉代子が接見を要求していたところ、警察官に拒否・暴行され負傷を負う。70年3月26日国家賠償訴訟を東京地裁に提訴。73年4月東京高裁で勝訴確定。　d56, j③10, x774

9.14 平賀書簡問題が表面化。 d57～60, j③11, wa21

> **Column－【平賀書簡問題の発生と推移】**
>
> 69年8月22日長沼ナイキ訴訟において札幌地裁・福島重雄裁判官が住民の求める執行停止を認容したが、8月14日地裁所長・平賀健太が福島に裁判干渉のメモを渡し、国の求める判断に肩入れするよう慫慂した（平賀書簡〈至急親展〉問題）。問題が表面化した後の9月18日、団は平賀所長の「司法の独立」侵害行為に抗議し罷免を要求、12月19日には平賀・飯守の訴追請求を申し立てた。国は70年4月18日福島を青法協所属を理由に忌避した。5月7日札幌地裁が申し立てを却下したが、10月19日国会訴追委員会が平賀不訴追・福島訴追猶予の不当な決定、10月28日札幌高裁が福島に平賀書簡等公表問題で注意処分。政治勢力と司法官僚が一連の連携プレーで裁判官の良心を乱暴に踏みにじり、戦後司法の歴史に重大な汚点を残した。

9.17 救援会と第1回選挙弾圧と闘う全国交流会を共催（120名参加→18日）。 q②134

9.18 高田事件（52年6月名古屋市で発生）で名古屋地裁が「遅すぎる裁判」として審理打ち切り免訴の判決。被告が審理の優先された大須事件の被告でもあったため高田事件裁判が遅れ結審まで17年間もかかった。

9.20 解同の圧力による八尾市議（日本共産党）の「除名処分」について執行停止決定（大阪地裁）。 d57

10.3 飯守重任鹿児島地裁所長が自民党外郭団体の国民協会・自民党関係紙・地元右翼新聞に「偏向判決」批判等の論文を掲載。 wa45·178

10.7 北越製紙の争議で人員整理のための解雇（64年9月）で無効判決（新潟地裁）。

10.26 団、高野山総会で規約2条等の改正案「信条・政派の如何にかかわらず、ひろく人民と団結して権利擁護のためにたたかう」を討議。団員総数479名のうち本人240名、委任状170名、合計410名出席、賛成402票（反対3・保留3・白紙1票）で可決。 d58, j③12

11.14 白鳥再審事件、村上国治氏の18年ぶりの仮釈放。団は守る会の歓迎集会に激励電を打つ。 q310

12.15 大阪国際空港騒音裁判の提訴。初の大型差止め訴訟。 y276

1970 昭和45

［社会の動き］ 2.16 国鉄マル生運動の開始、3.14 万国博覧会の開催（大阪・千里）、4.13 京都知事選で蜷川虎三が連続6選、6.16 法務省が「少年法改正要綱」を法制審議会に諮問、6.23 安保条約の自動延長（全国で反対運動22万人参加）、11.25 三島由紀夫が東京市ヶ谷でクーデターを扇動し自殺、12.18 公害関係14法の成立。

1.10 足尾銅山の人員整理事件、宇都宮地裁で解雇無効判決（東京高裁で和解）。 tg346

1.28 メーデー事件1審で騒擾罪の成立を認め、無罪110人・有罪93人の判決（東京地裁）。 d59, e

2.2 東京都三鷹で不正受給を口実に警視庁が「全国生活と健康を守る連合会（全生連）」傘下会員6名を逮捕（69年7月頃から捜査）。10月鬼子母神病院内の健康文化会を、警官500名を動員して大掛かりな捜索で大量の押収（21万点）。 d58, j③21

2.3 団、公明党・創価学会の藤原弘達氏著書への出版妨害を糾弾する声明。 70g31

2.16 秋田相互銀行の夫婦別居配転事件で、仙台高裁秋田支部が配転を差別的取り扱いと認める判決。

2.21 団、京都府知事選挙にあたり蜷川虎三氏（もと京都大学教授）を推薦する声明を発表。 j15·16

3.26 親会社川岸工業を相手に法人格否認の法理で雇用責任を追及した画期的な勝訴判決（仙台地裁）。 d62, r下774

4.8 岸盛一最高裁事務総長が「裁判官は政治色ある団体への加入を慎め」と談話。団は4月25日裁判官の青法協からの脱会を事実上促すものと抗議声明。 wa84·176

4.26 「レーニン生誕100周年記念法学シンポ」の開催（230人参加。うち団員83名）。団は、①「国家の暴力と人民の権利（メーデー事件1審批判）・上田誠吉」、②「労働委員会の国家的な役割と位置・松井繁明」、③「弾圧事件での唯物弁証法的証拠批判（辰野事件等）・植木敬夫、渡辺脩」、④「労災・公害事件の今日的特徴・岡崎一夫、根本孔衛、豊田誠、四位直毅」の4つを報告。 d62, ud19

4.- 滋賀県積水化学工場での合化労連脱退反対派に対する人権侵害について、大津法務局に人権侵害禁止申立て。6月20日、大津地裁が「暴力、雑役強制、名誉毀損等人権侵害」の禁止仮処分を認容。 b19

5.2 石田和外最高裁長官が記者会見で（裁判官に）「共産主義者は少なくとも道義的には裁判官としては好ましくない」としたうえで国会・訴追委員会の動きを示唆する発言。8月1日に法律家連絡会の提起で石田辞任要求署名が始まる。 wa93

5.22 団、他の法律家団体とともに朝鮮人高校生に対する集団暴行事件の実情調査実施。7月31日に警視庁に抗議。 70g12

5.29 政暴法案反対の政治ストを指導した七十七銀行従組労組幹部の懲戒処分を無効とする（仙台地裁）。 d62, r上495

6.7 裁判長が被告人の妻に幼児を背負っての傍聴を禁止し、抗議した弁護士を監置したうえ、被告人・弁護人・傍聴人不在ですすめた審理（5月31日）について団長談話を発表して批判。 d62, 70g27

6.17 愛知原水協ポスター貼り事件で最高裁が軽犯罪法違反適用で有罪確定。 j③17, q②113

7.9 団、報知新聞・報知印刷による攻撃的ロックアウト（4月から9月）の争議現場を調査。解雇24人など114人の大量懲戒処分（10月）の取り消しを11月都労委に申し立て（72年5月不当労働行為と認定、74年12月全面解決）。 d64, r下883

7.17 家永第2次訴訟、東京地裁で「検定」にあたるとして不合格処分を取り消す、違憲判決（杉本判決）。同判決は子どもの教育を受ける権利（憲法26条）、教師の研究発表等の自由をも保障。 d63, k

7.31 仁保事件、最高裁で2審有罪判決を破棄差戻し。団ニュース5号で被告の訴えを掲載。 d63

8.9 富士市で労働者・農民・漁民等4300人による「ヘドロ公害。駿河湾を返せ」の集会。8月11日大昭和製紙・知事等を静岡地検に告発、11月6日田子の浦ヘドロ住民訴訟を提訴（静岡地裁）。 d61

8.12 全金金剛製作所（埼玉県）争議で解雇（65年）された第一組合員24名の勝訴判決（浦和地裁）。スパイリストを暴露する等労働委員会闘争を経て地域共闘をすすめ、73年11月に勝利的な協定で原職復帰。3000日の闘いであった。 tg77

10.1 石田最高裁長官の5月2日発言を非難し辞任を求める弁護士の署名（2208筆）を最高裁に提出。 j③19·21, wa175

11.15 沖縄国政参加選挙。沖縄現地からの要請で10月4日から団員約10名が全国から訪沖。現地団員とともに長期間、沖縄革新共闘闘争本部（教育会館）に詰め、選挙法相談・助言と選管・警察への申し入れ、県内各地域での激励を行う。 j③22·23

12.20 沖縄でコザ騒動事件が発生。直前に飲酒運転（2名死傷）で米兵の無罪判決があった。当日コザ市（現沖縄市）で米兵の交通事故処理を巡り地元市民が抗議し米軍関係車両に放火喚声。琉球警察は10名を騒乱罪で逮捕送致したが、米軍の意向もあり騒乱罪適用を見送り凶器準備集合・放火罪で起訴した。 j③21

12.21 総評・東京地評・総評弁護団が司法反動化阻止緊急集会開催（国労会館　400名）。団は5月以降に司法反動阻止特集の新聞21万部配布。 71g18

12.22 飯守重任鹿児島地裁所長が青法協所属と目した5地裁9裁判官に公開質問状を出す（25日撤回し裁判官辞職）。 wa74

12.25 日本製紙の会社解散を機に組合員400人超による争議が背景資本の大昭和製紙を巻き込んで広がる。日本製紙は経営困難の口実に「公害」に批判的な世論の存在をあげた（73年3月勝利的解決）。 j③25, r下1910, tko63

1971 昭和46

［社会の動き］ 6.17 沖縄返還協定の調印、8.15 ニクソン・ショック、金とドルの交換一時停止（ドル＝ショック）、10.21 国際反戦デーで150万人参加。

1.12 下田前駐米大使が最高裁判事に任命。

1.27 業者に対する推計課税の税務調査で、質問検査の理由を告知しなかったことを手続き違反として違法の判断（千葉地裁）。 j③25

1.28 団、春闘共闘委・総評弁護団との共催で司法反動化阻止等中央決起大集会を開催（日比谷野音）。 a

2.6 司法研修所13期の会、1月22日から始めた署名活動で同期全弁護士（病休・留学中を含む）の94％（219筆）をこの日内閣・最高裁に再任拒否反対署名簿を提出。 wa100･172

3.5 再任拒否に反対する全国弁護士3172名の署名簿を最高裁に提出。同時に差別のない任官を要請。 wa171

3.31 最高裁裁判官会議で宮本康昭氏の再任拒否と23期新任判事補7名の採用拒否を決定。団は4月1日に抗議。 wa79

4.5 司法研修所23期修習生の修了式での言動をとらえ、最高裁はクラス代表の阪口徳雄司法修習生を罷免。 wa116

4.11 黒田了一氏（のち80年に団員となる）が大阪府知事に初当選。なお東京都では美濃部氏が都知事に再選される。

4.30 関西電力（関電）労働者4名、労務管理における「アカ攻撃」を神戸地方法務局人権擁護委員会に申し立て。12月損害賠償と謝罪広告を求めて神戸地裁に提訴。 d③87

5.14 津地鎮祭（55年市主催起工式）訴訟、名古屋高裁で違憲判決（最高裁は77年7月13日に合憲判決、8対5）。 nd23

5.20 国鉄マル生運動（国鉄労働組合〈国労〉・国鉄動力車労働組合〈動労〉に対する当局の組織切り崩し工作）反対の国労のストライキが行われる。 71g12, r下802

> **Column―【マル生運動】**
>
> 68年頃から国鉄は「生産性向上運動ー通称マル生」に名を借りた国労や動労に対する大規模な組織攻撃を仕掛けた。70年4月に本社に能力開発課を設置し、マル生運動を進める本丸として、不当な大量処分を行い、その組織弾圧は苛烈を極めた。反撃する労組の労働委員会への提訴は、71年9月までに国労39件、動労35件に及んだ。71年9月には札幌地裁は異例にも「国鉄総裁は組合脱退を指示・説得してはならない」という仮処分命令を出す程であった。10月29日に国鉄総裁による謝罪があってマル生運動は一応中止されたが、この間の当局の切り崩しによる脱退者数は国労26万人中4万人、動労6万人中1万人に達したといわれる。

5.20 団と日本科学者会議北海道支部の共催で「裁判と科学」札幌シンポを開催、団員・科学者約300人参加。 b15, j③27

5.28 薬害スモン訴訟、当初はウィルスによる伝染病等といわれたが、原因が整腸剤に含まれるキノホルムと判明し、国と製薬会社を訴えて東京地裁に集団提訴（第1次)。その後全国32地裁に裁判が係属し、提訴患者6000人を超える史上例のないマンモス訴訟になった。 y312

6.30 富山イタイイタイ病公害訴訟（第1次)、富山地裁で原告勝訴判決（イタイイタイ病の主因は三井金属鉱業のカドミウムと認定)。 j③28, y314

7.19 日本法律家代表団ベトナム訪問（仁科哲団長・中田直人参加、→7月29日)。 j③29

7.20 大阪セメント工場の臼杵市進出に抗する風成集落（漁業者）の裁判で埋立免許が取り消される（大分地裁)。 b17

8.10 佐教組の3、3、4割休暇闘争に対する処分無効の判決（佐賀地裁)。 j③30

8.23 立川市長に革新統一の阿部行蔵氏が当選。

9.11 「司法の独立と民主主義を守る国民連絡会議（司独)」の発足。団は幹事団体として参加。 72g17, j③30

9.29 新潟水俣病訴訟、新潟地裁が患者側原告勝訴の判決。 y318

10.30 団、総評弁護団・日民協と共催で沖縄軍用地問題研究会を発足させる。 a

11.1 団理論誌『人権のために』15号発行。65年以来の休刊を団創立50周年を機に復刊。

11.7 団創立50周年記念「権利擁護討論集会」を新宿の文化服装学院で実施（参加者535名)。前日、記念レセプション開催（東京上野のタカラホテル)。 d67･71, j③31

> **Column－【ひろがる活動分野】**
>
> 50周年記念集会では5つの分科会が開催され当事者を交え熱心に討論が行われた。税金分科会では民商に対する弾圧がテーマとなり、中野民商事件（68年判決）のほか当時裁判中の①神奈川（川崎）平山（2審無罪、最高裁破棄差戻し)、②神奈川（川崎）鈴木（最高裁大法廷)、③東京（荒川）広田（1審違憲無罪・2審有罪・最高裁係属中)、④神奈川・大和（横浜地裁)、⑤前橋（前橋地裁)、⑥尼崎（神戸地裁)、⑦盛岡（盛岡地裁)、⑧大阪・旭都島（大阪地裁)、⑨静岡（静岡地裁）の裁判闘争が取り上げられた。基地沖縄分科会では、団員の関与する①長沼ナイキ、②百里基地、③砂川基地（基地内所有地の返還問題)、④北富士演習所、⑤岡山県・日本原演習所、⑥余市魚雷艇基地、⑦厚木基地、⑧新島について討議。団の70年以降運動方針として掲げた民主主義擁護闘争の広い取り組みが討論の充実と前進ぶりによく表れた集会であった。

11.12 団の関西ブロック・創立50周年記念「司法の反動化に反対し人権と民主主義を守る京都集会」開催。前後に全国10を超える支部が記念行事を様々に開催。 d67

11.22 沖縄返還協定の審議に抗議して国会請願デモ。各地で繰り返し抗議行動がもたれ団員もデモ警備などで連日奮闘。 j③31

11.26 アルジェリアで開かれた第2回インドシナに関する国際法律家会議に尾崎陞団長ほか団員ら10名参加（→11月28日)。 b17, i

12.5 第2次沖縄調査団が沖縄現地で調査をする（→13日）が、14名団員中5名が不当に渡航拒否される。12月17日東京弁護士会館で報告会開催。 j③31･33

12.14 メーデー事件2審公判はじまる。弁護団は6回にわたる控訴趣意弁論（→72年1月28日)、ニュースフィルム・幻燈等を駆使して警官隊による先制攻撃を論証。 e, ud98

12.14 芦別事件の国賠裁判で警官の個人責任を認める判決（札幌地裁)。 q②161, t16

12.21 映画会社倒産による大映争議が起きる。74年7月破産管財人との協定、新会社設立、職場復帰闘争で最終勝利。 r下940

1972
昭和47

［社会の動き］　2.21 ニクソン米大統領の中国訪問（～2月27日）、5.15 沖縄県本土の復帰、5.20 神奈川県相模総合補給廠でのベトナム戦争軍事車両搬出阻止、6.17 米国ウォーターゲート事件、9.25 日中国交の樹立、12.10 日本共産党39議席獲得。

1.7　全国公害弁護団連絡会議（公害弁連）の創立総会。　y322

2.9　業者に対する税務調査（反面調査）の適法性を否定し公務執行妨害罪について無罪判決（静岡地裁）。　t10

2.-　「刑法改正」問題特集号（『団報』66号）発行。

3.25　全国借地借家人組合連合会（全借連）は地代家賃の統制額を定める告示の無効確認を求めて提訴（東京地裁）。　d72·83, j③37

3.25　第2次沖縄調査団（風早八十二、伊藤幹郎、清水恵一郎）出発。　a

4.5　総理府統計局事件（国家公務員による街頭選挙運動）について東京高裁が1審判決を破棄して逆転無罪判決。　r下717

4.7　むつ営林署事件で公選法違反等について、1審青森地裁に続いて無罪判決（仙台高裁）。　d63

4.10　団、他の法律家団体とともに国会係属中の出入国管理法案について反対の申し入れ（6月16日国会終了で不成立）。　72g10

4.11　宮原操車場日韓条約反対闘争で国労大阪地方本部による座り込み事件について政治ストを合法として無罪判決（大阪地裁）。　d67, is95

4.15　団、外務省秘密文書事件についての見解を公表。

4.18　団、米軍のハノイ・ハイフォン爆撃についてニクソン大統領宛てに抗議電報を発し、ベトナム民主共和国に対する激励の打電。　a

5.10　東京高裁、電電公社職員が「ベトナム侵略反対」のバッジ着用での勤務（67年6月）は就業規則の「政治活動」にはあたらないとして、戒告処分は無効との判決（ベトナムバッジ権裁判）。その後77年12月13日最高裁で逆転敗訴。　k

5.26　団、第一回公選法弾圧反対闘争全国活動者会議を開催（熱海で120人参加→27日）。　d69

6.30　日本フィルハーモニー交響楽団の争議（楽団員全員解雇・楽団解散）が開始。フジテレビと文化放送を相手に84年迄闘争継続。　tko76

7.2　埼玉県知事選で革新統一の畑和氏が当選。

7.24　四日市公害訴訟、津地裁四日市支部が6社の共同不法行為を認定、賠償金支払いを命じる（確定）。　y332

8.9　イタイイタイ病第1次2審、名古屋高裁金沢支部が三井金属鉱業の控訴を棄却し、原告の倍額請求（付帯控訴）を認容。　y334

9.20　視力障害者の堀木文子が、児童扶養手当と障害福祉年金の併給禁止措置を争った事件（堀木訴訟、70年7月提訴）で、憲法14条違反の勝利判決（神戸地裁）。　k

10.10　「インドシナにおけるアメリカの戦争犯罪調査国際委員会第3回会議」（デンマーク・コペンハーゲン→16日）の日本代表団に参加（石川元也・斎藤鳩彦・渋田幹雄・土田嘉平・木村和夫・岡田啓資・西嶋勝彦）。　a

10.26　最高裁係属7大事件勝利、反動裁判官罷免要求大集会（日比谷野音1万人参加）が総評主催で開催。　d68, k(291)

Column－【最高裁7大事件の帰趨】

総評が指定した7大事件とは、最高裁大法廷に係属する①全農林警職法・②同長崎、③国労久留米、④日教組岩手、⑤同旭川学テ闘争、⑥全逓猿払、⑦三菱樹脂高野の各事件である。①は警職法制定反対の労組職場集会について幹部公務員が争議あおり行為として起訴され1審無罪・2審有罪であった。②③は同様な事案で1・2審とも無罪であったが、この3事件は73年4月25日の最高裁判決で8対7の僅差で労働者側が敗訴した。この「4・25判決」は従前の安保6・4判決、都教組4・2判決の先例を覆した「石田コートのクーデター」の頂点を画す。⑦は73年12月12日に2審判決(本採用拒否を憲法19条違反とした)を取り消して東京高裁に差戻した。⑥は国家公務員法・人事院規則の政治的行為禁止の争いであったが、最高裁は74年11月6日には合憲として1・2審の無罪判決を逆転した。④は地方公務員の争議あおり行為で1審有罪・2審無罪、⑤はテスト自体の違法で公務執行妨害が1・2審とも否定された事案であったが、最高裁は76年5月21日に2事件とも逆転有罪とした。この4年間の最高裁判決の帰趨は司法反動の狙いを端的に示す。⑦が①から⑥の労働運動と異なって大学生個人の採用問題であるのに7大事件に加えられたのは、当時の司法反動の最大の争点、裁判官の思想・信条の自由等と問題が重なったからであろう。

11.16 最高裁国民審査についてアピール。団長岡崎一夫ほか13名が呼びかけ。73年10月に団、総括文書を発表。 73g10

11.21 メーデー事件で騒擾罪が全面的に適用を否定され、騒乱罪被告84名の全員無罪判決(東京高裁)。苦節20年の末に手にした勝利であった(確定)。 【口絵】I, e

11.22 川崎民商事件(63年10月発生)で最高裁は税務調査の違法性を否定したが、黙秘権・令状主義が保障されると判示。 j③39, k

12.1 辰野事件(長野県、52年4月発生)、東京高裁で逆転無罪判決(確定)。各地に辰野事件対策会議が結成されて、署名累計54万筆・カンパ1億円を達成、被告団10余名のうち6名が地元から東京・大阪に移り、裁判勝利のため専従体制をとった。 b17, q②105, nas56

12.10 浜口武人編集・小川峡一著「賃金差別」(民衆社)が発行される。

12.14 仁保事件、広島高裁差戻し審で無罪判決(確定)。 b17

騒乱成立くつがえす
メーデー事件 東京高裁判決
大量84被告に無罪
「共同意思」認めず
9被告は減刑
朝日新聞 夕刊
辰野事件 控訴審
一審破棄し全員無罪
「自白、信用できぬ」
警察の行過ぎ指摘
20年7ヵ月ぶり
保有・譲渡税を併記
朝日新聞 夕刊
仁保事件に無罪判決
差戻し審 広島高裁が一審破棄
事実の立証不十分
自白なお疑いの余地
朝日新聞 夕刊

メーデー・辰野・仁保3事件の無罪判決は連日のように新聞一面トップに掲載された。一連の無罪判決は司法反動の暗雲の垂れ込めるこの時期、12月暮れの総選挙(団員18名が立候補し、うち12名が当選)にも大きな影響を与えた。(『朝日新聞』) j③41

12.20 高田事件で最高裁大法廷が70年7月16日名古屋高裁判決(1審判決破棄)を破棄し憲法37条違反で免訴判決。 j③41

第Ⅲ期

1973年～1994年

悪法と司法反動の嵐に抗して

1973(昭和48)1.19～4.22

西暦 和暦	日付	団の活動と社会の動き
1973 昭和48	［社会の動き］	***1.27 ベトナム戦争のパリ和平協定、2.14 日本変動為替相場制に移行、8.8 金大中事件、10.5 公害健康被害補償法の公布、10.25 第1次石油危機（原油供給量10％削減）。***
	1.19	団、無罪判決確定の「メーデー・辰野・仁保事件」シンポを開催。 d70, tk37
	2.17	第6次ベトナム戦争犯罪調査団の現地調査に鍛冶利秀が参加。 i
	3.13	二睦事件（68年提訴）、長野地裁で入会権を認める勝訴判決【口絵】。 d60, nas62
	3.20	熊本第1次水俣病訴訟（69年6月提訴）で原告勝訴判決（熊本地裁）。四大公害裁判のすべてで勝訴。 j③44, y344

Column－【四大公害裁判の勝利と公害政策の進展】

四大公害事件とは、1号の新潟水俣病、2号の四日市ぜんそく、3号の富山イタイイタイ病、4号の熊本水俣病を指す。67年から69年にかけて被害者が闘いに起ちあがり各現地で裁判を提訴した。69年から始まった青法協全国公害研究集会の積み重ねのうえに、72年1月に全国公害弁護団連絡会議（公害弁連）が結成されて以降、四大公害裁判をはじめとする諸裁判闘争について被害者運動の経験交流、弁護団の相互討議が深められた。イタイイタイ病の疫学的因果関係論、新潟水俣病の過失論と立証責任転換、四日市の複数企業にかかる共同不法行為論、熊本水俣病の「汚悪水」論に基づく過失論の深化、すべての裁判に共通する損害論などなど。その理論的な究明・深化と運動の急速な進展によって、71年から73年にかけて相次いで公害裁判闘争は勝利した。その成果と並んで前進した他の公害裁判の成果や、公害反対の社会的取り組みの昂揚によって、公害対策基本法からの「経済との調和」条項の削除、公害健康被害補償法の制定、公害14法の成立、環境庁の新設、環境基準の設定と強化、環境影響評価（アセスメント）制度の創設、自動車排ガス規制の開始など、数々の環境政策の前進を勝ち取っていった。

	日付	団の活動と社会の動き
	3.21	団内機関紙として『団通信』を創刊。
	4.4	「猫いらず姑殺し未遂事件」（66年8月発生）などの尊属殺事件で最高裁は刑法規定について初の法令違憲判決。 k
	4.9	日本共産党に所属する日本鋼管の労働者ら30名超が思想・信条による差別賃金是正を求めて損害賠償請求を起こす（横浜地裁川崎支部）。団神奈川県支部は以降、県下の思想・信条侵害事件を掘り起こし是正を迫ることを方針化。 d80
	4.10	田中角栄首相、小選挙区制（カクマンダー）を表明。団は小選挙区制の反憲法性と党利党略性を糾弾し、宣伝活動・学習会を展開。国民的な反対運動の高揚もあって、田中内閣は5月16日閣議で公職選挙法「改正」案を断念。 j③号外・45, t6
	4.22	名古屋市長選で革新統一候補本山政雄氏が当選（77年再選）、羽曳野市長選でも革新共同候補が当選。

4.25	全農林警職法事件（58年11月警職法反対統一行動の一環）、最高裁で公共部門のストライキ禁止の全面的合憲化判決（全司法安保6・4最高裁判例を変更）。	j③45, k, r上130
4.-	団、屋外広告物法の一部「改正案」の国会提出に反対する運動を展開。	b15·19

Column－【団大阪支部の広告物条例反対運動】

ポスターや立看板を利用した言論活動に屋外広告物法および施行条例が不当に適用されることが多く、とくに60年中盤以降警察による弾圧が目立った。とりわけ大阪では顕著で、64年以後3年間に団大阪支部が関与した事件だけでも30件45被告にのぼった。その中で寝屋川ビラ事件の無罪判決（68 年10月9日枚方簡易裁判所）をはじめ、裁判闘争が熾烈に闘われた。73年に政府が国会に屋外広告法の一部改正案を提出したが、それを機にビラ貼り弾圧事件関係者等を中心とする反対運動が活発化した。団大阪支部は関係者らと大挙上京して、弾圧の実情を訴えて議員要請活動を展開した。その結果、法15条に「国民の基本的人権を侵害しないように」の文言が付加される成果を得た。さらに所管建設省の標準条例の対象から「電柱」を除外させることに成功。そのことを梃子に団大阪支部は、府・市条例の改正運動に取り組んで74年3月これを実現させた。この一連の立法改正運動の結果、大阪の18事件（被告数26人）のビラ貼り事件が無罪あるいは免訴という判決で終わった。

5.12	北陸スモン訴訟の提訴（金沢地裁）。73年11月に北海道スモン訴訟の提訴（札幌地裁）。	t11
5.27	石田原爆訴訟を広島地裁に提訴。直前の4月19日に同地裁で桑原原爆訴訟（69年3月提訴）の敗訴判決があった。	d72, hir10, j③39
7.10	税務調査の限界が争われた荒川民商広田事件で、最高裁は1審の無罪判決を破棄した2審東京高裁判決を維持した（上告棄却）が、付論で質問検査権の客観的必要性、業者の私的利益との比較衡量、選択の合理性等の検討を要するとした。	k
7.25	団、日照権シンポを開催。都で制定運動中の「日当たり条例」やその頃未だ定着していない「日照権」を討議。	d72
8.4	団、刑事訴訟法（刑訴法）規則改悪についてシンポ（最高裁による期日指定、弁護人陳述の時間制限等の問題）の開催。	b18
9.7	長沼ミサイル基地訴訟（70年7月提訴）、札幌地裁・福島重雄裁判長が自衛隊違憲の判決（福島判決）。	k, w229
9.12	和歌山地裁が和歌山高教組事件で地公法37条1項を違憲とする判決。全農林4・25最高裁判決後初めての違憲判決であった。その後も何件か下級審で違憲判決が出されたが、最高裁の合憲判決の立場は変わらなかった。	u389
9.19	メーデーでアメリカのベトナム侵略反対等の横断幕を掲げて行進した全逓本所プラカード事件で東京高裁が政治活動の自由を保障する違憲判決。	
10.25	倉内節子（団婦人部事務局長）が「平和勢力の世界大会」（モスクワ）に日本代表団一員として参加(→30日)。ソ連賛美の圧力を拒否してソ連大国主義と闘う。	t26
10.26	七十七銀行従業員労組が中労委による和解で12年ぶりの解決。	t29
11.22	団東京支部が「起訴前の弁護活動」討議（→23日）。団員30名が熱心に討議。	t26
11.26	津地裁法廷で、検察官が証人に偽証罪の適用を示唆し威迫したことに、弁護人の中村亀雄が抗議。日弁連が検察庁に改善要望。75年9月に検事に厳重注意処分。	m③278
12.12	三菱樹脂高野事件、最高裁が破棄差戻し判決。学生運動参加に関する質問を違憲とする2審判決の憲法適用を否定して、使用者の採用自由を認め、本採用拒否を是認する方向での判決。	d76, k

1974
昭和49

［社会の動き］ ***4.7 蜷川虎三京都府知事当選（全国初の7選）、4.11 春闘で交通スト（600万人参加）、5月法制審議会が刑法改悪草案を答申、8.8 ニクソン米大統領ウォーターゲイト事件で失脚、11.26 田中内閣が金脈批判で退陣（代わって三木内閣成立）。***

1.19 動労札幌地方本部が中央本部から再登録を要求されて組織的攻撃をかけられている問題、団は全国法律家調査団を組織し現地で調査(24名参加、→20日)。 d73, t31·32

2.2 団、他団体と共催で横田基地内の都有地の問題について討論集会を開催。

2.27 大阪空港騒音公害訴訟(69年12月提訴)、大阪地裁で差止めを部分的に認める。2審大阪高裁は75年11月夜9時以降の飛行差止めを認める住民全面勝訴判決(国が上告)。 y366, 400

3.2 団、自治体問題全国活動者会議（京都府立勤労会館）で開催。住民運動の進展と国政革新の繋がり等について討議。討議は76年8月の第2回活動者会議（熱海）以降に引き継がれる。 d82

3.22 大阪市都島民商事件（事前調査での税務署職員とのトラブル）、大阪地裁で公務執行妨害罪について無罪判決。 t115

3.30 名古屋新幹線訴訟（騒音と振動の一部差止め等の請求）を名古屋地裁に提訴（86年4月28日和解・解決）。75年7月に新幹線公害反対全国連絡協議会が発足。 d76, y366

4.11 日教組の弾圧事件が全国的に発生。団、4月13日に弾圧反対の決議。 d75, t41·42

4.28 森永ヒ素ミルク事件で不買運動や裁判を通じて、国·森永乳業の責任を追及した結果、全被害者の恒久的な救済を図る公益財団ひかり協会が設立される。 j③4, osk42

5.14 法律家4団体で刑法改悪反対を法制審議会に申し入れ。75年2月27日には刑法改悪問題に関するシンポを開催。 a

5.29 法制審議会が刑法改正草案（全面改悪）を法務大臣に答申。 d66·108

> **Column―【刑法「改正」問題の長期にわたる粘り強い運動の成果】**
>
> 答申内容は戦時中の「改正刑法仮案」を下敷きにした治安立法的色彩が濃厚で、さらに公務員・企業の機密漏示や騒擾予備・準恐喝等の新たな規定が盛り込まれた。団は全国的に法案反対を訴え、市民集会や大小の学習会、街頭宣伝を繰り広げた。この刑法改悪問題が断続的に続いている間、日弁連が総力を挙げて進めた弁護人抜き裁判法案・拘禁二法案、少年法改悪反対の運動との相乗効果もあって、法務省は次第にその主張を後退させた。日弁連は77年11月改正草案の重罰化・処罰拡大・保安処分の撤回及び現行法の現代用語化を基本方針にした。そして法務省から協議の申し入れに対しては、逆に意見交換会を提起し、81年7月から双方の間で討議が重ねられたが、12月に法務省が重罰化・処罰拡大を事実上撤回した。日弁連は保安処分に代えて、82年2月に「精神医療の改善方策」さらに83年11月に「現代刑法の口語化」を攻勢的に提起し、議論を終始主導していった。84年6月に意見交換会は休止され草案に基づく「刑法改正」は、ついに国会に一度も法案提出されることなく見送られた。

6.10 「動労問題の真相と組合民主主義……」（大森鋼三郎、岡村親宜著）が発表。

6.29 団は憲法会議・全商連・全損保労組・民主団体と共催で「企業ぐるみ選挙を告発し投票の自由を守る連絡会」を結成。 a

7.22 東芝柳町工場事件、最高裁が有期労働者の雇用止めにも解雇権濫用法理が適用されるとして契約更新を認める判決。 HN71

7.25 工場閉鎖・全員解雇を通告された全金浜田精機支部が自主生産を行い三菱資本と対峙。印刷機械共闘や争議団共闘、地域共闘と組んで政府・財界をも追及。79年11月工場開設金などの解決金を獲得し新会社を設立。

8.21 盛岡民商松岡事件で質問検査の具体的な状況に触れて理由不開示を不当として一部無罪判決。 k(359)

8.25 香川県知事に革新の前川忠夫氏が当選。

10.14 福島県磐梯熱海団総会で役員・組織整備に関する団規約の改正。また初の先輩団員表彰式が行われ、翌年から総会での古希表彰式が定例化。 d76

10.16 第7次ベトナム戦争犯罪調査団現地調査（森川金寿・橋本敦参加）。 i250

10.27 部落解放同盟（解同）による橋本教諭に対する暴行事件（10月20日から26日にかけて）の現地調査で、兵庫県南但馬・朝来町に全国から団員17名が集結。 d77

11.6 最高裁は猿払・徳島郵便局・総理府統計局の3事件で国家公務員法上の政治活動制限を合憲と判断。 r下717

11.20 飛騨川バス転落事件（68年8月発生）で遺族が交通関係労働者たちの協力を得て、運転手に過失ありとした1審判決（73年3月）の認定を覆したうえ、国の国賠法2条の責任を認めた名古屋高裁判決を勝ち取る。 t64

11.22 八鹿高校事件の発生。73年秋以降兵庫県南但馬地方で解同による暴力事件が頻発。74年9月から10月の朝来事件が発生した後にこの事件が起きる。解同の解放教育の押し付けを拒否した教師らに、解同集団が街なかで暴行を加えたうえ高校体育館等に監禁して13時間以上暴行を続け、教職員ら58人に重軽傷を負わせ28人が入院。団はただちに現地の弁護団支援体制を構築し、各地から合計30名の団員を現地に派遣し調査・抗議活動を行う。 d77

11.22 灯油裁判の提訴。73年の第1次石油危機時の家庭用石油の異常騰貴を問題にして、川崎生協と主婦連が東京高裁に独禁法違反による損害賠償を提訴、また鶴岡生協の組合員1654人が石油価格の不当な釣り上げによる損害について、石油元売り各社と石油連盟に損害賠償を提訴（山形地裁鶴岡支部）。 k, t65

11.26 船尾徹（東京支部）に北辰電機の会社職制らが暴行。団東京支部が抗議行動を継続的に行い、その後東京地裁に提訴。後日被告らによる「請求の認諾」で終了。 80v37, x775

11.30 第1次八鹿高校現地調査（団員27名）。12月9日には朝来事件・八鹿高校事件について東京で「真相を聞く会」を開催して団内外から50名参加。 d77

1975 昭和50

［社会の動き］ 4.30 南ベトナムサイゴン政府の降伏、11.26 公労協などスト権ストに突入（→12月3日）。

1.11 八鹿高校事件を討議するため団全国幹事会を兵庫県・豊岡市城崎で開催。全国から103名参加。解同の集団暴力・糾弾・窓口一本化等の利権漁りについて、各地からの実情報告と当事者を交えての意見交換を行う。 d77

Column－【雪中の行進】

翌12日は大雪で、時に吹雪が激しく吹く中を団員がシュプレヒコールをあげ、ビラを配布しながら行進。「ごくろうさまと声をかけたり手を振る町民の姿」があった。暴行の第1現場の路上、監禁・暴行の第2現場の高校体育館で被害者教員らから生々しい体験を聞いた。遠路参加した全国100名を超える団員はその惨状に強い衝撃を受けた。その印象を高知から参加の土田嘉平は2首に詠んだ。

「靴底に　しみる冷たさ　雪道を　踏みしだくわれら　町にビラ入れぬ」

「鉄骨の　からむ静けき　体育館　さむざむ立ちて　蛮行を聞きぬ」 d77

1.- 福島の安田純治団員を中心に東電福島第2原子力発電所1号炉設置許可取消訴訟を提訴、84年福島地裁、90年仙台高裁で各敗訴。 t354

2.11 「国鉄の環境破壊から住民の権利を守る」全国弁護団会議（長野県岡谷市）。東北・上越（埼玉中心）、名古屋、福岡の各新幹線、塩嶺トンネル、横浜貨物線などの問題を当事者を含め討議（→12日） d78

2.13 狭山事件弁護団6名の団員が、支援団体の部落解放同盟による弁護団非難（被告も同調）に抗議して弁護人を辞任。 tg112

2.25 自衛隊八戸車両災害事件、最高裁が2審判決（不法行為で3年の消滅時効にかかる）を破棄し国の安全配慮義務（債務不履行責任）を認める判決。 k

2.27 サンスイ謀略事件の発生。会社労務担当専務と興信所所長が結託し、労組副委員長に覚醒剤を送り、現場に急行させた警察官に逮捕させる。その後専務たちは有罪判決を受ける。 b19

3.1 初の団労災・職業病全国活動者会議を開催（東京・主婦会館）。 d78

3.11 東京地裁中川幹郎裁判官が判決中でホテルオークラのリボン闘争を「人権の褌で相撲を取る類」と酷評。その後も労働者に敵対的な訴訟指揮が止まなかった中川裁判官批判の運動が争議団や支援共闘組織を中心に展開される。 j③39, r下985, t24

3.31 団は公選法改悪阻止について国民への訴えを発表。 75g5

4.2 国際民主法律家協会（ＩＡＤＬ）第10回大会（アルジェリア）に日本代表団梨木作次郎団長ほか45名参加（→4月6日）。 i

4.8 政党機関紙の大幅規制を含む公選法改悪案と政治資金規正法改悪案が国会に提出。団は反対運動を全国的に展開。 t87

4.10 秋田相互銀行事件（71年提訴）、秋田地裁が男女別の賃金体系は労基法4条の平等保障規定に違反するとの判決。 r下769

4.13 統一選挙で美濃部都知事3選、蜷川京都府知事6選、黒田了一大阪府知事再選、長州一二神奈川県知事が初当選。 d74

> **Column－【革新自治体の全国的な拡大】**
>
> 70年前半は革新自治体の隆盛の時代であった。地方自治の革新は50年代の蜷川京都府政、60年代の飛鳥田一雄横浜市長が先鞭をつけていた。高度成長の進展とともに福祉政策の弱点と歪みが露呈した70年代に、全国で福祉の向上・充実を標榜する革新自治体が誕生した。71年4月の統一地方選では美濃部亮吉都知事の再選、大阪府知事に社共推薦の黒田氏が当選し、川崎・吹田・高松市などに革新統一市長が誕生した。73年10月の神戸革新市長当選で6大都市すべてで革新市政になった。団員は各地で統一候補実現のため尽力し、また政策提言づくりや選挙母体との相談活動や政策作りに奮闘、議会刷新の活動も続けた。各地の首長などに立候補する者も少なくなく実際に地方議員になって奮闘した団員もいる（京都府・大阪府・滋賀県・川崎市）。

4.25 日本食塩事件で、最高裁が組合の除名が無効である以上ユニオンショップ協定解雇も当然無効と判断。

5.1 団の安保・平和部会が中心的にまとめた「ここまで進行している戦時立法」を発表。 HP

5.10 沖縄県宮古島キビ作農家弾圧事件で1審判決を逆転して騒擾罪不成立の無罪判決（福岡高裁那覇支部）。 b19, t82

5.10 団と総評弁護団が共同意見書「公職選挙法・政治資金規正法『改正』案批判意見書―「法案」は労働運動・大衆運動に何をもたらすか」を発表。

5.19 団、沖縄県伊江島での米兵による日本人青年に対する狙撃事件（74年7月発生）について、公務外であって本来第1次裁判権が日本にあるにもかかわらず、政府が裁判権を放棄したことに抗議する声明を発表。 HP

5.20 白鳥再審事件で最高裁は特別抗告を棄却。再審でも「疑わしきは被告人の利益に」原則が適用されるとの新解釈。再審の狭き門をこじ開けたとされる。 k

5.26 千葉川鉄大気汚染裁判（あおぞら裁判）を千葉地裁に提訴（78年4月に第2次提訴）。

5.26 中部電力（中電）労働者90名が名古屋地裁に思想・賃金差別撤廃裁判を提訴。nd33

7.17 最高裁でノースウエスト航空判決。攻撃的ロックアウトを違法と判断。

7.23 徳島船井電機支部労働者1000名余が会社解散に抗し、親会社船井本社に従業員の地位確認を求めた裁判で、法人格否認の法理で勝訴（徳島地裁）。その後同年12月に工場再開を勝ち取る。 d80, t92

7.29 院内感染による結核患者の拡大について、保健所の責任を問う因島骨関節結核訴訟が提訴される（広島地裁尾道支部）。

9.14 団主催・婦団連後援の国際婦人年記念「婦人の権利討論集会」が200人超参加で開催（日本女子会館）。 d80

11.6 団、適正賃料問題学習会を開催。高額な賃料要求が頻発する情勢のもとで賃料鑑定方式に関する新しい考えを提唱。 HP

11.30 団、労働部会編『現代の思想弾圧―企業犯罪と思想の自由』(民衆社)を発行。 76g14

12.5 学テ闘争事件で大阪高裁が公務執行妨害を否定し無罪判決。 r上432

12.20 家永第2次訴訟で東京高裁（畔上裁判長）が検定違法の判断。文部大臣の控訴を棄却。 k

1976 昭和51

［社会の動き］ 4.5 第1次天安門事件、7.2 南北ベトナム統一、7.27 ロッキード事件で田中角栄首相の逮捕、10.21 鬼頭史郎判事補の謀略偽電話事件の発覚、10.29 三木内閣「防衛計画の大綱」（所要防衛力から基盤的防衛力・GNP1%内限定）。

1.9 団、少年法「改正」問題合同会議を開催（本部および東京支部）。 d83, t106・145, HP

> **Column―【少年法「改正」の凍結】**
>
> 70年に少年法「改正」が諮問された後に法制審・少年法部会の審議が続けられたが、75年10月18日部会が「植松（正）試案」（5月発表）を補正のうえ決定。抗議した日弁連推薦幹事・委員が辞任する、という異常事態が生じた。団は、立法化反対運動を全国的に展開したが、76年6月29日に法制審で承認された中間報告が法務大臣に答申された（中間答申）。これを機に幅広い国民的な運動、とくに「少年法改悪に反対する国民連絡会議」の100万人署名運動が成功裏にすすめられ、この動きに日弁連のみならず団も積極的に参加し活動した。世論の前進で法案の国会提出の機運が後退した結果、答申は20年以上事実上凍結されることになったが（94年頃迄）、その間に「改正」の中身が政策レベルで具体化され実務的に変化していることも少なくない。

2.3 長崎県地労委労働者委員が申立人組合の審査資料を無断で同盟系の会議で配布したことについて、団本部事務局長松井繁明が東京支部団員らとともに地労委と長崎県評に抗議申し入れ。 t108・114・119

2.7 団、宮本顕治日本共産党幹部会委員長に関わるいわゆるスパイ査問問題と復権に対する不当な攻撃について非難声明。 d82

2.9 山口放送ロックアウト（63年発生）による労働者の賃金不払いで組合側勝訴判決（広島高裁）。 hir16

2.25 埼玉県加須市長選で同和対策の是非を問うポスターを貼り出した対立候補に対し、解同が撤去を求めて圧力をかけた事件について、東京高裁が差別文書にはあたらず、選管の対応が公正を欠くと判示（51年9月最高裁で確定）。

2.28 治安維持法違反有罪判決を受けた団員17名が「治安維持法路線を根絶せよ」とのアピールを発表。宮本氏のスパイ査問問題にみられる治安維持法を復活させる動き「治安維持法路線」の根絶を強く要求。 d82, t110

3.5 「橋のない川」上映会場使用で葛飾区が一転、取り消しを撤回（東京地裁）。 t112

3.11 三菱樹脂高野事件、東京高裁の差戻し審で職場復帰など勝利的和解。 k, t103

3.15 東京都四谷・主婦会館で「治安維持法を語る」懇親会が開かれ、谷村直雄・為成養之助、小沢茂が出席。風早八十二が「弾圧法の過去と現在」を講演。同様の懇談会が大阪・埼玉・千葉・群馬・東北・北陸支部などで連続的に開催。 t113

3.18 沖縄軍用地返還訴訟が提訴（公用地法の違憲訴訟）。

3.22 富士川火力発電所建設反対運動で弾圧された労働者の「公務執行妨害」事件で名古屋高裁が一部無罪判決。 t116

3.22 日本海新聞（鳥取県）の倒産・解雇（75年6月）に対し新聞労連・日本海新聞労組が地位保全・社屋明け渡し等の裁判を県民支援の下で続けた結果、75年12月設立の新会社との協定で職場復帰を果たす。 r下988

3.26 仮処分命令に反し、賃金を支払わず団交を3年間拒否した東京都墨田区の三愛学園に対し東京地裁が将来にわたり(無期限で)賃金の支払いを命ずる判決。 t114

3.27 憲法会議等と共催で「教育・非行・文化的退廃を考え、少年法改悪に反対する集会」を開催。 76g12

4.28 周辺住民が横田基地騒音による損害賠償請求を東京地裁八王子支部に提訴。その後新たな提訴を含め勝訴を続け、第1次・2次訴訟ともに93年2月に最高裁確定。米国政府を被告に加えた新提訴(96年4月)も最高裁で05年11月に勝訴確定。 96v40

5.21 岩手・旭川学テ闘争で最高裁が学力テスト適法の判決。 r上432

5.22 田中金脈問題で信濃河川敷の現地調査に全国から団員ら106人が参加。 t119

6.5 団、他団体と共催で日比谷野音で「日本の黒い霧を糾明する6・5国民集会」を開催（500名参加)。団員2名がパネラーで参加。その後団は「ロッキード疑獄と日本の支配構造」のパンフを普及。 t121･122

6.7 初の環境週間・全国公害被害者総行動デー行動（68団体。以後現在までつづく)。

6.11 法務省、「刑法の全面改正」について中間報告。 76g7

6.23 笠井事件（東京都福生市の基地近傍道路上で米兵の酒酔い運転によるひき逃げ死亡事故）で国を訴えた裁判（67年提訴）が解決（東京地裁)。遺族と秋田県「生健会」の要請に応え弁護団を組織、安保条約・地位協定を批判し裁判闘争。 t123

7.13 弘前大学教授夫人殺し事件で再審開始決定（仙台高裁)。77年2月15日無罪判決・確定。

7.24 沖縄で全国基地問題弁護団会議がもたれ3日間の合宿討議。 t126

7.27 石田原爆訴訟が勝訴判決（73年5月提訴)。同判決は後の被爆者援護法制定運動に繋がり大きな貢献をする。 m③330

8.10 福岡市の住宅資金貸付窓口一本化の同和行政について違法とする判決（福岡地裁)。77年9月福岡高裁は1審判決を維持（確定)。いわゆる窓口一本化訴訟での初の高裁判断。 t126･169

8.18 日立武蔵（東京）の女性労働者が差別による「ガラスの檻」を撤廃させる。 tko247

9.5 職場の自由と民主主義を守る中央連絡会議（職自連）が結成される。 t132

9.18 加藤新一翁事件、広島高裁で再審開始決定。77年7月7日無罪判決（確定）。

9.25 大津市で団地方事務所交流会がもたれ、秋田から沖縄まで全国の団事務所から団員と事務員が参加して熱心に討議。 t132

10.13 団東京支部が「企業ぐるみ選挙を告発する全都代表者会議」を憲法会議、安保破棄実行委員会、統一労組懇の各東京組織と共同して開催。 t133

10.13 142名の東電労働者が東京高裁管内の各地裁に賃金差別による人権侵害を訴える裁判を提訴。18年にわたる裁判が始まる。

11.13 団神奈川県支部共催の「企業ぐるみ選挙を糾弾し、職場の自由と民主主義を守り、最高裁裁判官国民審査の公平を要求する」県民集会が開催。 t136

11.27 鬼頭史郎判事補事件（三木首相に対する偽電話事件・宮本顕治に対する身分帳事件）の団内調査委員会を設置。11月25日に中間調査報告書を公表。 t137, HP

12.15 『自由法曹団物語（戦前編・戦後編）』を発行（日本評論社）。

1977
昭和52

［社会の動き］ ***7.10 都議選で与野党逆転、7.23 新学習指導要領で「君が代」を国歌と規定、8.3 原水禁統一世界大会の開催（14年ぶり）、9.28 日本赤軍日航機ハイジャック事件発生、11.30 米軍立川基地の返還。***

1.28 団、地代家賃の増額請求事件の非訟手続化に対する見解（反対）の公表。 d81･83

1.28 解同の進める「狭山差別事件」行動に反対して解同小倉地協を除名された（76年5月）保護者が、解同による確認書の不発行のため子どもが北九州市の同和保育園への入園を拒否された措置について執行停止命令を得る。 t156

2.17 百里基地訴訟、水戸地裁が反対住民の訴えを棄却。 m③188

2.20 団、思想の自由と民主主義を守る全国交流集会の合宿討議（伊東市→21日）。 t142

2.23 第二鳩タクシー事件の不当労働行為ケースで、最高裁がバックペイから中間収入の一部控除を認める判決。

2.26 団創立55周年記念「自由法曹団物語・出版記念レセプション」を日比谷・松本楼で開催。これにあわせて東京支部主催の記念討論集会を開催（参加者400人）。 d84

3.12 団、司法問題活動者の合宿会議（→13日）。 t149

4.10 団、思想信条差別問題の全国弁護団会議を開催（名古屋）。団員52名参加、法廷闘争上の経験・意見の交流（→11日）。これに先立ち76年9月にも同様な会議を開催。 t152

Column－【労働者の思想差別事件】

提訴された民間企業は、日本鋼管・石川島播磨工業・松下電機・日立造船・武田薬品・小田急電鉄・川崎重工・旭精機・大隈鉄工所・岐阜相銀・東洋工業・日立武蔵・三菱造船横浜・三菱製紙・日産厚木・三菱重工業・関電・中電等であった。賃金差別は様々な産業におよび、全国の民間企業での反共政策として労務管理の根幹に据えられた。是正に向けて労働者は長期の裁判闘争を強いられたが、当事者・支援団体・弁護団の全国会議が連続的に開かれ、各地の意見交換と経験交流・連携の前進、そして広範な行動実践が次第にその困難を克服していった。

4.15 『労働裁判―権利のための闘争』（坂本修・上條貞夫・松井繁明著）が青木書店から発刊。60年後半の労働裁判勝訴率が70年代前半から低下しつつある状態について、裁判闘争・運動を十分点検して再構築する必要を訴えた。

5.4 全逓名古屋中郵事件で最高裁が公共企業体のストライキにも刑事罰の適用を肯定（66年10月の最高裁全逓中郵判決を覆す）。

Column－【最高裁判例の逆コース】

名古屋中郵最高裁判決は一連の官公労の争議行為合憲判決の集大成といわれる。判例の流れを最高裁判例でみると、まず刑事罰からの解放の方向で、①3公社5現業関係の全逓中郵事件（66年10月）、②地方公務員関係の都教組事件（69年4月）、③国公関係の安保6・4事件（同）と広げられてきたが、「司法のクーデター」を頂点にして、解放の順序と正反対に、ⅰ.国公の全農林警職法事件（73年4月）、ⅱ.地公の岩手学テ事件（76年5月）、そして標記のⅲ.公社現業の名古屋中郵事件の敗訴となった。最高裁の「血の入れ替え＝最高裁裁判官人事」によって文字どおりの逆コースをたどった（竹沢哲夫『戦後裁判史断章』〈光陽出版〉から）。

7.29 広島県福山市の同和事業窓口一本化行政を違法とする判決（広島地裁）。 t163

8.5 原水禁統一大会に団の代表団（19名参加）を結成して参加（→6日）。 t164

8.28 前団長の岡崎一夫が国民救援会の会長に就任。 ok272

9.6 横浜地裁所長（腕章着用傍聴で機動隊導入）の解任を求める運動で、労組など約600団体が連名で最高裁に申し入れ。 t173

9.15 国民法廷「金大中事件」（73年8月6日発生）が日本教育会館で900名超の傍聴者を得て開催。78年2月9日には「大阪法廷」が開廷され1500人が参加（府立青少年会館）。 t20･170･183

9.27 横浜市緑区で米軍ファントム機墜落事故が発生（9人死傷）。被害者の椎葉寅生さん一家の損害賠償請求事件（椎葉事件裁判）で、横浜地裁が87年3月に米兵の個人責任を免責しつつも管轄を認め、国に賠償を命ずる。 d87･102

9.- 団、『在日朝鮮人の基本的人権』（二月社）を執筆し発表（発行は「在日朝鮮人の人権を守る会」）。 t166

10.29 東京スモン訴訟についていわゆる可部（裁判長）提案による和解成立。東京訴訟第3グループは和解を拒否、判決を闘い取る方針を確認、各地のスモン裁判運動も共同歩調。 z345

11.14 長野県の全金高見沢電機の労働争議、71年の組合書記長の県議立候補を機に「アカ」攻撃が旺盛となり、裁判と県地労委での11件の争訟を経て組合勝利の自主的解決。 d87, nas64

11.28 刑訴法一部改正案（弁護人抜き裁判法案）が法務大臣に諮問される。

12.19 解同が承諾しない住宅改修資金申請を兵庫県西脇市が拒否した措置（窓口一本化の同和行政）について、神戸地裁が違法と判断。 t179

1978 昭和53

［社会の動き］ 5.23 初の国連軍縮総会の開幕、7.27 福田赳夫首相防衛庁に有事法制研究を指示、8.12 日中平和友好条約の調印、11.27 日米防衛指針（ガイドライン）の決定。

2.15 団、「労働運動における統一戦線の発展と自由法曹団の任務」をテーマに討議（私学会館）。 HP

3.1 北陸スモン訴訟で、金沢地裁が国と製薬会社の責任を認める判決。初の原告勝訴の司法判断。弁護団と団は活発に討議。その後8月東京地裁が国と製薬会社の責任を断罪した判決をはじめ、各地裁の患者側勝訴判決が続いた。 d29, z345

3.2 全金東京矢口産業支部が住友資本を巻き込んだ争議を展開し会社倒産（76年）を克服して再建を果たす。

3.7 法務省が弁護人抜き裁判法案（弁抜き法案）を国会提出。 d90･91･98

Column－【短期間で勝利を得た弁抜き法案の反対運動】

過激派学生らの裁判での弁護人退廷問題について77年秋の（法務省が）「弁抜き法案を準備」との報道に接するや団は、いち早く警鐘を鳴らし同法案阻止に立ちあがった。折から現職の栗栖弘臣統幕議長の超法規的発言（78年7月）もあって司法の有事法制版として世の批判にさらされた。団は各地から毎月50名を越す参加で全国活動者会議を開催、有益な意見交換を行った。団員が積極的に参加した弁護士会では、日弁連の発出した弁護士自治と国選弁護人確保に関するふたつの答申をもとに、弁護人が裁判所の不当な訴訟指揮を是正する主張と説得につとめることを基本にしつつ審理・出頭の安易な拒否などの実質的な弁護放棄をしないこと、弁護士会が会内での相互批判と適切な援助・監督を行う旨表明したことから、マスコミの論調も次第に法案不要論に移っていった。法曹三者協議（79年3月参加決定）の日弁連側の説得的な主張で世論を味方につけ、ついに79年6月14日廃案に至った。この法案反対運動は弁護士会での多方面の活躍を含め、団の悪法反対の歴史のうえでも屈指の成功をおさめた。

3.10 カネミ油症被害訴訟第一陣、福岡地裁小倉支部で患者側が鐘淵化学を相手に勝訴判決（国に対する請求は棄却）。 z333

3.25 団、スーパーストア問題全国活動者会議を開く（労音会館→26日）。大規模小売店法の施行にともない大手スーパー進出によって侵害される中小商店業者の「生業権」をめぐって討議。 t191

3.30 松山地裁西条支部が高田公選法事件（新居浜市）の戸別訪問・文書配布について「他の政治的表現活動にもまして戸別訪問及びその対話の手段としての文書頒布は重視される」として無罪判決。 q②139

4.9 団、公害問題全国活動者会議を名古屋で開催。その後5月集会でも議論を継続。d89

4.20 大阪市西淀川の大気汚染患者、関電その他加害企業と国・阪神高速道路公団を相手に提訴。4次まで追加提訴（原告総数700名超）。 osk35, z163

5.2 最高裁長官・岡原昌男が弁抜き法案制定の必要性を強調し、全逓中郵判決を思慮不足と決め付ける問題発言。

5.12 司法の独立と民主主義を守る国民会議の主催で弁抜き法案に反対する集会が日比谷野音で開催される。 d91

多数の団員が参加
d91

6.17 立川市議選で配られた国際勝共連合の謀略ビラについて配布禁止仮処分を出す（東京地裁八王子支部）。この頃京都府知事選や富士見市（埼玉）で暗躍が目立った。 78g15

6.29 関電ビラ配布事件、1審の神戸地裁尼崎支部の労働者勝訴判決を覆して、大阪高裁が労働契約に付随して「企業の内外を問わず、ひろく使用者の利益を不当に侵害するおそれのある行為も慎むべき忠実義務」があると判示。団は上告審を重視して活動。83年9月最高裁は忠実義務は認めず上告棄却。 m④82

7.7 団、「弁護士自治問題研究会」を弁抜き法案反対運動の一環として各月開催。 t198

7.10 杉山彬団員（大阪）が接見を拒否された事案（65年4月）について、最高裁が検察官の一般的指定が例外的措置にとどまるとし、弁護人接見拒否を違法と判断する。その後も接見交通権侵害の回復を求めて全国で提訴した裁判で勝訴が続いた。 d35, k

7.18 大阪でビラ撒きの自由を守るシンポ開催。道路交通法や鉄道営業法の乱用の防止等を25団体35名で集中的に討議。11月9日に第2回開催。 t198・221

8.3 東京スモン裁判で、東京地裁はウイルス説を否定してキノホルム原因説を容れるが、国の責任を限定する判決。 z345

8.9 団、埼玉県富士見市が国際勝共連合の人参酒販売広報にからんで暴力的な嫌がらせを受けたことで現地調査。国民救援会員含め50名が参加し、その後批判活動を展開。79年2月川越簡易裁判所で勝共連合を敗訴させる。 t200

9.4 大須事件、最高裁で上告棄却（有罪確定）。実刑被告芝野一三らが下獄。 q②109

9.27 福岡県直方市の政党事務所に潜入したスパイを調査した政党側が、逆に監禁罪などで起訴された事案について、福岡高裁がスパイ行為を違法と認める判決。 t205

9.- 団報「職場に自由と労働者の団結を」を発行し広く普及。（臨時増刊）

10.31 沖電気工業株式会社の300人近くの指名解雇通告、うち約70名が提訴（東京地裁）。その後87年に勝利的和解。 tko79

11.14 福岡スモン裁判で福岡地裁が判決でキノホルム説を採用し製薬メーカーと国の責任を認め、投薬証明のない患者も救済する。その後74年2月から8月迄広島、札幌、京都、静岡、大阪、前橋各地裁で患者側が連続的な勝利。 z346, HN134

12.13 団で有事立法研究会を開催。 t212

12.21 新潟放送労働争議の勝利的解決（73年賃金差別を新潟県地労委に申し立て）。

1979 昭和54

[社会の動き] 1.17 第2次石油危機、2.17 中国軍のベトナム侵攻、3.28 スリーマイル島で放射能漏れ事故発生、6.18 米ソSALTⅡ条約に調印、9.21 国連社会権規約の発効、10.26 朴正熙韓国大統領を側近が射殺、11.20 国連子どもの権利条約採択、12.28 国連女性差別撤廃条約採択。

1.13 団、弁抜き法案・有事立法阻止の全国活動者会議を開催。73名が各地から参加。 d92

1.24 矢田・植田戸別訪問事件で女性2名が違憲無効無罪判決（松江地裁出雲支部）。なお当時地元の島根県で5つの公選法違反事件を抱えていた。 k

2.- 団報89号特集「公害における大衆的裁判闘争の発展のために」の発行。報告18本等が収録された豊富な内容で団内に浸透。

2.3 団、部落問題対策委員会を大阪で開く。八鹿高校事件・矢田事件・浪速監禁事件・吹田2中暴力事件等の解同関係裁判について経験交流と意見交換。 t220

2.9 人違い監置事件の発生。傍聴席から発せられた「資本の犬」との発言者を東京地裁・小野幹夫裁判官が見誤って別人を法秩法の監置6日の制裁に科した。その後被害者が小野に対し東京地裁に国賠訴訟を提訴したが、裁判官が違法・不当な目的を有した特別事情がないとの理由で「事実誤認」を棚上げにして82年11月敗訴。 k

2.21 団の労災職業病部会が中心になって「労基則25条『業務上疾病の範囲』の改正についての意見」をまとめ公表。 t186

3.1 団の労災職業病部会が取り組んでいた池田労災裁判（栃木県日光の狸鋼沢トンネル事故）について、高額な慰謝料・付添費を認めた和解成立。 t225

3.9 団、中国のベトナム侵略を非難し、中国軍隊の即時撤退を要求する声明を発表。 t225

3.11 団、「土地収用手続」に関するシンポ開催。 d226

4.7 都知事候補の太田薫氏が新宿駅で演説中に投石を受け負傷。直前に右翼集団が演説会を妨害。3月31日には宮本顕治日本共産党委員長へのテロ未遂事件が起きるなど右翼の集団的な選挙妨害・テロ行為が活発化。団は5月21日に声明発表。 d93

4.8 自民党は「防衛秘密に係るスパイ行為等の防止に関する法律案」（スパイ防止法案）要綱を決定。団は5月12日に断固反対の決議をあげる。 d110

4.27 秋田市国民健康保険税(料)裁判で秋田地裁が税率そのものを定めていない条例は憲法84条違反とする判決。82年7月仙台高裁でも違憲判決、83年10月に和解（市が謝罪・解決金支払い）。 k

6.7 財田川（死刑）事件差戻し審で再審開始決定（高松地裁)。84年3月12日無罪判決・確定。

6.30 団労災職業病部会と総評弁護団労災部会が全国労災職業病会議を開催（参加者60名→7月1日)。 d96

7.20 大日本印刷事件（滋賀県)、最高裁で内定取り消し無効の判決。

7.30 大阪市の同和窓口一本化問題で、大阪高裁が1審の不当判決（78年5月）を破棄（最高裁で80年2月市の責任を認めた勝利的和解で解決)。 d96

7.31 住友重機械玉島製造所事件で従来の整理解雇要件を緩和した判決（岡山地裁)。

> **Column－【減量経営下の合理化】**
>
> これまで比較的大きな企業における正規従業員の合理化については、希望退職、配転・出向、新規採用の削減等の手法が使われてきた。しかし石油ショック・低成長時代下で企業の減量経営が叫ばれると、78年の沖電気争議にみられる通り乱暴な大量指名解雇が広く行われるようになった。裁判所はその情勢に迎合するかのように、経営悪化・業務量減少を理由に従前の人員整理の厳格な法的な要件を緩和し、解雇を安易に認める判決を続出した。それは全国的な傾向であったが、なかでも東京高裁管内での東京高裁79年10月東洋酸素事件の逆転判決、東京地裁同11月英国航空事件判決にその典型を見る（80年5月集会報告集第1集より)。

9.15 団主催・婦団連後援「子どもの権利を考えるシンポ」をオリンピック青少年センターで開く。 t245

9.15 薬害スモンの確認書調印。9月7日に薬事二法（改正薬事法と医薬品副作用被害救済基金法）の成立を勝ち取り、スモンとキノホルムの因果関係と加害企業・国の責任を認めた確認書が調印される。その後各地の裁判所で確認書に基づく和解が成立。12月東京でスモン総括討論集会を開催。 d95, 80g29

9.20 団、国民救援会と共同アピール「戸別訪問はじめ選挙運動の自由化を」を発表。立候補者全員にアンケートを発送。80年6月の参院選でも同様な取組み。 t244・271

9.27 免田（死刑）事件で再審開始決定（福岡高裁)。83年7月15日無罪判決・確定。死刑囚で初の再審無罪。

9.- 地方選を前に「企業ぐるみの選挙を告発する東京連絡会議」「職場の自由と民主主義を守る中央連絡会議」などは、企業ぐるみの選挙を許さない行動を広く呼びかけたが、各地の団支部がその行動の受け皿になり刑事告発などの活動をした。 t234・240

10.22 全金理研計器の賃金・仕事差別および職場隔離の事件について都労委で労働者側の勝利和解。 t246

10.26 日産・厚木部品で労組の民主化を求め除名された7名が、除名無効の仮処分決定で勝訴（横浜地裁）。11月ユニオンショップ協定に基づく会社による解雇無効の仮処分決定。80年1月本訴提起し87年9月勝訴。 d118

10.28 団総会で初の事務局交流会（団員の所属する法律事務所労働者による自発的な研修集会）が開かれる。その後団5月集会に付置され毎年の定例行事となる。 t246

11.2 全金埼玉浜田精機鉄工所の破産に抗して労働争議を続け、この日破産管財人と再建協定を締び全面的な勝利解決。 t255

11.11 団と全司法共同の欧州司法制度調査団が訪欧（→11月22日）。団員16名。団長山内忠吉、事務局長佐伯剛。 t252

12.6 松山（死刑）事件で再審開始決定（仙台地裁）。84年7月11日無罪判決・確定。

1980 昭和55

［社会の動き］ 1.10 社公合意（共産党を排除）、5.18 光州事件（死者2000人といわれる）、9.9 イラン・イラク交戦、9.22 ポーランドで自主管理労組「連帯」創設。

1.18 日産・厚木部品の労働組合員7名の門前ビラ撒きに職制・組合幹部が介入・妨害、負傷事件が起きる。3月20日団本部と団神奈川支部が現地調査と抗議申し入れ。 d118, t254

1.19 団、弁護士自治問題に関する拡大常任幹事会を開催（→20日、東京・家の光会館）。23支部から78名参加し、日弁連の山根二郎弁護士に対する懲戒処分（79年10月）に関して討議。次いで5月30日に「弁護士活動の在り方と弁護士自治について」の全国会議を開催。 d97･99, 80g11

2.12 上田誠吉団長らの呼びかけによるシンポ「戸別訪問自由化は是か非か」が開催。 80g21

2.14 高知県の三栢園事件（結核病棟閉鎖に際しての不退去罪として起訴された事件）で高松高裁が無罪判決。

2.16 団の監獄法「改正」プロジェクトチームによる研究集会開催（東京）。白鳥事件の村上国治氏も参加し獄中体験を語る。同じく2月23日に大阪で集会を開催。 t254･261

2.21 三重県・鈴鹿市役所勤務の女性職員の昇格・昇給差別事件で、男女差別による昇格は地公法違反と認める判決（津地裁）。しかし83年3月名古屋高裁が1審判決を取り消す。 nd8

2.22 団、市民問題委員会を中心に団内で研究会「サラ金事件の合理的解決法」を開催。 d101

3.4 安川電機の労働者24名が、賃金差別に基づく損害賠償と謝罪広告を福岡地裁小倉支部に提訴。 d104

3.25 吹田2中事件で大阪高裁は、解同の圧力・不法行為のもとで圧力に屈しなかった女性教員の訴えを認め、解同の引き起こした大混乱下で吹田市教育委員会が行った転勤命令を違法とする逆転判決。 is167

3.29 団、司法反動を告発する国民法廷を青法協･総評弁護団･日民協と共催。 80g15

4.28 公選法違反矢田・植田事件で戸別訪問禁止違憲無罪判決（広島高裁松江支部）、その後81年6月最高裁で逆転の破棄差戻し。 k, 85g10, m④43

Column－【公選法無罪の高まり】

矢田・植田事件は高裁段階で違憲無罪が出された点で画期的であった。この判決を挟み5つの違憲無罪判決が出された。前掲の①78年3月の松山地裁西条支部②79年1月の松江地裁出雲支部の2つの判決に続き、③79 年9月の福岡地裁柳川支部が柳川市議・松石事件、④80年3月盛岡地裁遠野支部が釜石市議・斎藤事件、⑤80年5月岐阜地裁が正木事件で、戸別訪問ないし法定外文書配布の禁止を違憲として無罪判決を続出した。82年9月には京都地裁福知山支部が細見事件で無罪判決。67年9月以来団は日本国民救援会とともに公選法裁判全国交流集会をもち、また団独自に「裁判対策全国会議」やシンポを度々開き、選挙裁判の経験・意見交流を行ってきた。また全国議員アンケートを行うなど（79年9月）、法制の理不尽さを世論に広く訴えてきた。裁判上の成果は、少なからずこの地道な運動の積み重ねによる。が最高裁は公選法規制を合憲とし、抑圧的な法制を現在まで放置している。

5.21 熊本水俣病第3次（国賠）訴訟の提訴（熊本地裁）。不知火の住民85名がチッソ・熊本県・国を相手に損害賠償請求。 t267

5.30 岐阜地裁が公選法の文書規制について憲法15条21条の他、前文に照らし違憲として無罪判決（正木公選法事件）。 k

6.19 団は救援会と共同で79年衆院選挙に続き、参議院候補者全員に「戸別訪問自由化の是非を問うアンケートを実施。自由化賛成が87.5%。 t271

7.24 団婦人部、沖縄の婦人問題（トートーメ《位牌》問題等）の現地調査（→26日）。 80g39

7.24 団、金大中に対する韓国軍事法廷の開廷に抗議する緊急集会を国民救援会と共同で開催。その後死刑判決に抗議し、12月3日に日本政府・韓国大使館等に申し入れ。 t272

9.1 団大阪支部が「大衆的裁判闘争14か条」を発表。78年時の8か条に6か条を追加して弁護団の心得と技法等をまとめる。次の大阪高裁無罪逆転判決がその実践の所産といわれる。ダイワ硝子労組弾圧事件（86年3月26日）、意岐部東小学校教育正常化事件（87年11月10日）、それに本年表後掲の国際勝共連合謀略辻事件（89年6月23日）・大阪電通大高校弾圧事件（90年11月28日）。 d137

9.11 名古屋新幹線訴訟で名古屋地裁が過去の損害について認容する判決。86年4月に和解で解決。 z205

9.13 団、「職場の自由と民主主義を守る第4回全国交流集会」を開催。沖電気整理解雇、日産・厚木部品（労組の統制）、東京電力賃金差別事件などを中心に経験交流。 79g（別冊），t278

11.13 国際民主法律家協会（ＩＡＤＬ）大会（地中海マルタ共和国バレッタ）に団員約25名が参加（→17日）。 i

11.29 刑法改悪に関する日弁連と法務省メンバーとのパネルディスカッションが東京で開催される。大阪では81年3月7日に成功裏に終わったが、12月5日開催の名古屋では過激派の妄動により中止。 t292・323

12.13 徳島ラジオ商殺し事件で再審開始決定（徳島地裁）。85年7月9日無罪判決・確定。 t288

12.18 東京・立川市議の戸別訪問・公選法違反事件で、弁護団の呼び掛けによって全国の団員124名計50通の上告趣意書が最高裁に提出される。 d102，t284・291

1981
昭和56

［社会の動き］ ***3.2 中国残留日本人孤児初の正式来日、3.16 第2次臨調（土光会長）の発足、4.9 貨物船日昇丸鹿児島県沖で米原潜に衝突され沈没（2人死亡）、10.10 西独ボンで中距離核ミサイル配備反対のデモ、10.16 北炭夕張新鉱でガス突出事故（93人死亡）。***

2.19 団、公選法改悪案（機関紙・宣伝カー・拡声機使用・ステッカーの禁止など）に反対声明をあげる。3月初めに団内に公選法「改正」阻止対策委員会を設置して活発に反対運動を展開。しかし2月26日に衆院、3月31日に参院で可決されて「改正」法が成立。 d103, t298･299

3.24 日産自動車男女定年制差別事件判決で、最高裁が男性55歳女性50歳とする定年制（その後60歳55歳に替える）を不合理な差別として無効と判断。専ら女性であることのみを理由にした男女差別定年制での初の最高裁判断。

3.31 団および団婦人部がベビーホテル問題で厚生省・東京都に対し保育園の拡充などの改善を要請。 t298

3.- 団大阪支部女性団員らが中心となって、この間の「働く女性の悩み110番」運動を受けパンフレット「パートで損しないための12章」を頒布。 t297

4.9 米原子力潜水艦が貨物船日昇丸に衝突。団は日昇丸船長・司厨長・船員の事情聴取を行い、10月神戸市の海員会館でシンポを開き、米国事故報告書を批判するなど真相究明の活動を展開。 d107, t318･322

4.22 有事法制研究（自衛隊法103条の改定・政令の制定）の中間報告が発表される。 w上225

5.9 団、司法問題全国活動者会議を開催、団員60名参加（奈良市）。 d103

5.11 『団通信』300号の発行。記念特集号を出す。

> **Column－【団通信の定着】**
>
> 『団通信』は73年3月に創刊された。第1号には目的・内容について「団内の連絡の一層の緊密化を標榜する、本部・支部報告だけでなく全国団員の活動・近況・意見・提案など日常的な短信を掲載する、速報性を重視し原稿400字程度」と書かれている。今日、字数制限はおおむね無視されてはいるが、毎月1日・11日・21日の定期発行ルールは厳格に守られ、団員の貴重な情報・意見交換の場となり、全国的な運動の取り組みにおいては重要な役割を果たしてきた。従前の団内機関紙は何度も衣替えしたが、今日まで半世紀以上継続し全国の団員をつなぐ動脈となって定着している。当初は団事務所内で専従事務局による和文タイプ・輪転機印刷であったが、タイプの外注化（印刷は自前）を経て97年7月に全面的な外注化を実現した。なお34号が数え違いで永久欠番となっている。

5.26 「平和と民主主義・革新統一をすすめる全国懇話会（全国革新懇）」の結成。代表世話人に上田誠吉・亀田得治両氏が就任。全国にも地方の革新懇が結成され、各地で多くの団員が役員として活動。団82年1月の常任幹事会で正式加盟を決定。

7.2 パラオ共和国の要請に応えて、同国労働法制の法整備協力に団員4名が現地に赴く。 d103, t316

7.11 奈良県旭ヶ丘小問題（4月の解同の糾弾集会で7人の教師が集団暴行を受ける）を批判する集会について、大淀町が会館使用許可を取り消した措置に執行停止の決定（奈良地裁）。 nar205

7.13 横田基地訴訟で国に損害賠償を認める判決（東京地裁八王子支部）。 z212

7.13 東電渡辺事件、クリスチャンである渡辺令子氏に対する上司の思想調査の質問を社会的許容限度を超えるとして違法の判断（甲府地裁）。2審の東京高裁（84年1月中川幹郎裁判長）は破棄するが、最高裁（88年2月）は、加害性を否定しつつも、質問は慎重さを欠き不相当な面があったと指摘。 k

7.25 日弁連・法務省の刑法改正問題意見交換会の第1回会合がもたれる。

8.5 大田立看板事件（73年1月発生）で立看板の電柱張り出しについて軽犯罪法の貼り札にあたらないとして無罪逆転判決（東京高裁）。 k

9.13 第1回全国サラ金被害者交流集会が大阪で開催（その後全国各地で集会が開催され「被害者の会」結成へと繋がる）。

9.- 団婦人部がパンフ「憲法とわたしたちの暮らしー婦人のための憲法読本」を大量に普及。その後89年と98年に改訂。 d104

10.16 北炭夕張新鉱ガス突出事故の発生。死者・行方不明者93人、会社は家族の反対を押し切って、59人の労働者を坑内に残したまま炭坑を水没（北炭夕張事故）。 z360

10.22 高松市の郵政事務官大坪氏(書道家)の選挙応援演説(65年6月)について、最高裁は政治活動の禁止を合憲有罪とする(團藤重光･谷口正孝裁判官の少数意見がある)。 k

10.24 団、創立60周年総会（東京・ヤクルトホール）の開催（328名が参加）。

10.25 物故団員の遺族を招待し懇談会を開催（東京･四谷の主婦会館）。 d106

11.6 団も参加の「少年法改悪に反対し青少年の未来と民主主義を守る国民連絡会議」創立5周年集会を東京・一ツ橋の日本教育会館で開催。 82g8

11.20 北炭夕張事故の現地調査団に全国から団員43名が参加し事情聴取等を実施（→22日)。12月18日に東京・都市センターホテルで真相連帯報告会を開催。 m④32

11.25 団、スパイ防止法反対決議（11月4日常幹）を自民党本部に赴き提出。 t322

12.16 大阪空港騒音公害訴訟、最高裁大法廷で夜間飛行の差止めを認めた2審判決を逆転する判決（9対4)。 z211

12.26 法務省、刑法改正問題意見交換会で「重罰化と処罰範囲の拡大」を撤回し、保安処分と秘密保護規定を再検討と表明。

1982
昭和57

［社会の動き］ ***3.21 ヒロシマ行動・国連軍縮特別総会行動アピール（19万人参加)、7.26 中国が日本の教科書検定に抗議、7.30 国鉄・電電公社・専売公社の分割民営化の臨調答申、8.24 公選法・参議院全国区に拘束名簿式比例代表制の導入。***

1.21 団東京支部、有事立法阻止集会（81年10月）記録「許すな戦争への道―進行する有事法制・職場からの告発」を発行。 d105

2.4 団、「82年沖縄調査・交流団」に参加。沖縄公用地法の期限切れを目前にした特別措置法の立法化に反対し、米軍用地使用裁決申請を企図する沖縄防衛施設局に抗議し、平松良松那覇市長を激励（→6日)。 t329

3.18 第1次川崎公害訴訟、企業・国・首都高公団を提訴（横浜地裁川崎支部)。4次まで追加提訴（原告計440名)。

3.29 福岡地裁小倉支部、カネミ油症第2陣訴訟で企業の責任を認める判決。 z333

3.30 前橋地裁、安中鉱害裁判（69年6月提訴）で企業の故意責任を認める判決。86年9月和解解決。 z193

3.31 広島市のゴミ埋立等禁止差止め仮処分事件で住民勝訴（広島地裁)。その後広島高裁で敗訴したが、広島市が建設を撤回。 hir27

3.31 八鹿高校事件で兵庫県と解同幹部を訴えた損害賠償と教員懲戒処分取り消し訴訟で県との間で勝利的な和解が成立（神戸地裁豊岡支部)。 t336

4.13 東京のホテルオークラ労組員のリボン闘争（70年）について最高裁が違法と判断。 t336

4.28 政府が留置施設法案・刑事施設法案（拘禁二法案。警察拘禁二法案とも呼ぶ）を国会に提出。 t335

5.7　京都府知事選で不当に逮捕された者の勾留に抗議する労働者・市民に対し500名の警官が規制し、うち参加者2名を「公安条例」「道交法」違反の現行犯逮捕、8日に労組事務所等を捜索。団は5月10日抗議。 t340

5.22　団、拘禁二法案反対全国活動者会議を開く（東京・主婦会館、団員60名参加）。4月2日会議に引き続き国会提出後の方針などを討議。 t338

5.29　日弁連総会で拘禁二法案の廃案決議（留置施設法案は廃案、刑事施設法案は抜本的是正のない限り廃案を求める）。

6.4　三井脩警察庁長官が全国警備関係部課長会議で訓示（『日刊警察』所収）。 d43, t342

Column－【三井長官訓示と警察の弾圧状況】

訓示は言う。「今後、反核闘争、原発闘争、基地闘争等多様な大衆運動の高揚が予想され、また、労働争議等に伴う違法行為は、一層悪質、巧妙化の傾向を強めていくものと見受けられました。諸君は（中略）事案発生に際しては違法行為は看過しないという基本方針の下に、関係法令を積極的に活用し、現行犯逮捕を原則とした厳正な警察措置を徹底して事案の早期鎮圧と拡大防止に務められたい」。実際に全国各地で軽微な罪を含め大衆運動に対する干渉・弾圧が強化された。とくに現行犯逮捕の横行と大掛かりな家宅捜索が目立った。「様変わりの弾圧」と言われ、警察の「暴走」ぶりが拘禁二法案の危険性を示す説得材料として運動の中で逆に「活用」された。

6.26　沖縄米軍の脱走兵が金銭欲しさにスナック客を追尾して強盗殺人を犯した事件（城間事件）で、国と米兵個人を相手に那覇地裁に提訴。公務外加害の実態を明らかにして米側の支払う見舞金を増額させた。

7.7　堀木訴訟で最高裁が国の立法裁量を不当に認めて上告棄却（75年11月の高裁逆転判決を維持）。 d111, k

7.25　第2回「賃金・思想差別問題全国弁護団会議」を開催。団員45名と当事者らが集まり討議（→26日）。 t347

7.26　中国、日本の教科書検定による歴史記述に「侵略戦争を美化した」と抗議。

Column－【歴史教科書と家永教科書裁判】

83年春採用予定の高校社会教科書検定への抗議であった。①南京虐殺を歪めた、②侵略を「進出」に、③中国への侵略を「進行」にそれぞれ言い換えたとし、文部省が自民党の偏向キャンペーンに乗ったと批判。韓国紙は、①3・1独立運動を暴動とした、②戦時中の朝鮮労働者の強制連行を徴用とした等と非難。また北朝鮮や香港・フィリピン・インドネシア・ベトナム諸国からも批判が続いた。8月26日日本政府は「今後は検定基準を改める」と表明し事態を収拾しようとした。しかし沖縄県議会は、9月4日「日本軍の県民殺害」の削除を求めた検定を批判する決議を採択。また第1，2次裁判を既に提訴した家永三郎は80年代の教科書検定のあり方を批判し84年1月第3次教科書裁判を東京地裁に提訴した。89年10月東京地裁は「草莽隊」の記述、93年10月東京高裁はこれに加え「南京大虐殺」「日本軍の残虐行為」の記述、98年8月最高裁は「731部隊」の記述に関する各検定を違法とした。ながい間続けられてきた家永教科書裁判運動は、国際的批判や沖縄県民による検定非難の昂まりとあいまって、誤った歴史認識・意識を醸成しようとする国に対する強力なブレーキの役を果たしてきた。

8.2　前年10月16日に起きた北炭夕張事故の損害賠償請求訴訟を札幌地裁に提訴（94年3月勝利的和解）。 m④32

9.4　「日本軍の県民殺害」の高校教科書記述を削除することを求めた国の文科行政に対し沖縄県議会が批判決議をあげる。

10.2 横須賀の勤労会館で「日産追浜工場の集団暴行事件を考えるシンポ」を開催。 t348

10.4 北炭夕張事故で『きけ炭鉱（ヤマ）の怒りを』（笠原書店）を出版。3次にわたり夕張現地調査の成果。 t355

12.10 梅田事件、再審開始決定（釧路地裁網走支部）。86年8月27日無罪判決・確定。

12.14 日本航空労組が昇格・昇給差別問題で、都労委救済命令（80年2月）を経て、中労委で差別撤回等の勝利的和解。 d20, u439

1983 昭和58

［社会の動き］ 1.19 中曽根首相「日本列島不沈空母化・海峡封鎖」発言、5.13 出資法改正・貸金業法の公布（11.1 施行）、7.4 第一次行革審の発足、9.1 ソ連が大韓航空機を撃墜。

1.16 団と日本国民救援会が「労働刑事弾圧事件全国交流会」を開催。 83g14

2.15 細川活版所解雇事件（74年7月発生）について、中労委で21名職場復帰等の勝利的和解。 u444

3.4 石川県小松基地周辺の住民310名超が「ファントム爆撃機の離着陸差止等訴訟」を金沢地裁に提訴。第1次（原告12名）に次ぐ第2次訴訟。 t367

3.- 団京都支部編著の『自由にできる選挙運動』（かもがわ出版）を発行。京都支部が十数年来の知事選挙等を通じ「合同法律家選対」として続けてきた活動の成果を集約。 t365·369

4.5 山梨勤労者医療協会（勤医協）が負債220億円で倒産。9月16に和議開始申し立て（甲府地裁）後、団員が和議成立に向け患者・家族・支援団体と協働して、84年3月に債権者・額とも99％以上の賛成を得て再建を果たす。 d118

5.13 国鉄再建監理委員会設置法が成立。監理委員会は、8月「意見書『緊急提言』を内閣に提出。ただちに国労は「労働組合を無視し国民に負担をシワ寄せし、分割・民営の条件整備を臆面もなく明らかにしたもの」と批判し「断固反対して闘う」と表明。国家がらみの国鉄解体との闘争が進められる。

5.20 東京・蔵前警察署が東京貯金局職員2名を国家公務員法（国公法）違反で逮捕。15年ぶりの国公法の適用。同時に日本共産党台東地区委員会にも捜索差し押さえ（その後不起訴となる）。 t375

5.23 団、「現代版『軍事機密保護法』（スパイ防止法）阻止のたたかいを！」を発表。

6.9 神奈川県の池貝鉄工所40名超の大量指名解雇。労働者は6月28日神奈川県地労委に申し立て、7月18日横浜地裁に地位保全を提訴。85年5月に県地労委は解雇無効を認める。 d115·118·122

6.- 「ぐるみ選挙黒書」が発行される（ぐるみ選挙を告発する神奈川県連絡会議）。 d115·20

7.23 団東京支部が都救援会と「警察の人権侵害を告発するシンポ」を共催（240人参加）。大規模に様変わりした都内で多数発生した弾圧の現状について報告・討議。11月に小冊子「今日の警察と民主主義」を発行。 d115

10.12 東京地裁が田中角栄について受託収賄罪で懲役4年・追徴金5万円の実刑判決を出す。

10.12 公選法改悪法案が衆議院を通過。同法案は、選挙期間の短縮・立会演説会の廃止・街頭演説の時間制限等を規定し反動的な内容を含んでいた。団は反対運動を組むが、参議院でも可決され成立。 t388

10.13 団婦人部作成の「労働職場での男女平等を求める要請書」を労働大臣に提出。 t389

10.21 大阪府議会が自衛隊法「改正」決議を否決。「日本を守る国民会議」（現在の日本最大の右翼「日本会議」）の陳情により府議会に提案された決議案であった。 d116·117

Column－【右翼のすすめる「草の根運動」に対する反対運動】

団大阪支部は憲法会議・安保破棄実行委員会とともに決議採択の阻止のため尽力し所期の成果を得た。国民会議やその系列団体の地方議会を足場にした、このような「自衛隊法『改正』」「スパイ防止法案制定」の決議を採択させる動きは中曽根首相就任を機に全国の各自治体で様々な動きとして進められた。団は82年8月に右翼による「草の根」的な動きを軽視せず、各地で積極的に取り組むことを決めた。決議案審議が問題となった東京都23区内、長野県、宮城県・市、福岡県等の具体的な動向について、経験と意見を交流した。各支部が決議を不採択にするため具体的で効果的な運動を展開し、所期の成果を得たところも多かった。

10.29 人権大会（金沢市）で、日弁連会長が日本労農弁護士団について「治安維持法違反容疑の被告人を弁護して同法違反に問われ」たとして「名誉回復」を提起。団は10月31日に労農弁護士団一斉検挙事件の50周年記念集会を、学者の森正氏による講演「日本労農弁護士団事件について」をもとに滋賀県・琵琶湖ホテルで開催。 d115別冊

10.30 団本部事務所建設の提案。全国的な募金運動がはじまる（事務所建設準備委員長・鶴見祐策）。 t396

10.31 団、総会で「田中角栄の辞職とロッキード疑獄の徹底究明を求める決議」を採択。 t389

11.9 団員ら総勢17名ではじめてソ連（モスクワ）・チェコスロバキア（プラハ）の法制度視察を行う（→19日）。 t392

11.9 被害住民が倉敷（水島）公害でコンビナート企業を岡山地裁に提訴。3次まで追加提訴（原告総数291名）。 z165

11.26 団、東京・主婦会館で税金裁判全国活動者会議を開催。 t396

11.28 拘禁二法案の廃案。

1984
昭和59

［社会の動き］ ***6.14 横浜地裁外国人登録法の指紋押捺を拒否したアメリカ人女性に罰金刑、8.7 臨時教育審議会設置法案の成立、8.29 東京地裁在日韓国人に対しても有罪判決。***

1.18 三井三池有明鉱の坑内火災で83名が、死亡した（17日発生）事故から24時間以内に団福岡・佐賀支部の団員22名が現地に集結。労組員らを激励。のちに刑事告発などの行動を展開。 d116･51, t395

2.- 団『警察と市民の人権』（みずち書房）を出版。86年11月にパート2として『市民生活と警察』（イクォリティ社）を出版。 86g39, 87g48

2.- 衆院政治倫理協議会で自民党・新自由クラブ連合が政党法制定を提案。 t406･409

3.17 団が共催で「職場の実態から雇用平等法を考えるシンポジウム」を東京・文京区民センターで開く（250人の参加）。 t405

3.16 カネミ油症被害訴訟第1陣、患者側が鐘淵化学・国に対する勝訴判決。しかし86年5月第2陣訴訟で国・鐘化を免責する不当判決（福岡高裁）。 d116

3.16 日本フィルハーモニー交響楽団の争議（72年6月楽団解散）について、東京地裁で勝利的和解。長期間の争議の間、組合員が自主演奏活動を行った。 tko76

3.19 岡山県議会で拡声機等による暴騒音規制条例が成立。それ以降各地で条例制定の動きが拡大。団は政治活動・労働運動に対する弾圧の危険ありとして拡声機規制反対運動を行う。 d116

3.21 東京・九段会館で団も共催団体の一つとして政党法案阻止大演説会を開催（坂本修が講演）。 d116･121, t423

Column－【政党法案に対する団の取り組み】

84年2月頃から政党法制定を目指す動きが急浮上し83年2月に自民党「政党法要綱」（吉村試案）が公表された。法律によって政党を公認する、公認政党に補助金を交付するという国家による政党支配に通じる内容であった。団は大衆運動を盛り上げるべく6月「中央連絡会議」への参加を決定し、事務局団体に加わった。7月13日に団全国活動者会議を開催、同29日の11万人集会成功のため奮闘した。9月14日政党法に反対する著名弁護士20氏の声明が出され、団も11月に独自に意見書を作成・普及。急速な大衆運動の高揚を前にして、政党法は84年中の法案化や国会提出が不可能となった。その後90年7月の選挙制度審議会第2次答申に「公的助成と政党に関する法制」を経由して91年8月提出の「政治改革三法案」（91年）に一部形を変えて盛り込まれるに至った。

3.22 税務調査目的の自宅無断立ち入り（82年4月京都中央民商事件）について、税務署員が適正な調査範囲を逸脱したとして10万円の賠償を認容（京都地裁）。 t406

3.26 三菱重工業京都工場（京都精機製作所）の思想・賃金差別裁判（74年提訴）で6名原告全員の格付け・賃金を是正解決（京都地裁）。 d118

3.28 鉱害被害で住友金属鉱山を提訴した土呂久鉱害裁判（第1陣75年提訴）で、企業に賠償金支払いを命ずる（宮崎地裁延岡支部）。第2陣は90年3月に勝訴判決。 z198

4.23 団本部事務所を東京都文京区のＤＩＫマンション小石川201号室に移転。 84g40

5.2 水俣病東京訴訟を提訴。東京都・神奈川県の水俣移住者が、チッソ子会社を含め東京地裁に国賠請求を提起。のちに鹿児島県出水市の住民も追加提訴。県外患者の訴訟はその後京都・福岡地裁などに広がる。 z176

5.13 団、5月集会（研究討論集会）で政党法について集中討議（440名参加→14日）。2月発表の吉村試案「政党法要綱」に関して反対決議をあげる。 d119

5.18 関電人格権裁判で神戸地裁が差別を受けている労働者を救済する判決。「職場における自由な人間関係の形成を阻害するとともに原告らの名誉を毀損し、その人格的評価を低下せしめる」と判示。2審大阪高裁は91年9月、1審の判示に付け加え「間接的に転向を強要するものであり、その思想信条を侵害する」と明確に判示（関電が上告）。 k

5.18 千葉県三武町の農民らがゴーカート遊戯場設置について、県公害審査会に申し立てた調停で計画廃止の成果を得る。 t412

5.30 勝共連合系業者から多宝塔・印鑑等を高額で売り付けられた主婦等による代金返還の裁判（83年11月提訴）で全額返還の和解成立（福岡地裁）。 t412

5.- 団員石島泰による雑誌『諸君』の田中裁判に関する掲載記事について団内外で議論。 d121・122

Column－【田中ロッキード事件裁判と団】

83年10月12日に受託収賄で実刑判決を受けた元首相田中角栄は2審に向け大掛かりな無罪キャンペーンを煽った。石島のインタビュー記事は「角栄裁判は司法の自殺だ」と題され、田中裁判でコーチャン嘱託尋問調書の証拠能力を認めて有罪にした1審判決への批判を力説したものであった。他団員が2審から田中弁護団に加わった事情も重なって、最大の権力者に対する姿勢・対応について団内外から批判・異論が広く寄せられた。団内の諸会議や法律事務所の公開討論等で、論議は田中裁判の政治的位置付けから裁判の証拠構造問題に及んだ。9月27日に団長談話「団員に厳しい自律を求める」、10月総会の幹事長の「まとめ」が出され議論は一応収束した。団は85年6月6日に総括的な意見書「ロッキード・田中判決の構造と大衆的裁判闘争」を発表し、収賄事実は揺るがず、田中裁判は大衆的裁判闘争とは無縁であるとした。

7.- 団内に刑事実務研究会が発足し、学者と団員による共同研究が開始される。第2回は85年3月に京都で開かれ、以後随時開催される。 85v44

8.6 自民党小委員会がスパイ防止法案（第3次案）を発表。 d118

8.28 労働大臣の私的諮問機関「労働基準法研究会」（石川吉右衛門会長）が労働時間関係・パート労働関係・退職金関係に関する報告書を発表。

9.29 政党法に反対する中央連絡会議のシンポ開催。

10.10 団長野県支部が「明るい街を求めて―暴力団追放と民事裁判―」を出版。 t427

11.7 福岡県遠賀郡芦屋署の警察官が日本共産党員の青年を道交法違反容疑で派出所に連行してスパイ活動を強要した芦屋スパイ事件が発生。85年4月に国賠請求を提訴。 m⑤84

12.8 国労本部から団本部に対し「国労の分会機能の活性化・小集団組織・総学習運動について」講師派遣の要請。団は85年1月2月の常任幹事会議で討議し要請を積極的に受け入れ、支援を強化。 t437, 85v27

1985 昭和60

［社会の動き］ 5.8 ヴァイツゼッカ-西独大統領「歴史を記憶せよ」との演説、5.17 男女雇用機会均等法の成立（86年4月施行）、6.25 女性差別撤廃条約批准、9.22 G5プラザ合意。

1.27 京都で開発・環境問題を考える住民運動交流会を開催（団京都支部共催）。 t437

1.- 大阪の興信所条例について団大阪支部は、部落差別をかえって引き起こすとして反対意見書を発表。 t435

2.16 団の呼び掛けで新聞・出版・民放労連、国公労組、憲法会議、救援会等で「国家機密法阻止研究討論集会」を開催。 t440

2.19 松下電器の賃金差別裁判（74年提訴）で、大阪地裁で勝利的和解。 85v12

2.20 団、労働者派遣事業法の立法策動に反対する決議を労働省に提出。 t439

3.14 岡部事件（横浜市長選での公選法・法定外文書頒布禁止罪適用の弾圧事件）、横浜地裁で無罪判決。 q②248

3.18 全日本民主医療機関連合会（民医連）加盟病院の看護師が、80年7月参院選で「戸別訪問罪」として起訴された事件で、後援会員としての支持拡大の依頼行為は戸別訪問にあたらないとして無罪判決（金沢地裁）。 t443

3.26 鶴岡灯油裁判、仙台高裁秋田支部で勝訴判決（最高裁は89年12月8日に消費者側の請求を斥ける）。 k, 85v9

4.26 長崎県炭鉱爆発事故（4月24日発生）で団の九州ブロック・長崎支部が、現地に労組を訪問し調査を実施。 t445

5.17 男女雇用機会均等法（均等法）の成立。立法化の意義は大きかったが、募集・採用・配置・昇進についての均等待遇は努力義務に留められたため、その後団は実効性をもたせる運動を展開する。 d120

5.- 団、意見書「ロッキード・田中判決の構造と大衆的裁判闘争」を発表。 85g22, HP

6.5 団、三菱南夕張炭鉱ガス爆発事故(5月17日発生、死者62名)で抗議声明。 d122·31, HP

6.6 自民党有志議員による国家秘密法案（国家秘密に係るスパイ行為等の防止に関する法律案、略称・スパイ防止法案）の国会提出。

6.11 労働者派遣事業法の成立（3月国会提出）。団は6月30日の施行にあたり団長声明を発表。 t486

6.11 国家機密法阻止各界連絡会議が結成される（同懇談会から移行）。 85g9

6.25 国連女性差別撤廃条約（国連総会で79年12月採択・81年効力発生）が批准される（国内で効力発生）。

7.1 豊田商事の破産宣告（大阪地裁）。以後全国で同社役員・従業員らに対する個人責任を追及する裁判が行われる。

7.10 長野県松本市での暴力団追放運動で長野地裁松本支部が暴力団事務所立ち退きの断行仮処分を出す。5日後に暴力団は撤退。団長野県支部は住民運動として暴力団を立ち退かす裁判を進め全てで勝訴。 d121, nas30

7.20 団東京支部臨時総会を開催。団員約200名参加。国家秘密法案の「秘密」について熱心に討議。 t452･455

7.26 国鉄再建監理委員会が中曽根首相に国鉄分割民営化の方向を明示した「国鉄改革に関する意見」（最終答申）を提出。これによれば87年4月を目標に6分割民営化、新会社の適正要員数からすると9万3000人を余剰人員とし、うち4万1000人を旧国鉄（清算事業団）に所属させるとする。 d120･123

8.16 熊本水俣病第2次訴訟で福岡高裁は原告5名のうち4名を救済し、「（診察）判断条件の水俣病像は厳格に失する」と国の患者切り捨て策を批判。 z176

9.20 緊急出版『国家機密法のすべて』を刊行（青木書店）。団の対策本部メンバーの執筆・編集。

11.19 団、他団体との共催で東京において「べからず選挙を裁く国民大法廷」を開催。600人参加。 t473･475

11.21 自民党法務部会等に設置された「刑法に関する調査会」（会長・森清氏）が「刑法全面改正に関する中間報告」を発表。団は反対運動が一定程度反映したものと捉え、最終的な断念に向けて奮闘することを確認。 86g21, t475

11.29 中核派が首都圏・大阪等で国鉄の信号施設・ケーブル等を切断する事件が発生。団は12月7日に非難声明を発表。 t466

11.29 団、弁護士自治問題全国活動者会議を開催する。とくに外国弁護士制度の基本方針をめぐり議論。 86g38, 91v129

11.- 団、男女雇用機会均等法の省令案要綱および指針に関する意見書を発表し、労働省に対する要請を行う。 86g16

11.- 警察庁が日弁連に対し留置施設法案の取り扱いについて申し入れ。日弁連は86年7月からの意見交換会（ないし協議）を持ち、その中で留置施設法案を批判展開。 86g27

12.5 国家秘密法案に反対する大阪弁護士会懇談会（代表世話人・戸田勝）が1000人アピール発表（実際の署名筆数は1039名）。 86g9

12.9 日弁連総会で外国弁護士（外弁）受け入れ問題の制度要綱が決まる（ただし名称問題を除く）。86年5月特別措置法が成立。

12.10 国家秘密法案反対で日弁連が国会要請。全国500人超が国会議員会館で議員に対する集団的な要請。 86v78

12.19 労働基準法研究会最終報告書の発表。団は86年2月報告書の柱であった「労働時間」「労働者概念」の部分を批判する意見書を発表。 d123, 86g17

12.21 国家秘密法案（スパイ防止法案）の廃案。 86v24

1986 昭和61

［社会の動き］ 4.7 前川レポートの提出、4.26 ソ連チェルノブイリ原発事故、7.6 衆参両院のダブル選挙で自民党が圧勝、11.21 伊豆大島の三原山噴火（島民約1万人が避難）、11.27 国鉄民営化法案の強行採決、12.30 防衛費がGNPの1％枠突破。

1.11 団、「借地借家法の見直し」に関する全国会議を開催（大阪）。35名が参加し、4月12日には批判意見書を発表。その後87年5月に追加意見書を発表。 t466, 86v48, HP

1.31 団広島支部、広島県原水協等とともに「被爆者援護法制定をめざす国民法廷・広島」を上演。 hir43

2.9 国鉄分割民営化法問題について国鉄問題全国会議を団員55名と国労関係者5名で討議（日本青年会館）。1か月後の『団報』特集号（123号）で豊富な資料とともに会議内容が詳細に伝えられる。

> **Column—【団の国鉄分割・民営化に対する反対運動】**
>
> 86年3月3日国会提出の「国鉄改革3法案」は、国鉄財産の解体・民営化と階級的闘争力をもつ国労等の解体を目論むものであった。労働者の雇用承継を新規採用方式（法23条）が重大な争点となった。86年7月に設置した「人材活用センター（人活センター）」配属問題で、職場から活動家を切り離して屈辱的な仕事に従事させたり放置する非道な扱いが行われた。国労・全動労に対する敵視・差別攻撃は法案の成立（11月28日）の前後を問わず、横行する労組員等の新会社採用の拒否・不当配転となって表れた。団は84年末の国労本部の援助要請を受け、各支部による地労委闘争・裁判あるいは支援活動を展開した。86年5月には延べ165名の団員が職場・現場調査と組合員を激励。また「国鉄分割民営化に反対し、国鉄を守る国民会議」（7月結成）運動を各地で行い、打撃を受ける地域経済や住民の利便からも取り組みを強化した。標記会議はその後、91年5月まで毎回約50人規模で続き、「国民的な視線と規模」が団の取り組みの合い言葉になった。87年の新法施行後も進められた労働委員会闘争は88年時点で全国で160件が係属した。

3.7 高校教科書大手の第一学習社（広島市）での不当労働行為による解雇事件で最高裁で勝訴。 hir36・43

3.24 団、国家秘密法案の「修正」と再提出を牽制し批判する声明を発表。各地で再提出阻止の運動を展開。 t475, HP

3.28 団、簡易裁判所統廃合問題で全国会議。法制審が諮問を決めたことに対処して法務省に対する反対意見を集約。9月に答申が出され、87年3月に国会に提出され成立。 86g32, 87g34

4.7 滋賀県知事を相手に「献穀祭」の公金返還・県職員の関与禁止を求める違憲訴訟を大津地裁に提訴。 t481

4.13 東京都三宅島の空母艦載機訓練機基地建設反対のため、東京・神奈川県支部17名が同島訪問（→15日）し、調査と激励。 88v133

4.26 渋谷の山手教会で自由法曹団元団長・日本国民救援会会長の「岡崎一夫先生をしのぶ会」を共催で行う（270名参加）。 d125

5.8 団、国家秘密法の運用基盤を定める「安全保障会議設置法」（主管・内閣官房）について反対声明。5月27日施行。 w下838, HP

5.10 団婦人部と統一労組懇婦人連絡会共催の均等法の討論集会（100名参加）。『女性の権利白書』（学習の友社）を刊行。 t493, 86v20

5.28 民商会長の免許証不携帯での逮捕・弁護人接見拒否を違法とし、県に損害賠償を命ずる判決（福岡地裁久留米支部）。 t485

5.30 島田（死刑）事件で再審開始決定（東京高裁）。89年1月31日無罪判決・確定。

6.7 日本青年館で「東京裁判と戦争責任を考える」シンポを開催。団は実行委員会に参加。以後89年2月の11回連続シンポを継続。 t479・517

6.27 長野じん肺（77年10月提訴）で、長野地裁が損害賠償を石綿企業と親会社に命ずる判決（国の責任は認めず）。 t497

6.30 遠州じん肺（被告古川鉱業・飛島建設・間組、78年12月提訴）で、静岡地裁浜松支部で勝訴判決（89年2月東京高裁で勝利的和解）。 t490

	6.-	団、法律事務所の発行する「新聞」について弁護士広告の該当性をめぐり討議。社会的役割を確認し紙面の充実を図ることを確認。	86g39
	7.1	三塚博運輸大臣が選挙期間中に行った国鉄新駅建設の利益誘導的な演説について最高検に刑事告発。	t487
	7.14	東亜ペイント単身赴任事件で最高裁が解雇無効の2審判決を取り消して差戻す。	
	7.18	奈良県の郡山交通分会申し立ての会社更生が奈良地裁で認められる。保全管理人が就任し経営者の退陣を勝ち取る。	t499
	8.8	団、箱根で裁判問題夏季合宿（47名参加）。86年前半に高裁で逆転敗訴となった家永訴訟・カネミ訴訟・厚木基地訴訟（横田基地訴訟との関連）の行政裁判を主に、各裁判闘争の課題を法と運動の両面から討議（→9日）。	d127
	9.4	団、賃金・思想差別問題全国会議を横浜郵便貯金会館において団員約50名で開催（→5日）。	t496
	9.19	関西3県で旧国鉄労働者287名が人活センター問題で仮処分と本訴を提起。	t495
	9.22	沖縄支部の伊志嶺善三が氏名不詳の暴漢2名に襲われる。	t495
	9.27	団·統一労組懇·労働者教育協会共催の労基法改悪反対集会を開催(参加者160名)。	
	9.-	団、労働基準法研究会報告書（労働時間）に対する意見書―主として女性の立場から―を発表。女性の残業・深夜業の禁止撤廃は必要としつつ、両性に等しく労働時間の制限を設ける旨批判・提唱。	HP
	10.10	国労臨時全国大会（伊豆・修善寺）で、「労使共同宣言」と「雇用安定協約締結」を柱とした「緊急対処方針」を101対183で否決し「分割民営化」反対方針を堅持。山崎執行部は総辞職し六本木執行部を選出。	t496, 88v71
	11.27	緒方靖夫宅盗聴事件が発覚。88年9月5日国・県・実行犯の警察官を相手に国家賠償を提訴（東京地裁）。	k
	11.-	団、国家秘密法反対意見書「ジャーナリストに訴える」を発表。新聞・放送各社と意見交換。同法「修正案」の「言論・報道の自由」への脅威に警鐘。	87g25, HP
	12.20	東海銀行の賃金差別で愛知地労委に救済申し立て、91年11月に和解解決。	t681
1987 昭和62	***［社会の動き］***	***2.4「売上税」法案が国会に提出、4.1 国鉄分割・民営化、5.3 朝日新聞阪神支局襲撃事件（記者1人死亡、1人重傷）、9.3 労働基準法「改正」の成立（弾力化）、10.19 ニューヨーク市場で株価大暴落（暗黒の月曜日）、11.20 連合結成大会、12.7 INF全廃条約の調印。***	
	1.24	兵庫県香美町の余部鉄橋上から突風に煽られ国鉄車両が転落した事件で、関西の団員が事故（12月28日発生）現地調査。分割民営化の合理化が原因であるとの報告書を作成、記者会見を行う（2月15日）。	t507
	1.31	団、奈良県大和郡山市で同和対策事業地処分を現地調査のうえ行政上不正ありと声明発表。6月4日に市民らが不正分譲の違法確認訴訟を提起。	87v45
	2.6	日本国民救援会が広島県呉市で第15回「選挙弾圧全国交流集会」開催。団広島支部は当時、1県で公選法違反として呉民商事件、向事件、祝事件の3事件に取り組んでいた。翌88年2月にも同交流集会が開催される。	hir45, q248·249
	2.18	東京弁護士会主催の国家秘密法反対市民集会（日比谷公会堂）に4000人参加。「会場パンクの盛況」とマスコミが報道。	87v12
	3.13	沖電気争議（78年11月発生）の東京地裁で35名の職場復帰等勝利和解。	87v88
	3.13	「国家秘密法に反対する女性の会」発足に向けて東京・家の光会館で集会、女性のアピール運動の推進等を決め、その後活発に運動を展開する。	87v13

【団員地域分布図】（87年議案書所収）

※作成：舘山茂専従事務員（団本部事務次長）

1987年8月時点の調査

○地裁本庁所在地

●その他の市

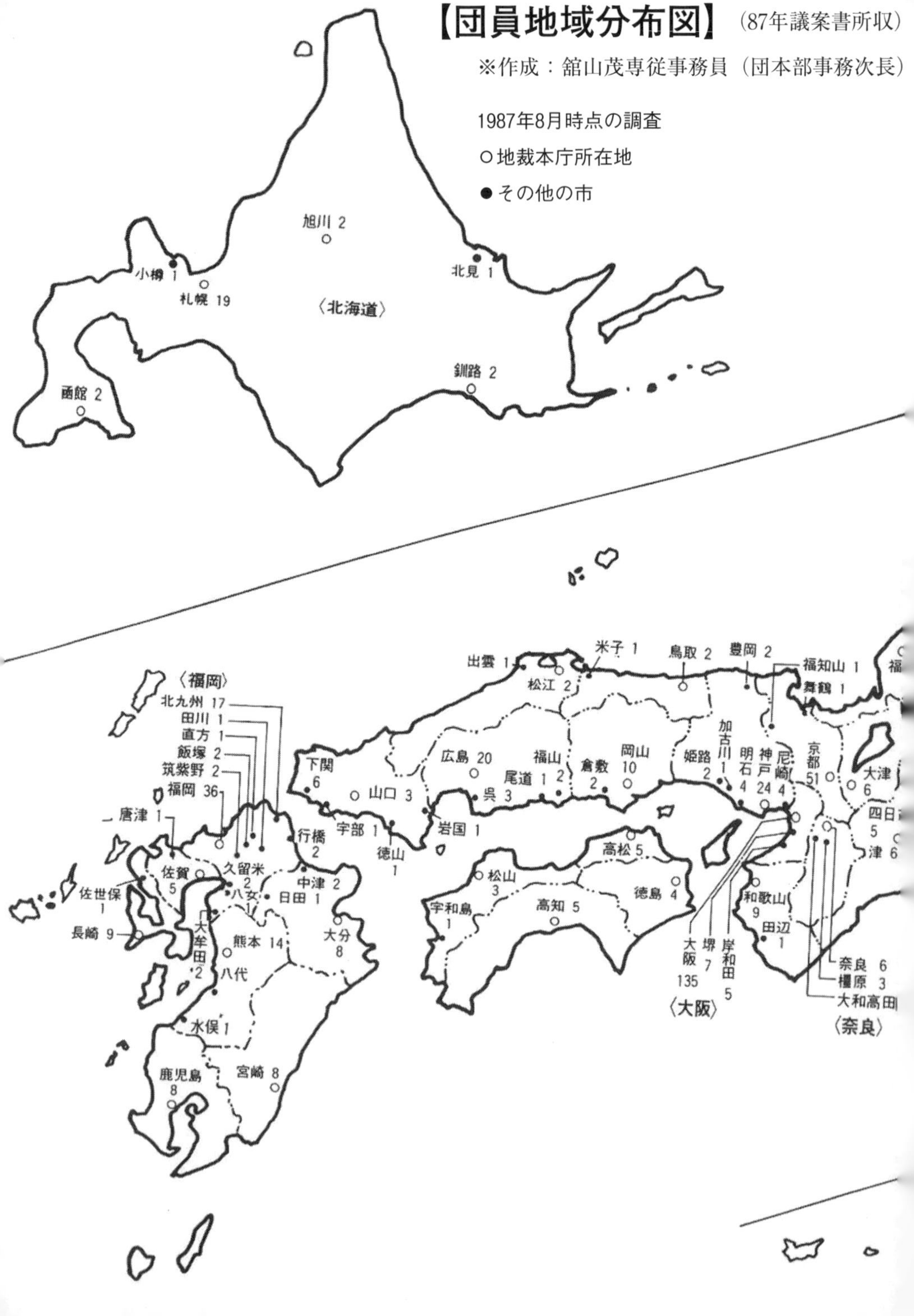

団員数は1308名で、法律事務所は全国158か所の各市町にまたがる。その分布状況は60年代までの県庁所在地中心から次第に裁判所甲号あるいは乙号支部所在地等に広がっている。団活動の「点」から「線」、さらには「面」への拡大を示している。

3.15　団、小冊子「税金裁判の手引き」発表。88年迄に3000部普及。　d127

3.30　熊本水俣病第3次（第1陣）訴訟（80年5月提訴）で熊本地裁はチッソ・熊本県・国の加害責任を認める。その後93年11月の京都地裁で同様の判決。国と県の国家賠償責任を認める流れが定着していった。　88v103

4.7　団、ソ連の5名の法学者と懇談（港区氷川荘）、9日に関西で交流。　t515

4.30　留置施設法案・刑事施設法案（拘禁二法案）、国会へ再度の提出。　d129・42, 03v151

> **Column－【第2次拘禁二法案の反対運動】**
>
> 82年4月にはじめて国会に提出された拘禁二法案は審議入りせず、その後継続審査を重ね、83年11月にいったん廃案。87年4月に再提出されるも90年1月に再度廃案になった。政府は91年4月にも3度目の国会提出に及んだが、93年6月に廃案となった。10年を超す長丁場の闘いであった。団は法案が代用監獄の恒久化を図り、警察の捜査に名を借りた接見妨害・拷問や自白の強要・長期間の拘禁の危険を卑近な人権侵害の実例（当時死刑再審無罪が相次いだ）を引いて訴えた。他方で弁護士会による国会要請・市民集会（演劇を含む）に積極的に参加し、法務省との意見交換会（83年2月開始）や警察庁との会議（86年7月開始）でも団員が奮闘した。88年以降は「ダイヨーカンゴク」が国際的批判にさらされ団員の国際会議での活躍も目立った。団の繰り出す意見書は海外への意見広告を含め多彩かつ有効であった。廃案後刑事施設での前近代的な処遇のあり方（02年発生の「名古屋刑務所事件」など）を機に改正作業が再開し、紆余曲折の末05年の受刑者処遇法、06年の刑事被収容者処遇法が成立し、明治期に制定された監獄法はようやく廃止されるに至った。

5.-　売上税法案が廃案となる。団はこの間意見書をまとめ、「売上税」＝実質的な消費税の導入に反対し、諸課題と結び付けて諸集会で訴えた。　t516

6.2　刑事確定訴訟記録法が成立。92年4月には民事記録も通達による施行。司法資料の「保存」から「保管」の立法的前進。　tk295

6.-　団、コンメンタール労働基準法「改正」を発表。　HP

7.15　横田基地公害裁判で東京高裁が差し止めを認めず、損害賠償額を1審より拡大する判決（93年2月に最高裁確定）。仮執行をめぐり国は執行免脱通知の無視を理由に、弁護団の関島保雄・吉田健一に対する損害賠償訴訟を提訴。　t526

8.10　「警察問題と国賠事件」をテーマに栃木県那須町で渡辺治氏（東大）を招いて合宿討論集会（30名参加→11日）。　t528

9.18　労基法一部「改正」の成立。変形労働時間制・フレックスタイム制等の弾力化制度の導入。

9.29　日産厚木事件で労組員除名による解雇について無効判決（横浜地裁・確定）。　t532

10.15　神奈川県の池貝鉄工所争議、38名の指名解雇無効の仮処分判決（横浜地裁）。　t536

10.17　労働問題全国活動者会議を開催。ナショナルセンターについて討議。　t535

10.25　朝日新聞社阪神支局襲撃事件（5月3日発生）について神戸で現地調査実施。11月4日、市民集会「いまこそ言論・表現の自由を」を共催（日本教育会館、参加者550名）。　t535

当日の集会を報道する朝日新聞記事（朝日新聞社）。右側はパネラーの上田誠吉。

	11.21	東京で「国家秘密法に反対する女性の会」開催。宮崎・横浜・金沢・沖縄・札幌・松戸（千葉県）での連鎖集会の成功を集約する形で催す。	t538
	11.27	石川県の北浜土木砕石事件でダンプ持ち込み運転手の「労働者性」を認めて労働者の地位を確認する。2審名古屋高裁金沢支部も88年9月に組合員勝訴の判決。91年1月に最高裁で和解解決。	91v35
	11.30	東大阪市意岐部東小学校での解同主導による同盟登校に抗議した全解連（全国部落解放運動連合会）幹部が教育委員を「傷害」したとの事件について大阪高裁が逆転無罪判決。	HN104
	11.30	国労大阪新幹線支部（JR東海）の配転命令について無効とする仮処分決定（大阪地裁）。	88v78
	12.10	「スパイ防止法の制定を促進する法律家の会」が日弁連に公開質問状を提出。団は日弁連に対する攻撃ととらえ、弁護士自治の実質化と強化を訴える。	t542, 88v87·90
1988 昭和63		*［社会の動き］　5.31 第3回国連軍縮特別総会（SSDⅢ）開幕、6.18 リクルート疑惑事件、12.24 消費税法案参議院で強行採決。*	
	1.24	団、税金裁判交流会を開催（熱海）。当時全国の民商関係で刑事・行政裁判が約130件にのぼっていた（→25日）。	88g39
	1.-	拘禁二法反対のための「代用監獄における人権侵害事例集」(20事例)を発表(9月に第2集)。7月には「国会における政府答弁を斬る」(89年5月に第2集)を刊行。	HP
	2.9	富山長野連続誘拐殺人事件（80年発生）で富山地裁が男性被告に無罪判決。	88v28
	2.13	インド・ニューデリーで開かれたアジア・太平洋法律家会議（国法協が共催）に団員17名が参加（→2月15日）。	t550
	2.25	長野県民商会長が長野税務署の報復的な更正決定（65年3月）の取り消しを求めた事件で東京高裁が勝訴判決。19年に及ぶ訴訟で、第1次訴訟で適正手続き、第2次訴訟で推計課税の論点を争い最終勝利を勝ち取る。	nag25
	2.-	団、「ここがポイント『改正』労基法」を発行。	HP
	3.3	都労委がJR東日本の国労・新宿車掌区分会への不当労働行為を認める。	88v76
	3.7	長野南署における現行犯逮捕の女性に対する裸検身・強制採尿事件（2月発生）を長野地裁に提訴。90年11月県に損害賠償を命ずる判決（長野地裁）。	88v28, 91v76
	3.23	日本鋼管の日本共産党員に対する思想・賃金差別裁判（73年提訴）、和解で15年ぶりに勝利的解決（横浜地裁川崎支部）。	88v61
	4.3	権力犯罪責任追及裁判の全国交流集会の開催。	88g26
	4.6	ラジオ日本の争議（72年地労委申し立て）が中労委で勝利的解決。	t562
	4.25	名古屋地裁裁判官の更迭運動（82年）で団員2名に対する懲戒申し立て事件、名古屋弁護士会が棄却決定（除斥期間の徒過）。	t560, 86v73
	4.27	上田國廣団員の弁護人接見妨害。国賠事件で福岡地裁が勝訴判決。当時20件を超す国賠裁判が係属していたが、上田事件は全国の裁判勝利の先駆けとなった。	t486, 89v24
	5.25	日本鋼管鶴見造船所（現・鶴見製作所）での階級的潮流に対する組合間差別問題、中労委で和解。	t557
	6.15	田中角栄の金脈疑惑・信濃河川敷訴訟（75年提訴）で新潟地裁が政治家の地位利用を公序に反するとしつつ田中を免責。	m⑤167
	6.18	過労死110番を全国7か所で開始。98年10月に過労死弁護団が結成される。	89v77
	7.4	千葉県木更津市の烏田川周辺住民らが、浸水被害（74年7月発生）について宅地造成業者らの責任を含め勝利的和解。	t564

7.20 団、リーフレット「消費税と警察拘禁二法」を大量に領布。

7.22 広島県三次市小学校教員が解同から「差別発言」(87年6月)を糾弾され、市を通じて職場排除と強制的な「研修」を押し付けられた事件(三次小事件)について、市との間で研修発令の取り消しと職場復帰の合意。 t562

7.23 横須賀港沖で自衛隊の潜水艦「なだしお」と釣り船衝突(釣り客30人死亡)。92年12月遺族側の勝利判決(横浜地裁)。 88g62

7.- 団、87年12月の「公開質問状」(スパイ防止法の制定を促進する法律家の会)に対する「批判意見書」を発表。 t561, HP

8.5 団、労働問題全国活動者会議を開催し、階級的ナショナルセンターに関し討議(伊東で→6日)。 t557, 564

9.11 団員が参加した日ソ法学シンポが開催(→26日)、モスクワおよびトリビシ(現ジョージア)で討議。ソ連で進行中の「ペレストロイカ」の息吹に触れる。 t575, 576

10.17 団、天皇「元首化」美化キャンペーンに対する批判を公表。 t569

10.20 国労5分会196名の運転手異職場配属問題(87年5月申し立て)で神奈川県地労委が不当労働行為(組合間差別)と認める。 t573

10.- 団、司法試験「改革」論議に関する意見書発表。 88g53, HP

11.17 千葉川鉄大気汚染公害訴訟(あおぞら裁判)で千葉地裁が川崎製鉄所の立地・操業の過失を認め、住民に対する損害賠償を命ずる判決。 89v10

11.21 ニューヨーク・タイムズ紙に死刑再審無罪の免田栄氏の体験と、日本の代用監獄廃止を訴える意見広告が掲載。

11.28 国労組合員の新会社採用問題で大阪地労委がJRの使用者責任を認め採用を命じる。 t574

12.19 西名阪超低周波公害裁判(80年提訴)で道路公団との間で和解が成立。 89v112

12.19 団、リクルート疑惑事件に関する見解を発表。その後89年2月に見解(二)、次いで89年4月に小冊子「リクルート疑獄の真相と政治腐敗防止システム」を発表。 t1572, HP

12.20 京都中央民商事件で最高裁は税務署員が調査目的で被調査者不在の事業所を開錠し立ち入ったことについて、質問検査権の範囲内の正当な行為とはいえない、と判断。

12.22 神戸の関西電力(関電)労働者21名が賃金差別の是正を求めて提訴(神戸地裁)。続いて89年1月京都、94年2月大阪、96年12月和歌山各地裁に提訴。4地裁で合計61名の原告。

12.26 団、「労働省のパート労働の研究会報告に対する意見とあるべきパート法制の提言(1)、(2)」を発表。 t577, HP

12.26 尼崎大気汚染公害の原告団(約480名、のちに追加提訴約500名)が加害企業9社と国・道路公団を相手に損害賠償と差止めを提訴(神戸地裁尼崎支部)。 z162

1989 平成元

[社会の動き] 1.7 昭和天皇死去・平成に改元、5.14「政治改革大綱」の発表、6.4 北京で第2次天安門事件の発生、6.28 第8次選挙制度審議会の発足、11.9 ベルリンの壁の撤去始まる、11.21 全労連発足、11.21 連合発足(798万人、総評解散)、12.15 国連・死刑廃止条約の採択、12.29 東証株価史上最高(バブル経済の頂点)。

1.20 北海道地労委が採用差別事件に関わる国労組合員1704名について(全動労313名については3月27日に)JR北海道の職員として採用されるとの全面的な救済命令。 t579・586, HP

1.26 日産自動車（家族手当の男女差別）事件、東京地裁で不当判決（90年8月に東京高裁で世帯主条項の廃止を織り込み勝利的和解）。 88v76

1.31 国労関係全国弁護士集会が約100名出席で開催（伊豆大川）。この前後に国労組合員の新会社採用拒否について、88年10月神奈川県地労委の協議命令、88年11月大阪地労委救済命令、89年1月北海道労委の就労命令（1700名超）・都労委命令（ただし300名超の電車区からの他部署配属問題）、3月福岡・長崎・佐賀および北海道（全動労）で救済命令が出されるなど、17の地労委すべてがJRの不当労働行為責任を肯認したが、その情勢を徹底的に検討。 88v76, 89v57

2.24 団東京支部が「マンションの時代―都市住民の目覚め」を刊行。 t582

2.28 スイス・ジュネーブに「人権ツアー」として代表団が参加。国連人権委員会へ代用監獄などを訴える（→3月8日）。 89v18·583

3.17 愛媛県知事が靖国神社に県支出の玉串料を奉納したことをめぐり「靖国神社の国家護持に反対する県民の会」が提訴した裁判で、松山地裁が違憲判決（97年4月2日最高裁が政教分離原則に反すると判示）。 k

3.31 名古屋南部大気汚染公害で国と大企業を相手に名古屋地裁に提訴（追加提訴含めて原告総数約290名）。 02v181

5.8 大阪ＨＩＶ訴訟（薬害エイズ訴訟）の提訴（原告2名）。米国売血由来の非加熱血液製剤使用の血友病患者がＨＩＶ（エイズウィルス）に感染し610名超が死亡した。10月27日、被害を放置した国や企業の責任を求めて東京地裁に第1次提訴（原告14名）。 z349

5.22 団、民事保全法案の立法化に反対する決議を採択。それ以降法案阻止のために活動。 t592

5.30 千代田化工建設が求める移籍を拒否した労働者に対する解雇（88年5月）の無効、労働者の同意ない移籍は無効とする仮処分決定（横浜地裁）。 90v15

6.10 長崎市議会で「天皇に戦争責任がある」と答弁し、右翼から脅迫されている本島等長崎市長を団員多数で訪問・激励。 t580·593

6.15 と畜場建設反対住民による「誠意をもって話し合う」との奈良県との合意に基づく建設工事差し止め仮処分について、大阪高裁が1審奈良地裁の却下決定を取り消して知事に工事差し止めを命じる。 nar

6.20 百里基地裁判で最高裁は基地取得目的の売買契約が違憲無効とする訴えを排斥（水戸地裁77年2月・東京高裁81年7月でいずれも住民側が敗訴）。 k

6.22 上告審から団員が弁護団に加わった山中事件（石川県·山中温泉、殺人罪、72年7月発生、1・2審死刑）で、最高裁が破棄差戻し判決（その後名古屋高裁で90年7月無罪判決・確定）。 t595·608

6.23 勝共連合・辻事件（辻邦男氏が、自分たちの赤旗宣伝隊に介入・妨害した国際勝共連合の女性に抗議したことを「傷害」で逮捕、起訴された）で、大阪高裁が一審の大阪地裁有罪判決を逆転して無罪判決を出す。

6.30 集団予防接種で発症のＢ型肝炎患者5名が、札幌地裁に国を相手に損害賠償訴訟を提訴。 z352

8.10 解同に対立する全解連（全国部落解放運動連合会）の父母らが、同和保育園からの転出を求められた事件（89年4月）で大阪高裁が1審を逆転して転出を停止させる。 t602

8.26 団、『警察拘禁二法のすべて』を出版（学習の友社）。

10.11 対潜水艦作戦センターの新築設計図面等について、那覇市に対し情報公開の停止を求めた国の申し立て（89年9月6日）を那覇地裁が認める。 90v124

10.22 総評弁護団が日本労働弁護団に改称される。

10.30 団、借地法借家法「改正」反対対策本部を発足。9月に同要綱試案意見書を発表。86年以降のバブル景気の土地異常騰貴を理由にした「有効利用・再開発名目の住民追い出し」を一層促進し都市の空洞化に繋がると批判。90年2月にパンフレット「あなたの暮らしが危ない」を頒布。 91v84

11.4 坂本堤弁護士一家失踪（拉致）事件の発生。 90v138, yok

> **Column－【坂本弁護士の救出】**
>
> 坂本団員が妻子とともに自宅から忽然と消えた直後から潜行調査が進められたが、所属する横浜法律事務所は11月7日失踪を公表し、救出に向けて関係者の最大限の協力を求めることにし、団も総力を挙げることを決めた。12月3日に坂本宅の現地調査や周辺聴取、家族の激励を集団的に行った。自宅内遺留・直前の最高幹部との面談等からオウム真理教による犯行とし、警察にも厳重で徹底的な捜査をするよう申し入れた。「坂本弁護士と家族を『さがす会』」（民主団体や労組中心）あるいは『救う全国弁護士の会』で多くの団員が粘り強く全国各地で活動した。団内に真相究明チームを設置する一方で、「懸賞実行委員会」（委員長・木村晋介、90年12月発足）で情報の全国的な収集を目指すなど、坂本家族の救出と真相究明のため6年にわたって様々な活動を継続した。しかし95年9月坂本堤と妻都子さん、長男龍彦ちゃんが新潟・富山・長野の山中や雑木林で遺体になって発見された。

11.10 60歳の男性嘱託労働者が整理解雇（一部事業所封鎖）を争った事件で、浦和地裁川越支部が解雇無効の仮処分決定。 t610

12.11 富山相互（現・富山第一）銀行の従業員組合が賃金等差別是正を求めた訴訟（73年6月提訴）で、1億5000万円の解決金を支払わせる和解成立（富山地裁）。 t496･616

1990 平成2

［社会の動き］ 1.18 本島等長崎市長が狙撃される、3.27 不動産融資の総量規制（バブル経済崩壊）、8.2 イラク軍のクウェート侵攻、10.3 東西両ドイツ国家統一。

1.16 山形県村山東根の土地改良区事務局長の業務上横領事件(87年6月)で山形地裁が無罪判決。判決のなかで取り調べ･調書作成について捜査のあり方を強く批判。 t622

1.20 団､本島等長崎市長に対する銃撃テロ(1月18日)を糾弾する声明を発表。 t614, 90v109

1.24 衆議院解散で拘禁二法案が廃案。団、1月29日に廃案を歓迎し、最終的な廃案をめざすと声明発表。 90v37

1.29 埼玉県吉川町の無認可幼児教室の公的助成に反対する他保育園経営者らによる住民訴訟（83年提訴）で、東京高裁は住民の請求を斥けた1審判決（86年6月）を維持し、さらに助成が憲法89条に違反しないと明快に判決(93年5月最高裁・確定)。 t619

2.2 名古屋港の全港湾労組の解雇事件（78年）で、最高裁から和解勧告があり組合の勝利的解決。 t621

2.7 福岡県山田市の市長らの収賄事件（85年）で福岡高裁が逆転無罪判決。 t626

2.20 三洋電機（大阪府守口市）のパート労働者の大量整理解雇について、大阪地裁は解雇回避義務を尽くしていないとして雇い止めを無効とする仮処分決定。 90v14

2.20 全日本教職員組合協議会（全教）の教研集会に対する右翼による妨害を理由にした会場使用取り消し問題で、京都地裁が使用を認容。 k

> **Column－【全教集会妨害への対応】**
>
> 初の全教による教育研究集会（教研集会）開催について、京都府が右翼の街宣等を理由に会場使用を取り消したため、団京都支部が裁判所に取消処分の停止を急遽申し立て、停止を認めさせ集

会は開催された。これ以降も全教の定時総会・教研集会が右翼による大音量の街宣等で妨害を受けたり、いったん出された会場承認が取り消されるという異常事態が続いた。開催都市の団支部が妨害禁止あるいは会場使用取り消し停止などの裁判闘争を行い全教を支援してきた。

2.28 旧常磐炭鉱でのじん肺訴訟（第1陣）で勝訴判決（福島地裁いわき支部）。 90v27

3.10 団、常任幹事会で法務省の「司法試験制度改革の基本構想」甲乙丙案に反対する決議を採択。 t619

3.28 愛知県犬山市内の共産党市議宅周辺への右翼の街頭宣伝攻撃について、中心的な活動家に損害賠償を命じる（名古屋地裁）。 t624

3.28 八鹿高校集団暴力民事事件で、解同幹部に対し、「被害者に何ら非難されるべきところはない」として刑事裁判の弱点を克服し損害賠償を命ずる（神戸地裁豊岡支部） t625

3.31 国鉄清算事業団が辞職を申し出なかった1047人の国鉄労働者を大量解雇。うち全動労（北海道）64名、国労北海道453名・同九州488名・同四国25名、その他が同本州組合員であった。 90v22

4.1 日弁連刑事弁護センターが発足。

4.26 第8次選挙制度審議会（89年6月発足）が衆院選挙制（比例導入）の第1次答申。7月31日に第2次答申で「政党法制と公的助成」に言及。

5.2 団、弓削達フェリス女学院大学学長に対する銃撃テロ（4月22日発生）を糾弾する声明を公表。同学長はキリスト教系大学4学長の共同声明で「大嘗祭の即位儀礼に反対」を表明していた。 t634

5.14 石川島播磨重工業、都労委の組合差別の救済命令。長期間の賃金・職能等級の累積的格差の一挙是正を命令。 m④150

6.7 団の関西地方の支部を中心に団は「市民と警察」の連続シンポを開催（92年6月13日まで9回開催）。 93v66

6.7 京都府の東山白川周辺住民による7階マンション建設反対運動で、府開発審査会が開発許可を取り消す。 d134

6.28 団、「小選挙区制・政党法」反対の全国活動者会議を開催。その後11月、翌91年4月・9月に開催して全国的な意思統一を進める。また6月結成された「中央連絡会議」に運営委員会団体および事務局として参加し活動を展開。 t631

7.4 社会保険診療報酬支払基金の裁判で、女性職員18名の昇格差別による賃金是正の判決（東京地裁）。不法行為を認めるが昇格是正は排斥。91年12月東京高裁で職位の是正を含む勝利的和解（女性職員120人超の差別是正も）。 k

7.18 京都府立聾学校の助手採用差別が年金支給の不利益に連動する問題（85年提訴）で、聴覚障害教員に対し京都地裁が判決で不当差別と認める。 t637

9.12 団は「小選挙区制・政党法を斬る」を刊行して、第8次選挙制度審議会の第1・2審答申を批判。 HP

9.28 倉敷市のケースワーカーが職場ソフトボール大会で死亡した事案について、広島高裁が日常業務のストレス負荷を考慮し公務上災害と認め、1審判決を取り消す（最高裁も94年5月に2審判決を維持し確定）。 t771

9.28 水俣病東京訴訟で東京地裁が和解勧告。その後各地裁が和解勧告を出すが、国がいずれの裁判でも和解拒否。 z176

10.16 国際平和協力法（PKO法）案の国会提出。

10.31 宮崎県の土呂久鉱害裁判（第1陣75年、第2陣84年の提訴）で、最高裁において全面的に解決（1・2審とも被害者の勝訴判決）。 t645

11.1 熊本県阿蘇郡波野村にオウム真理教信者が移住し、90年以来住民との間でトラブルが発生している事態について、団員50名が「波野村を守る会」からの事情聴取を含め現地調査。 t645

11.18 PKO法案の廃案。団は10月に提出された同法案に反対し、全国で短期間に自衛隊の海外派遣は違憲とする街頭活動・集会等を旺盛に行い、同法案を廃案に追い込む。その後再提出を予想し運動をすすめた。

11.25 小選挙区制調査のために統一ドイツ選挙（12月2日施行）調査団（団員6名）が渡独（→12月5日）。91年6月に訪独報告「選挙制度と民主主義」を発表。 t653

11.28 大阪電通大高校事件（81年5月教職員組合員が団交を求めた際、職員が録音機を隠し持っていたことが発覚し生じた小競り合いを恐喝・逮捕罪で組合員5名を起訴）、1審有罪（88年4月）を破棄して全員逆転無罪判決（大阪高裁）。 91v66

12.13 多摩川水害（74年8月発生）訴訟（76年2月提訴）で最高裁は住民敗訴の2審判決を破棄して差戻す（92年12月に東京高裁で被災住民勝訴判決）。 91v108

1991
平成3

［社会の動き］ 1.17 湾岸戦争始まる、1.24 政府湾岸戦争支援に90億ドル資金協力（90年の40億ドル合わせ130億ドル）、4.24 自衛隊ペルシャ湾への掃海艇派遣、7.31 米ソ戦略兵器削減条約（START）の調印、8.14 韓国の金学順が日本国慰安婦として実名で公表、9.19 PKO法案の再提出、12.26 ソ連の消滅。

1.10 岩手靖国訴訟で仙台高裁は敗訴判決を出すも、理由中で知事の神社参拝・玉串料・献灯料の公費支出を違憲と判断。 91v159

1.23 那覇地裁は暴力団事務所4か所の使用禁止を命令。以前から暴力団追放運動が活発な沖縄県で裁判が活用されてきた。

1.28 東金ビラ撒き事件（千葉県東金市で87年1月、ビラ撒きの青年が道路交通法違反容疑で警察官から現行犯逮捕され2日間警察署に留置、弁護人接見も妨害された）で千葉地裁は県に対し損害賠償を命じる判決。 88v34, 91v75

1.31 春日青色申告取消裁判で、納税者の調査への非協力を理由とする青色申告承認の取り消しを否定する（東京地裁判決）。2審東京高裁は93年2月に1審判決を維持。 91v91, 93v113

2.6 国際移住機関（IOM）を通じ、ヨルダンチャーター機がアンマンから足止めされたイエメン人139人を乗せ飛び立つ。 m⑤279, t653

> **Column－【団員の壮挙】**
>
> 団広島支部の服部融憲・井上正信両団員がヨルダン航空と個人的に契約をして飛行させた。迅速で効果的な行動は当時マスコミにも報道され、多くの人々の共感を呼んだ。「海部と小沢の鼻をあかしてやりたかった」がその動機であったと言う。当時の首相（宮沢）と自民党幹事長（小沢）はアメリカから戦争協力を強く求められ、1月24日に90億ドルの戦費負担、避難民輸送のための自衛隊輸送機の中東派遣を決めたが、井上は「90億ドルの使い方としても戦費ではなく、90分の1の1億ドルで2千機の救援機が飛ばせる、人道的平和的な使い方がいくらでもできることを具体的に示したかった（中略）。それから国民の反対運動が野火のように広がった」と回顧している。

3.3 団、権力犯罪追及国賠・公選法弾圧反対弁護団全国交流会を京都市で開催。（→4日） t649

3.4 90億ドル戦費拠出違憲市民訴訟を原告約50名で東京地裁に提訴。3月25日には名古屋地裁に原告約470名が提訴。また福岡地裁と広島地裁でも市民集団訴訟が提訴される。東京地裁原告は第4次提訴分迄で最終的に1000名を越えた。 91v145, 93v34

3.13 小松基地爆音訴訟（第1次75年・第2次83年各提訴原告合計330名）で、W値80以上の住民に人格権に基づく生活利益侵害と過去分の損害賠償を認め、差止め請求を否定（金沢地裁）。 t659

3.15 団、2月8日の長崎地裁・長崎新聞社テロ事件について抗議声明を発表。右翼が天皇の戦争責任否定の意見広告掲載を長崎新聞に拒否され、長崎地裁の裁判でも斥けられたことへの逆恨みからの凶行。 t656

3.19 20年間不当労働行為が積み重ねられ不当労働行為のデパートと呼ばれた日本シェーリングとの労使紛争、東京地裁で組合側の勝利的和解で一括解決。 91v32

3.26 星野事件（アカハタ配達員が猥褻行為をデッチあげられた事件）で名古屋高裁金沢支部が1審実刑を破棄し無罪判決。 91v67

3.29 西淀川大気汚染公害裁判で企業10社の関連共同を認め損害賠償を命ずる判決。ただし道路公団は免責（大阪地裁）。 91v106

4.1 アーサー・キノイ著『試練に立つ権利―ある民衆の弁護士の物語』を菅野昭夫（石川県支部）が翻訳出版（日本評論社）。団員8名が5月8日からニューヨークに著者キノイ氏を訪問・交流。 m⑤364

アーサーキノイ弁護士（右）と菅野昭夫団員（中央）、左側の女性がNLG議長（1992年のNLG総会場〈シカゴ〉で）。
（菅野弁護士提供）

5.14 団、訪問販売法政令「改正」意見書を発表。対象に「新聞」が含まれており、言論・報道の自由を侵すとして厳重抗議。 t661

5.- オウム真理教の「松本支部道場建設」反対住民の運動で5回仮処分を申し立て4件で勝訴。引き続き松本道場に対する土地明け渡しを提訴（その後判決直前に松本サリン事件が発生）。 t666

6.30 団、京都で全国拡声機規制条例に反対するシンポジウムを開く。 t669

8.5 海部俊樹内閣が「政治改革関連三法案」（公職選挙法「改正」案・政治資金規正法「改正」案・政党助成法）を臨時国会に提出。 91g5

Column―【海部内閣の政治改革法案に対する敏速な反対運動】

団は前年の審議会答申を批判し旺盛に反対運動を組織した。中央および地方の連絡会議と連携して集会・街頭活動・国会要請・マスコミ申し入れ活動等を展開。全国活動者会議を90年半ばからしばしば開き全国的な意思統一と活動実践をすすめた。91年1月に『小選挙区制・政党法のすべて』（イクォリティ）を出版し、5月29日小選挙区制反対の「講演と文化の夕べ」を他団体と共催。6月「自民党『政治改革関連法案要綱骨子』を批判する」、7月「『小選挙区制・政党法案』批判」の各意見書を発表し、法案の提出阻止に注力。標記の国会提出後も法案反対の闘いに引き続き奔走し、10月4日に国会終了で廃案を勝ち取った。

8.12 丸亀市私立保育園が主任の解雇無効（仮処分）後に原職復帰させたが、すぐに自宅待機を命じ、長期に就労を拒否した事案について、その抗争行為全体が社会的相当性を欠くとして慰謝料を認容（高松地裁丸亀支部）。 t676

8.- 団、意見書「国連平和維持活動協力法・原案批判」を発表。その後10月意見書「逐条解説・五つのポイト」、11月「逐条解説・その二」、92年3月「政府答弁を斬る！」を逐次発表。 HP

9.25 東京都・中央警察署の日本共産党ポスター貼り替え妨害国賠事件で、警官らが運動員を無理やり車に押し込めて負傷させたのは任意同行の域を逸脱し違法とする判決（東京地裁）。東京高裁は92年6月に1審を維持し賠償額を増額。 92v67

9.26 第2回アジア太平洋法律家会議（COLAPⅡ）を東京で開催。その後広島・京都・大阪・名古屋で交流会。 i

9.27 京都市山科区の日本共産党掲示板に写真1枚を貼ったに過ぎないのに、屋外広告物条例違反を理由に現行犯逮捕された事件の国賠訴訟で大阪高裁は、1審京都地裁の敗訴判決を取り消して京都府（京都府警）に損害賠償を命ずる。 92v69

9.30 新しい借地借家法が国会で成立。70年ぶりの改定で団は翌10月1日に抗議声明を発表。 t675

10.22 ナトコペイント（愛知県）事件で争議団が10年越しの裁判闘争（34裁判連勝）で原職復帰などの勝利的解決。 t682

10.28 団創立70周年記念総会。米ナショナル・ロイヤーズ・ギルド（NLG）のアーサー・キノイ弁護士の講演（ホテルラングウッド）。894名参加。 d138

11.28 日立武蔵工場の田中秀幸氏の残業拒否事件、最高裁が残業拒否を理由にした解雇を認める不当判決。 92v81

12.3 PKO協力法案の衆院通過。12月20日参議院で不成立（継続審議）。団、12月18日に日民協等とともに法律家4団体共同アピール発表。12月25日継続審議に抗議し廃案を求める声明を発表。 92g65

12.10 リーダーズダイジェスト争議、東京地裁で勝利的和解。 92v88

12.20 三洋電機パート労組の解雇事件、10月仮処分異議裁判の勝訴（大阪地裁）。後に15名の原職復帰を含む和解。 t686, 92v90

12.27 26時間稼働の日帰りスキーバス運転手のクモ膜下出血死亡について、神奈川保険審査官が過労に因ると認定。 t686

1992
平成4

［社会の動き］ 4.1 育児休業法施行、6.3 地球サミットの開催（リオデジャネイロ）、9.17 自衛隊PKO派遣部隊第1陣出発、9.28 労働省・労働基準法研究会が報告書を出す。

1.10 岩手銀行給与規定の家族手当中の「世帯主」に基づく女性への差別的支給制限は労基法違反であるとして、銀行側の不支給を違法とする判断（仙台高裁）。85年3月の1審地裁判決を維持。 t687

1.24 常磐じん肺第1陣訴訟で仙台高裁において被害者らの勝利的和解。 t688

2.12 団、拡声機規制条例などについて「警察権力の拡大を許さず、表現の自由を守る全国緊急活動者会議」を救援会と共催。84年3月に岡山県の初の県条例以来全国10県で制定され、さらに85デシベルの一律規制が全国に波及する情勢を討議。団は右翼の暴力的騒音を名目に街頭での表現・行動が制限されうるとして反対。3月に「拡声機規制条例に関する意見書—沈黙の街—」を発行し、4月7日に反対声明発表。10月8日に都条例が制定される。 92g19, 92v42, HP

2.17 東亜ペイント単身赴任2事件（86年7月解雇無効の2審判決を取り消されて差戻された事件および90年5月に1審で不当労働行為として解雇無効となった事件で、いずれも大阪高裁に係属）が職場復帰・謝罪・差別賃金是正等の勝利的和解。 92v92

2.20 国道43号線沿道住民の騒音排ガス被害について、大阪高裁が国・道路公団の責任を認める（95年7月最高裁で確定）。 k

3.21 団借地借家法改正問題対策本部が、『明解Q＆A新借地借家法』を三省堂から出版（榎本武光ら執筆）。 t691

3.23 日産サニー（宿直員強盗殺人）事件で再審開始決定（福島地裁いわき支部）。95年5月10日仙台高裁が原決定を取り消す。 t694

3.30 高知県の小学校教師が解同高知市協から部落民宣言を強要されるなどの人権侵害を訴えた裁判で高知地裁は損害賠償請求と謝罪広告を認め、解同側に賠償を命じる。

3.31 新潟水俣病第2次訴訟で新潟地裁は昭和電工の責任を認める（国の責任は認めず）。 t695

4.5 団、国鉄闘争関係全国弁護団会議を開く（伊豆大川→6日）。91年12月の中労委のJR不採用問題での見解「早期積極的な努力をして解決案を示す」等を討論。 t691

4.16 上司の流言流布について福岡地裁が上司に「働きやすい職場環境を良好に調整すべき義務がある」として会社に慰謝料支払いを命じた初のセクハラ勝利判決。 k

5.21 団、「労働時間の短縮の促進に関する臨時措置法案」に対する意見書発表。 92g39

5.28 国鉄闘争、中労委で解決案提示、JRが採用しないとの内容であったため組合側は拒否。 92g34

6.11 私立学園の労組委員長に対し、4年半仕事を与えず、一人部屋に入れて隔離した後自宅待機を命じたことについて、東京地裁が慰謝料を学園に命ずる判決。 t703

6.15 ＰＫＯ協力法案が参加5原則明記等の修正で成立。5原則をつけても違憲性は払拭されないと団声明を公表。7月全労連と共同して「ＮＯ！というとき―ＰＫＯ協力法と国民の権利」を刊行。 92g9, w上374, HP

8.6 団員ら総勢32名が米国・シカゴで開かれたNLG（ナショナル・ロイヤーズ・ギルド）総会に参加（→8月10日）。 d142·76

8.10 ジュネーブ・国連要請ツアーで国連人権委員会に緒方靖夫氏（盗聴事件・2回目）、田中秀幸氏（日立残業拒否事件）とともに訪問し、日本における人権の劣悪状況を訴える。 d142

8.10 千葉川崎公害訴訟（あおぞら裁判）が東京高裁で住民側17年目の勝利和解。 93v137

9.15 団、大阪市で潮流間・組合間差別事件全国交流会を開催、44名参加（→16日）。 t712

9.22 全国税関労働組合（全税関）大阪の賃金差別事件（74年提訴）で、大阪地裁が組合差別があるとし格差相当の損害の賠償を命ずる判決。それに先立つ2月4日には全税関神戸（賃金差別）事件の同じ裁判で神戸地裁が敗訴判決を出していた。 92v82, 93v73

9.- 団、憲法会議と共同してブックレット「許すな海外派兵」を刊行。

10.6 日立エレベーターの賃金差別事件で、大阪府地労委が44名の労働者について是正命令。 t717

11.12 緒方盗聴事件弁護団などの訪米調査団が米国訪問・調査（→26日）。 m⑤57

11.13 全国の弁護士816名による佐川急便事件の告発を東京地検に申し立て。 t715

11.20 沖縄県知事が地労委の労働者委員に県労連から1名を任命。94年に高知県地労委でも全労連系の委員が任命された。

12.5 団、第1回労働法制対策本部会議を開催。9月の労働基準法研究会報告の批判を中心に討議。 t718

12.10 全ＮＨＫ受信料労組（全受労）書記長が受託契約を解約された事件について、都労委が不当労働行為と認定（86年申し立て）。 t718

12.21 自衛隊十条基地補給本部の建替問題で、建築審査会場に防衛庁職員百数十名が動員され（傍聴席30）住民と紛糾。 94v38

12.24 団、金丸信元自民党副総裁に対する不起訴処分に抗議し、佐川急便疑獄事件の徹底究明を求める声明。翌93年3月金丸逮捕。 93g20

12.24 浦和地裁が、学校内申書に誤記載が存在した場合、自己情報の訂正・修正・削除を求めることができると判決。

1993
平成5

［社会の動き］ 3.31 宮沢内閣「政治改革4法案」を国会提出、4.2 宮沢内閣による政治改革関連4法案の国会提出、6.11 パートタイム労働法が成立(施行12.1)、6.18 宮沢内閣不信任決議案を可決・衆院解散（「政治改革4法案」の廃案）、8.4 慰安婦に対する謝罪（河野談話）、8.9 非自民8党派連立内閣の成立（いわゆる93年政変）、9.17 細川内閣が衆院小選挙区比例代表並立制導入等の政治改革4法案を国会提出、11.19 環境基本法の公布。

1.8 全労連加盟、全国金属製造情報流通信労組（ＪＭＩＵ）日産自動車支部は、組合間賃金差別などで都労委で勝利的和解。66年日産・プリンス合併後の長期闘争の成果。 t721

1.13 山形県新庄市の明倫中マット死亡事件の発生。その後県警が中学生3名を逮捕（8月23日山形家裁が不処分〈非行なし〉の決定）。仙台高裁は04年5月民事責任を認める。

1.30 団､他の法律家団体と共同して｢国連とカンボジア問題を考える集会｣を開催。 t718

2.13 団員10名（団長・鷲見賢一郎）でカンボジア訪問調査（→19日）。武装集団に襲われたアンタック事務所の調査を含め日本大使館、国連現地事務所等を訪問。3月調査団報告書「戦火のカンボジア―自衛隊はただちに撤退を」発表。 93v21, HP

2.19 労働基準法改正案（とくに労働時間法制）が国会に提出。団は3月に逐条解説（労働時間法制）を発表。 t730

2.19 変額保険被害者が大手生命保険・都市銀行提携の変額保険について両社を提訴（東京地裁）。その後東京地裁だけで300件以上係属。 93v120

3.1 名古屋三菱・朝鮮女子挺身隊の戦後補償裁判を企業・国相手に提訴（名古屋地裁）。05年2月に請求を斥けるが、2審名古屋高裁は強制連行・労働、ILO違反であることを認めたが、1審判決を維持した。 nd13

3.3 みちのく銀行事件、55歳以上の業務給引き下げの部分に関する就業規則の変更を不合理として一部無効とする判決（青森地裁）。 t742

3.16 3月21日・28日のフランス下院議員総選挙視察と調査のために柳沢尚武（東京支部）、木山潔、中丸正三、池上忍、林隆義（以上4名いずれも広島支部）がフランスに赴く（→29日）。 93v41

3.18 自衛隊カンボジアＰＫＯ派遣違憲市民訴訟（第2次）が東京地裁に提訴、原告数約130名（第1訴訟を含め、以後第4次まで原告合計444名）。92年10月の第1次訴訟の門前払いを乗り越え19回の審理（97年3月敗訴判決）。 94v19

3.29 三次小事件（解同の主導）について、広島地裁が県の名誉棄損を認める判決。損害賠償と謝罪文の市報掲載、謝罪掲示（規模・場所・期間も明示）を命ずる。 t730

3.30 国を相手にした「スギ花粉症国家賠償請求事件」を静岡地裁に提訴。 t729

4.1 『世界』4月号に山口二郎等「共同提言・『平和基本法』をつくろう」の「最小限武装力論」が掲載され団内で討議。

4.4 団内合宿討議（愛知・蒲郡温泉）。海外派兵・小選挙区制を主題に団員89名が参加して討論（→5日）。 d143

4.22 団、「政治腐敗をなくすための緊急提案」を発表。4月に「小選挙区制を批判する―企業・団体献金禁止と議員定数の抜本的是正を」の提言、5月に小冊子「連用制の実際―選挙は混迷する」を発表。5月小選挙区制阻止全国活動者会議を開催（団員ら60名参加）。6月18日国会解散で廃案となる。 t733

4.23 重度障害者が生活を切り詰め貯めた預金の一部を収入認定された事案で、生活保護費の減額処分を取り消し指導指示を無効とする判決（秋田地裁・加藤訴訟）。 t733

4.26 広島県の教科書大手の第一学習社との労働争議、46件の配転・解雇無効判決等を経て17年ぶりの勝利的協定。 hir61

4.- 団、救援会・全労働と「第1回裁判勝利をめざす全国交流集会」を開催（その後毎年1回開催して継続）。 q②215

5.14 旧国鉄・人活センター暴行デッチあげ事件（86年12月逮捕）で横浜地裁が全員無罪の判決（確定）。 m⑤104

5.26 松谷長崎原爆訴訟（88年9月提訴）で勝訴判決（長崎地裁）。97年2月福岡高裁で1審維持の後、00年7月最高裁で確定（事実上被爆者の立証負担を軽減）。 m⑤357

6.24 カラオケ喫茶店経営で風営法違反に問われた事件で大阪府の羽曳野簡裁が無罪判決。 t746

7.22 団、熱海市で税金裁判全国弁護団交流会を開催（約30名参加）。 t742

8.9 トンネル・炭鉱の掘削工事の「渡り坑夫」が4企業を相手にじん肺罹患の損害賠償を求めた事案で千葉地裁がすべての企業の連帯責任を認める。 t743

8.16 言語障害者による選挙運動の自由を求めた裁判（玉野裁判）について最高裁は訴えを認めず。 k

8.24 東京電力(東電)人権侵害・賃金差別事件、前橋地裁で勝訴判決。 t745

8.27 団、奈良商工会議所で公選法事件弁護団交流会を開催（→28日）。 t740

10.25 路上生活者の生活保護廃止処分で「傷病治癒」「居住実態不明」が廃止事由にならないとして取消判決（京都地裁）。 t771

11.1 榎井村事件再審開始決定（高松高裁）。94年3月22日無罪判決・確定。

11.8 山武ハネウェル事件で賃金・昇格差別是正の勝利的和解（神奈川県地労委）。 t752

11.- 茨城県美浦トレーニング・センターの厩務員・調教助士（中央競馬会）の労働争議が中労委・東京地裁の和解で解決。 t758

12.22 東電人権侵害・賃金差別事件、前橋地裁に次いで甲府地裁が差別賃金の存在を認めて勝利判決【口絵】。その後94年3月長野地裁、94年5月千葉地裁、94年11月横浜地裁で各勝訴判決で東京高裁管内の東電人権裁判で全部勝利。 k, ko22, 94v101

12.24 中労委、国労組合員（北海道と大阪）の国鉄の採用差別に関して不当労働行為を認定し、ＪＲ各社を責任主体と認めたうえで北海道事件について救済命令を出すが、大阪事件では処分歴を理由に採用拒否を容認。94年2月18日の全動労採用拒否（北海道）事件について国労北海道事件と同一内容の救済命令。 t761, 96v116

12.27 小田急電鉄思想差別裁判が東京地裁提訴から20年目で全面的解決。 t757

1994 平成6

［社会の動き］ ***1.29 政治改革関連4法案の成立、4.8 細川首相が佐川急便問題で辞意表明、4.22 子どもの権利条約の日本批准、6.17 警察法「改正」生活安全局を創設、6月ILO175号条約パートタイム労働に関する条約採択（未批准）、6.27 松本サリン事件、6.30 自民・社会・さきがけの連立村山内閣成立、7.1 製造物責任（PL）法の公布。***

1.21 細川内閣の提出した政治改革関連4法案が参議院で否決される。

1.25 川崎公害裁判で被告企業の共同不法行為責任を認め勝訴判決（横浜地裁川崎支部）、ただし国・道路公団の責任は否定。 94v136

1.29 土井たか子衆議院議長の斡旋によって小選挙区制導入を含む政治改革関連法案が成立。団、抗議声明を発表。 94v39

> **Column―【細川内閣による政治改革関連法に対する団の批判活動】**
>
> 団は93年9月に「細川内閣の『政治改革法案』に対する意見書」を発表、次いで「徹底検証・小選挙区制比例代表並立制」（同9月）、「『政治改革』法案10の疑問」（同10月）、「参議院の良識に期待する」（同11月）、翌94年1月に「中選挙区制を検証する―戦後史と憲法の立場から」を相次いで発表。法案成立直前の1月25日に意見書「両院協議会による法案再生策動を批判する」を発表、参院でいったん否決された同法案が土井たか子議長の斡旋による「立法クーデター」で成立した後に団は2月10日意見書「『密室談合立法』に手を貸してはならない」で政治改革関連法の廃止を訴え、同9月「区割り案に反対し小選挙区制の廃止を求める声明」を発表。11月30日に『検証・小選挙区制』（新日本出版社）を発行した。

2.5 団、差別事件全国交流集会を愛知県青年会館で開催（団員ら77名参加→6日）。 t762

2.22 長崎北松じん肺事件、最高裁が消滅時効の起算点を見直し、2審福岡高裁判決（89年3月）が「低きに失し著しく不相当」な損害額を認定したとして破棄差戻しの判決。 t763, 94v112

3.18 北炭夕張裁判、12年目の勝利和解（札幌地裁）。 94v92

3.22 雪印乳業（東京都・神奈川県厚木・千葉工場と川越研究所の27名）の賃金差別等問題で都労委で勝利和解。 t772

3.23 倉敷大気汚染公害裁判で住民勝訴の判決（岡山地裁）。 94v137

3.30 同性愛者が、青年の家の利用を東京都から拒否された事件で東京地裁が都に慰謝料の支払いを命じる。97年9月東京高裁が1審判決を維持（確定）。 t777

4.- 団、「『民事訴訟手続に関する改正要綱試案』に対する意見書」を発表。 94g44

6.15 武田薬品の組合員に対する賃金等差別事件で、大阪地裁が是正を命ずる判決。 t776

6.16 三陽物産事件で、東京地裁が「世帯主」「勤務地限定」基準による「年齢給26歳据え置き」を男女同一賃金原則に反し労基法4条違反とする判決（95年7月東京高裁で勝利的和解）。 95v108

6.17 西武バス運転士の解雇事件、東京高裁が1審判決を逆転して解雇無効の判決（95年に復職）。 t773

6.27 裁判官宿舎を襲撃目標にした松本サリン事件発生。のちにオウム真理教松本道場明渡し裁判の判決（7月7日予定）を回避しようとしたための犯行と判明。 nas81

7.29 仙台で全国オンブズマン連絡会議が発足。2日間にわたり討議。 95v144

8.2 日本反核法律家協会が広島で創立。発足集会が広島弁護士会で開かれる。会長・松井康浩、事務局長・池田眞規。 t774

8.5 大阪の新関西システムズにおいて旧会社従業員が新会社入社を拒否された仮処分事件で、法人格を否認し実質的な解雇にあたるとして無効とする（大阪地裁）。 t786

8.31 ＮＴＴ野形年休権事件、全労連結成大会参加の年休申請をＮＴＴが教育訓練期間中との理由で拒否した（89年11月）ことについて、東京地裁八王子支部は賃金カットと譴責処分を取り消す（96年1月に東京高裁が1審判決を維持）。 95v92

9.6 緒方盗聴事件で東京地裁は国・県・警察官個人の責任を認める判決。東京高裁は1審の2倍の損害を認容するが、警察官の個人責任を否定。 k

	10.12	タンクローリー長距離ワンマン運転手の過労死事件。毎月残業200時間（ときに300時間）の長時間労働で西宮労働基準監督署（労基署）は業務外としたが、審査官が取り消して労災認定。 t790
	10.14	御用組合執行部批判の労働者の解雇問題で、中労委の東京地裁緊急命令申し立てが認容。9年ぶりに原職復帰。 95v94
	10.18	奈良合同労組員が高級カニ料理店の営業譲渡を争った事件について、譲渡が不当労働行為として本社との雇用を認める仮処分決定（奈良地裁葛城支部）。 nar66
	11.3	読売新聞社の改憲試案（読売改憲試案）が発表。翌95年5月3日には総合安全保障政策大綱を発表し、改憲のキャンペーン活動を本格化。団は「読売改憲試案」発表直後に反対声明を発表。 w上427, 95v22
	11.15	マスコミに報道された「農薬検出の健康茶」について、東京地裁は判決で、都が非開示にした商品の客観的な特定情報は「事業者が流通に置いた以降は（中略）消費者に公開させるべき」と判示。 t792
	11.30	京都唯一の民間放送局・近畿放送の経営悪化に際し、同社労働者が94年9月に申し立てた会社更生について京都地裁が開始決定。選任された保全管理人が旧経営者を追放し、市民に開かれた放送局をめざす。 95v89
	12.1	団、村山富市首班内閣のもと急浮上した部落解放基本法案について「部落差別の解消を妨げ部落を固定化し、国民の思想の自由等を根底から否定し、罪刑法定主義にも反する」と国会提出に反対声明。95年3月に団意見書「部落解放基本法案とは」を発表。 95g12·63

第Ⅳ期

1995年〜現在

生活と民主主義擁護の広範な闘い

西暦 和暦	日付	団の活動と社会の動き
1995 平成7	[社会の動き]	***1.17 阪神・淡路大震災、3.20 地下鉄サリン事件、6.5 育児・介護休業法の公布、6月ILO156号条約の批准、8.15 村山談話（痛切な反省と心からのお詫び）、9.4 沖縄女子小学生の拉致・暴行事件発生、10.21 沖縄県民総決起大会8万5000人結集、11.21 行政改革会義（橋本6大改革）の発足、12.14 オウム真理教破壊活動防止法に基づく団体規制適用。***
	1.7	銀行員（23歳・女性）の過労死事件で、東京地裁がバブル経済下の都銀での業務増大等を認め労災認定の判決。 t796
	1.12	石川島播磨重工業の労働者5名の解雇(87年)で、都労委は「出向拒否の意思表示」が反合理化運動の「もっとも強い運動形態であると強く反発、嫌悪し」、「報復として」の不当労働行為と認める。 t795
	1.23	リフト建設工事で、山形交通グループに有利な県境「検測」を用い、広大な土地を山形県から宮城県に移した県境変更事件（64年提訴）について、仙台高裁は国の責任を認め1審判決を取り消す。 95v153
	1.24	被保険者社員が企業生命保険金を退職金・弔慰金に充てると生保会社に誓約していた事件、雇用者に対して死亡保険金の4割を従業員の遺族に引き渡せとの判決(名古屋地裁)。その後同種裁判が積み重ねられ会社受領保険金の8割の支払いを命じる判決例も出る。 93v92
	1.27	無国籍児の国籍に関し、最高裁が用件である「母が知れないとき」の立証責任が国にあるとの判決（2審判決取り消し）。 t797
	1.28	団、阪神・淡路大震災対策本部を設置。関西の団支部中心に相談体制の確立、現地調査、団員事務所援助の方針を決定。 m④332・t794
	2.2	団、「読売改憲試案」批判意見書を刊行。同社編集局責任者に抗議を申し入れ。
	2.5	団、全国の団員ら96名が神戸市東灘区・長田区で震災状況調査、現地相談。3月19日に第2回現地調査と相談活動。 95g29, t746
	2.9	全税関大阪の賃金差別事件（74年提訴）で、大阪高裁が1審勝訴判決（92年9月）を取り消して労組敗訴の判決。 95v87
	2.22	全税関東京支部の賃金差別事件で東京地裁が差別を認めて勝利判決。 95v102
	3.2	西淀川公害裁判、住民と加害企業（道路公団を除く）との間で和解解決。 z163
	3.9	1000名超の市民が提訴した「即位の礼・大嘗祭」について大阪高裁は違憲の疑いを否定できないとする判断。 95v59
	3.17	解雇無効仮処分で勝訴した労組委員長が就労を求めワンマン病院長とトラブルになった後、過去の些細な暴行容疑で起訴された湖南記念病院弾圧事件（91年発生）で、無罪判決（大阪地裁）。 95v75

3.28 番組制作下請会社社員からの団体交渉応諾義務を認め、2審大阪高裁判決を最高裁が取り消す判決（朝日放送事件）。

3.29 労災・業務起因性のいわゆる新認定基準（2月19日施行）に従い、発症前1週間の過重勤務を認めて別荘販売主任者の労災を認定（東京地裁）。 t802·803

3.- 団、「被災者の生活再建とまちづくりのための提言」を発表。続いて5月緊急提言、7月緊急意見書、9月意見書を発表、96年1月には被災者に対する直接助成を求める意見書を発表し、生活再建のための「自助努力」の土台を破壊された被災者に対する災害補償を政府に強く申し入れた。 95g63, HP

5.19 四日市北郵便局管理者による、郵便産業労組員のビラ配布妨害・降格退職の強要行為を違法として津地裁四日市支部が損害賠償を命じる判決。96年3月名古屋高裁が1審判決を維持。 t809

5.19 日経連の「新時代の日本的経営」報告。21世紀に向けた新しいシステムとして長期蓄積型、専門能力活用型、柔軟型の雇用3グループ分けと裁量労働の活用を提唱。団は海外生産、減量経営によるリストラを促進するとして批判。 95g34

5.19 組合員19名が国民金融公庫の賃金差別を不当労働行為として申し立てた事案で、都労委が全員救済の命令。 t807

5.22 団､5月集会で司法試験制度のいわゆる『丙案』導入に反対する決議をあげる。 d147

6.13 旧･日立エレベーターサービスの賃金差別･昇格の不当労働行為(85年申し立て)について、是正を命じた大阪地労委命令を経て中労委で勝利的解決。 t815

6.30 バブルで高騰する相続税に呻吟する千代田区民が事業用土地軽減措置を求めた裁判で、東京地裁はいわゆる「5棟10室」基準を緩和、2室でも軽減措置の適用を認める判断を示す。 t810

6.30 東京地検と都は宗教法人法に基づくオウム真理教の解散請求を東京地裁に申請。 t818

96年5月15日法律家デモ
オウム真理教破防法適用反対を掲げ霞が関を行進。 q

7.5 西淀川公害裁判（第2・3次）で、大阪地裁が自動車排ガスの健康被害に関して国・道路公団に道路保有管理上の責任を認める判決。以後道路管理者である国・公団の責任が定着していった。 z163

7.17 団、「オウム真理教関連事件についての警察の捜査に対する意見書」を発表。当時教団信者に対し頻発していた警察の軽犯罪法・住居侵入罪・道交法・道路運送法などの微罪逮捕等を批判。同時にオウム真理教の破防法適用での解散に反対し、宗教法人法の適用を求める。 95g31, 96v12

7.27 団、阪神·淡路大震災についての緊急意見書を復興本部·建設省·厚生省に手交。

8.2 団から総勢34名の訪米団。NLG総会（米オレゴン州ポートランド）の参加·交流し、サンフランシスコ大地震の経験・現況・教訓を学ぶ（→20日）。団報148号に訪米報告「もえあがるアメリカの民衆と弁護士たち」を掲載。 d148, t815

8.10 団、松本サリン事件の現場やオウム真理教教団の拠点、上九一色村を現地調査（→11日、団員33名参加）。その後9月に団山梨県支部を中心に同村の財産保全等の活動を行った。 ko36, 96v60

8.22 芦屋スパイ事件について福岡地裁小倉支部が警察官のスパイ強要（85年発生）を違法として国家賠償責任を認定（96年12月福岡高裁1審維持）。 97g33, m④84

8.29 千葉県西船橋でのマンション建築計画について隣地住民が市の要綱・調整会に日照権侵害を申し立てた事案。開催4回目で不成立となったが、その直後に会社が計画断念を通告。住民による市の調整会の活用が実る。 t822

9.5 関西電力（関電）人格権裁判、最高裁が反共労務政策による人権侵害を断罪し「職場における自由な人間関係を形成する自由を不当に侵害するとともに、その名誉を棄損するものである」と判示。 k, 96v100

9.22 看護学校の卒業生が「お礼奉公」の病院就職内定を辞退したことを理由に学校が卒業証書を交付しなかった事件（95年3月）で、京都地裁は違法として証書の交付を命じ、不当抗争による慰謝料の支払いを命じる判決。 t821

9.25 団、沖縄県の米兵犯罪（女子小学生拉致・暴行事件）について断固抗議し、米兵3名の身柄引き渡しを求める声明を発表。 d53

9.28 大田昌秀沖縄県知事、反戦地主が拒否した沖縄軍用地の強制使用について代理署名を拒否。 m④287

Column―【沖縄県の島ぐるみの裁判闘争】

知事の代理署名問題では、この後村山首相が大田昌秀知事を相手に95年12月7日代理署名訴訟を福岡高裁那覇支部に提訴。反戦地主が知事側支援のため12月20日に補助参加を申し立て第1回裁判（12月22日）に事実上参加。補助参加に異議を述べた国の主張を容れて、裁判所は96年1月23日反戦地主側の参加申し立てを認めず、その間弁護団が行った忌避申し立ても斥けた（1月19日）。審理は異常なスピードでわずか4回の審理期日で、しかも知事の尋問のみで結審に至り、3月25日に代理署名を命じる判決が出された。4か月という異例な短かさであったが、県上告の最高裁でも時をおかず8月28日に知事の主張を斥けた。この間沖縄各地で県民大集会が開かれ、県民・県・反戦地主が一体となった島ぐるみ運動が行われた（「象のオリ事件」もその一つ）。本土での沖縄支援運動も急速に高まり、幾つもの支援団体が来沖した。本土各地で支援集会・デモ・署名運動・「沖縄」法廷の開催（96年2月大阪の府民法廷等）などの多彩な支援活動が行われ、沖縄と本土とを繋ぐ連帯行動が前進した。

10.3 灰孝セメント事件で最高裁は、労組員2名でも他組合と同様に組合事務所と掲示板を貸与すべしとの中労委の判断を支持する。 96v109

10.6 ＨＩＶ訴訟で、東京地裁・大阪地裁が同時に和解勧告・所見を出す。これに先立ち9月の与党協議に基づく解決案が提示され、被害者団体は受け入れを表明していた。 96v182

10.9 滋賀県の町議による研修名目での1泊宴会旅行（92年11月）について、大津地裁は議会費からの支出を違法とする判決。 t822

10.20 団、オウム真理教に対する「破防法の発動に反対」意見書を発表。団は適用決定後の12月27日「『破防法の手続開始』の反対意見書」、96年2月「破防法第1回弁明手続きに関する意見」を各発表。 96v56

10.22 坂本堤弁護士合同葬が横浜アリーナで行われ2万6000人が参列。横浜弁護士会会長（当時）の杉井厳一団員が実行委員長を務める。 96v62

11.3 オランダのハーグ国際司法裁判所で広島・長崎両市長が陳述。池田眞規（東京）・池上忍（広島）ら多数がハーグに赴いて協力。 hir64

11.8 白鳥決定20周年記念シンポ「再審の扉は開いたか」を開催。

11.12 水俣病第3次訴訟で和解協定成立。 96v176

協定調印の会場で。手前後ろ向きチッソ側、前向き2列目右からひとりおいて豊田誠、馬奈木昭雄、板井優、前列左から1人目中島晃の各団員。
（板井俊介団員提供）

11.15 リストラで雇い止め（93年4月）に遭った日本電子パート労働者が仮処分敗訴後も解雇撤回を求めて闘い、自らの優先的雇用の措置とともに裁判外のパートにも解決金を支払わせる和解が成立（東京地裁八王子支部）。 96v93

11.20 滋賀県の聖パウロ学園専任講師の解雇について、雇用期間の定めはないと認定して勝訴（大津地裁）、96年9月大阪高裁が1審維持（98年最高裁確定）。 t856

11.21 北アルプス五竜岳の遠見尾根雪崩事故（89年3月の県実施登山訓練で引率の高校教師が雪崩に巻き込まれ死亡）で県の責任を認める（長野地裁松本支部）。 t830

11.- 団、「すでに明らかになった小選挙区制の弊害、小選挙区制・政党助成の廃止を」を発表。

12.7 村山富市内閣が大田昌秀沖縄県知事を相手に職務執行命令訴訟を提訴（福岡高裁那覇支部）。

12.14 公選法違反祝事件で、広島地裁は投票依頼文言を掲載した文書を配布しても戸別訪問罪の適用はないが、挨拶の「よろしくお願いします」の文言を理由に適用を認め有罪判決。 t702

12.16 那覇市に全国各地から団員ら75名が集まり米軍用地強制使用問題を中心に討議。17・18日現地調査や各市町村長激励行動を行う。 t826

12.16 水俣病の政府解決策の決定と村山首相の謝罪談話。

12.25 東電人権侵害・賃金差別事件、1都5県の1次・2次を含む原告全員が東京高裁で勝利的和解。 t828, 96v84

12.26 団、法制審「婚姻制度見直し」論議に対する意見書を法務省に提出。 t830

1996
平成8

［社会の動き］ ***1.11 橋本龍太郎内閣成立（自民党からの首相）、2.16 菅直人厚相が薬害エイズ問題で謝罪、4.1「らい予防法」の廃止、4.12 普天間基地返還等の日米合意、4.17 日米安保共同宣言（安保再定義）、10.20 第41回総選挙（初の小選挙区比例代表並立制）。11.21 橋本単独自民党内閣が6大改革のための行政改革会議発足。***

1.20 団、住宅金融専門会社（住専）に対する公金支出に反対する決議を発表。 96g56・95

2.7 スカンジナビア航空リストラ解雇事件（94年6月）、東京高裁で1審敗訴判決を克服し解雇の撤回、原職復帰等の勝利的和解。「変更解約告知」（解雇の心理的圧力で労働条件の不利益変更を強いる）論を封印。 96v89

2.7 市民による大阪府民法廷が沖縄職務執行命令裁判をテーマに開かれる（800名参加）。 t834

2.15 団、『くらしの法律相談ブック』を労働旬報社から出版（団創立75周年記念）。

3.13 中部電力（中電）賃金差別事件、差別を認め慰謝料1億円を含む損害総額8億円余の支払いを命じる判決（名古屋地裁）。97年11月に名古屋高裁で勝利的和解（提訴以来22年半ぶり）。 t896･898

3.15 丸子警報器女性パートの賃金差別について、正社員との比較で是正を命じる判決（長野地裁上田支部）。99年11月29日東京高裁で「昇給は正社員と同率、一時金は同一の計算方法で支給する」等の和解成立。雇い止め事件については、99年3月15日同高裁で勝訴判決。 nas84

3.19 牛島・税理士会政治献金事件、最高裁が南九州各県の「税理士政治連盟」の特定政党等への政治献金（特別会費の強制徴収）を目的外行為として会費納入義務を否定し破棄差戻しの判決。97年3月差戻し審で和解解決。 k

3.22 三菱マテリアル細倉じん肺訴訟、仙台地裁で被害者救済の勝利判決。過去最高の損害額を認定。 t838

3.22 10年間専属的に請負先の大工仕事をしていた「一人親方」について「雇用主」の安全保護義務を認める（浦和地裁）。 t841

3.28 電通過労死事件（大卒新入社員がうつ病に罹患し91年に自殺）で、東京地裁が安全配慮義務違反で損害賠償を命じる（00年3月最高裁は2審東京高裁（97年9月）が本人相殺割合3割としたことを違法とした）。

3.29 HIV訴訟がそれぞれ東京・大阪地裁で恒久対策を含む和解解決。 z349

4.18 西日本ＪＲバスが人手不足を理由に年休の時季変更権を行使したことを違法とする判決（金沢地裁）。 t841

4.26 沖縄米軍用地楚辺通信所（象のオリ）の提供期限切れ問題で、土地所有者が求めた仮処分裁判で国が立ち入りを和解で認める。他方で那覇防衛施設局が、沖縄収用委員会に緊急使用を申し立てたが、5月11日に不許可決定。 t841

4.26 神奈川県の米軍・自衛隊基地（上瀬谷通信基地）調査を現地で実施（140人参加→27日）、団神奈川支部員が多数参加。 t841, 97v54

5.17 日立製作所（中央研究所）賃金昇格差別事件、都労委で是正命令。 t842

5.21 団、全米電機労連顧問弁護士ロビン・アレキサンダーさんと交流。 d150

5.23 水俣病国家賠償請求裁判で3高裁、4地裁で勝利的和解解決（→23日）。 z177

5.31 東京大気汚染公害裁判、自動車メーカー7社を相手に提訴。 HN

7.8 国際司法裁判所が「核兵器の使用は国際法に反する」との勧告的意見。 m⑤354

7.11 「労働法制の改悪に反対し働く権利とルールの確立を目指す中央連絡会」の結成、団も参加。 96g50

7.11 群馬県高崎の須賀機械に対し組合つぶしと日本金属製造情報通信産業労働組合（JMIU）脱退について会社の責任を認める判決（前橋地裁高崎支部）。 t853

7.11 公安調査庁長官がオウム真理教の解散指定を公安審査委員会に請求。 96g36

7.12 団、オウム真理教について破防法上の団体適用に抗議の声明発表。これに対しマスコミの反論があったため、7月「サンケイ新聞への反論」発表、9月11日第3意見書「公安審査委員会の手続きと審理について」発表。 97g30

7.19 団、創立75周年記念集会を東日本集会として東京で開催。西日本集会は10月19日に神戸で開催。 96g17

7.29 青梅市住民が、学校統廃合と通学費補助廃止に反対する市議を問責する百条委員会の設置および活動費用について不当支出を追及した百条委員会の裁判で、この日被告の市議が全経費の負担を表明。実質的に住民の請求を認める。 t850

8.28 代理署名拒否に対する職務執行命令訴訟で、最高裁は国の主張を認めて駐留軍用地特別措置法の違憲性を否定し代理署名を命じる。 k

8.- 団、沖縄実弾演習場本土移転先の反対運動について討議。宮城・王城寺原、大分・日出生台、北海道・矢臼別等を各団支部を中心に順次現地調査。 96g6, t855・881・898

9.4 団、米軍用地強制使用のための「特別立法」に反対する意見書を発表。

9.17 パチンコ遊戯中の18歳男子に対する少年補導員（警察官を同行）の暴行事件（90年7月発生）で、1審判決を取り消し暴行の事実を認め逆転勝訴判決（大阪高裁）。 t856

10.8 法務大臣が盗聴合法化等を含む「組織的犯罪立法」を諮問。10月21日法制審部会で審議開始。12月11日団反対声明。 97g6

10.- 日本環境法律家連盟（JFLF）の結成。 97g50

11.8 佐藤真理団員（奈良支部）が違法ストを指導したとして、大和交通（カイナラタクシー）が損害賠償請求を奈良地裁に提訴。00年11月請求棄却、01年9月大阪高裁で勝利的和解。 d38・152

11.20 大津地裁へ薬害ヤコブ病訴訟の提訴。国・輸入業者らの責任を追及する裁判が始まる。 z354

11.23 団愛知支部・岐阜支部総勢15名が産廃処分場建設反対の町長が重傷を受けた岐阜県御嵩町の現場を調査。 t860

11.27 芝信用金庫事件、男女昇給・昇格差別について試験未受験との抗弁を斥け女性行員の差別是正の判決（東京地裁）。同期男性が全員課長職に昇格した時に課長職昇格と認める。均等法施行後の初めて提訴された女性差別是正裁判であった。2000年12月に2審東京高裁でさらに前進した内容で勝訴。 t863

11.- 団、国民総背番号（共通番号）制に反対する意見書を発表。 97g63

12.25 川崎公害裁判、加害企業との間で勝利的和解。 z166

12.26 倉敷公害裁判、加害企業との間で勝利的和解。 z165

12.26 「人権擁護施策推進法」が成立し、97年3月26日に5年時限立法として施行。 97g25

12.- 旧国鉄「汐留駅跡地の民主的利用を求める会」の市民運動の結果、新橋駅舎跡等を国追加史跡に指定、03年に復元され「新橋停車場跡」と改称。

1997 平成9

［社会の動き］ 4.22 日本大使公邸人質事件ペルー軍特殊部隊が突入、5.8 アイヌ新法の成立、6.11 改正雇用均等法・労基法が成立（99年4月施行）、6.28 神戸連続児童殺傷事件で14歳の少年を逮捕、9.23 新ガイドライン、12.1 京都議定書の採択、12.18 韓国大統領に金大中氏が当選。

1.10 日立製作所賃金・昇格差別事件、都労委で完全勝利命令。 97v84

1.25 団、安保・沖縄・改憲問題全国活動者会議を開き後藤道夫氏（都留文科大）講演「日本はどこへ向かおうとしているのか」を受けて活発に討議。 d149

1.31 公安審査委員会が、オウム真理教について公安調査庁による破防法適用の請求を棄却。 97v75

2.1 団、労働法制問題全国会議を開き日本大学教授牧野富夫氏講演「財界21世紀戦略と規制緩和」を受けて活発に討議。 d149

2.7 「雇用の分野における男女の均等な機会および待遇の確保等のための労働省関係法律の整備に関する法律案」（改正雇用均等法）が国会に提出。団は「女子保護規定撤廃」は受け入れがたいとして反対意見書を発表。 97g38, t870, HP

Column－【男女均等法に対する団の方針】

男女雇用均等法改正と、労基法における女子保護規定の削除をセットにした立法化であったが、女子保護規定撤廃に反対し実効性のある均等法を、というのが団の基本的見解であった。これは91年3月と95年10月に発表した二つの意見書以来の一貫した主張である。その後団は逐次意見書を発表した。女性労働の実態を示した証言集（複数）「私は証言します！「女子保護撤廃」法でこうなる」を発表。法案審議中の5月11日に「5月6日の橋本首相・岡野労相の答弁に対する自由法曹団の見解」を発表したが6月に法案は成立した。なお97年改正では努力義務を法的な義務に格上げされセクハラ防止措置・母性健康管理措置の義務化が法定された。

2.16 団京都支部がナホトカ号重油流出事故で府北部沿岸を現地調査。4月5・6日に団本部が福井県三国沿岸を現地調査。 t873

2.21 沖縄県収用委員会で軍基地反戦地主らの第1回の公開審理（宜野湾市コンベンションホールで1200名参加）の開催。沖縄県の現地団員のほか東京・埼玉・大阪・福岡の各団員が反戦地主代理人として参加。 t868·869

2.- 団、（96年12月に成立した）「人権擁護施策推進法に対する意見書」を発表。 97g76

3.4 団、「米軍用地特別措置法の改悪」阻止の声明を発表。 t869, 97g12

Column－【急ぎに急いだ特措法審議】

政府は米軍用地使用が5月15日の期間切れとなることに対処し、収用委員会係属の米軍基地については裁決迄暫定的に強制使用できる特措法改悪案を4月3日に国会提出。4月11日衆議院可決、4月17日に参議院可決という超特急のスピード採決であった。この間団は4月7日に反対意見書と逐条解説書、4月15日に「参議院で解明されなければならない『10の疑問』」、「参議院議員への要望書」を矢継ぎ早に発表。基地固定化を促進する動きを批判し立法反対運動を急ぎ展開したが、結果的には法案の通過を阻めなかった。

3.21 大王製紙工場誘致目的の格安工業用水料金の県補助金等240億円について、住民訴訟で支出を差止める判決（秋田地裁）。 t878

3.26 団、最高裁の速記官養成停止（2月26日最高裁裁判官会議決定）に対する抗議声明。 t867

4.2 愛媛靖国玉串料訴訟で最高裁は憲法20条3項違反を認める判決。 k

4.14 団、「党利党略の比例削減」の批判声明を発表。2月以降政府与党が比例議席を削減する動きを批判。 t875

5.20 参議院に超党派議員立法による「災害被災者等支援法案」が提出。住宅全壊500万円、半壊250万円を上限とする生活回復資金を支給する個人補償制度の立案。 97g60

5.24 団、憲法施行50周年研究討論集会の開催。戦後の平和、治安、労働法制、教育、環境の5重点分野の歴史を討議。 (97年5月集会基調報告集)

5.28 時短名目で終業時を変更する羽後銀行の就業規則変更について、「時間外労働の恒常的実態のもとでは、残業代カット」を企図したと認め、1審の敗訴判決を逆転し変更無効の判決（仙台高裁秋田支部）。 t883

6.10 日石化学の労組が申し立てた（95年）潮流間差別について昇給・昇格の是正等を命じる（神奈川県地労委命令）。 t889

	6.27	長野県・地付山の地滑り事故（85年7月発生）により県開発の団地住民が被災した事件で、長野地裁はバードラインを作出した県に不適切な道路管理があったとして責任を認める。	nas88
	6.27	保育園の日照権被害について、広島地裁は仮処分で南側建設予定のマンション建設の差止め命令。その後建設断念。	t884
	6.28	団、NLG議長ピーター・アーリンダー氏と交流（団事務所）。	d150
	7.8	排出処理をめぐる大阪府警の事情聴取を受けていた町職員が心筋梗塞により死亡した事案で、基金審査会は精神的ストレスのみで公務死を認める。	
	7.18	法制審刑事法部会が組織犯罪対処法整備要綱骨子を法制審に報告。団は7月盗聴法反対（第1）意見書を発表。	97g76
	8.8	住所不定を理由にした生活保護の適用除外は許されないとの判決（名古屋高裁）。	
	8.29	最高裁、第3次家永訴訟で731部隊の生体実験に関する検定意見を違法とする判決。	k
	8.31	団、（合宿）討論集会（伊豆長岡）「日本の司法はこれでいいのか」を開催、55名参加（→9月1日）。	d151
	9.6	団、「借家制度に関する意見書」を発表し、定期借家権に関し生活と営業の不安定化をもたらすと批判。	97g52
	9.10	法制審議会が盗聴捜査導入などの「組織的犯罪対策立法」を法務大臣に答申。団は9月に反対意見書「警察の実態等からみた盗聴法」（第2意見書）を発表。	98v93
	9.10	ヤコブ病被害患者が東京地裁に国や業者を被告にした薬害ヤコブ病訴訟を提訴。	z354
	10.14	国の補助金による官々接待の住民訴訟、請求額全額の賠償を命じる判決（札幌地裁）。01年11月札幌高裁が1審維持。	98v178
	10.16	NLG創立60年記念総会（ワシントン）、豊田誠団長以下13名参加。NLG総会で初の日本分科会開催（→20日）。	t895
	10.17	最高裁、母・外国人、父・日本人とする非嫡出子について、生後認知の場合にも日本国籍を認める判決。	k
	10.30	団、盗聴法反対市民集会「あなたの電話も警察から盗聴される」を神田パンセで開催（参加者300名）。	t894
	11.28	横浜市立保育園の保母の頸肩腕症候群の公災について、最高裁は通常の業務負荷でも保育業務自体に因果関係が認められるとして、東京高裁の敗訴判決を破棄差戻す。	t904
	12.11	中央労働基準審議会が「労働時間・労働契約の整備」の答申（建議）。団はただちに「建議」の批判意見書を発表。	t899, HP
1998 平成10		***［社会の動き］　4.28 周辺事態法案等国会提出、4.30 日米両政府ACSA（物品役務相互提供協定）改定、5.2 EU単一通貨（ユーロ）への統合、6.22 金融監督庁発足、7.12 自民党参院選で惨敗・橋本首相辞任、12.1 特定非営利活動促進法（NPO法）施行。***	
	1.26	小田原市の（活動実態が乏しい）納税貯蓄組合に対する補助金支給の要綱を違法とする判断（横浜地裁）。	t903
	1.-	団、定期借家権制度創設を掲げる自民党特別調査会案に対する反対意見書を公表。97年12月に団内に対策本部が設置、8月に団意見書「定期借家法案を斬る！」を刊行。	98v83

2.10 「労基法改悪法案」が国会提出（裁量労働制・3年有期雇用・変形労働制の導入など）。団は2月20日（主要条文）批判、7月21日「『修正』ではなく廃案を」の各意見書を発表し街頭行動や議員要請等に奮闘。 98g30

2.15 NLGと団・民法協の共催で日米労働問題国際シンポを大阪で開催。全米雇用問題法律家協会（NECA）の米国弁護士4名の報告・討論。米国弁護士は次いで愛知、東京でシンポに出席し、また各地を視察・交流（→22日）。 t906

2.25 山梨県田富町約250名が産廃中間施設（飛び地）の建設中止要求の住民運動で甲府地裁が工事続行禁止の仮処分命令。 t910

3.13 組織犯罪対策法案が国会提出。団は、この前後に盗聴法案反対第3意見書「要綱骨子批判」（98年1月）、第4意見書「自民党修正意見批判」（3月）、第5意見書「盗聴法案批判」（4月）、第6意見書「10の疑問」（7月）を逐次発表。批判活動を強化し世論を喚起する一方で国会審議に対する情報提供等に注力。 98g24, HP

3.13 PKO法改悪案（武器使用を「上官命令に基づく」ものに拡大）が国会提出。団は意見書「海外での武力行使を認めるPKO法改悪に反対する」（98年4月）を発表。 98g18

3.18 脳出血電脳過労死事件（90年5月発生）について、東京地裁が要治療状態にあるシステムコンサルタント業務従事労働者に対する、過度なストレスを伴う業務に就労させない安全配慮義務を認めて企業に損害5割の賠償を命じる。 k

3.29 団員20名が神戸市長田、灘両区で阪神・淡路大震災被害の調査。4月緊急意見書「被災者に役立つ支援立法を」発表。 t906

3.31 エールフランス航空労組の組合間賃金差別の申し立てについて都労委で和解成立。 t915

3.- 団、意見書「新ガイドライン推進の有事立法を批判する」を発表。4月「徹底批判―5つのポイント」「戦争への道　新ガイドライン・有事立法を許すな」、5月「逐条解説」（同10月に改訂版）、8月「地方自治を否定する周辺事態法案」を発表。

4.9 片山組事件で最高裁が、バセドー氏病に罹患して現場監督業が続行困難になった労働者に対する自宅治療命令・賃金不支給（欠勤扱い）を容認した2審判決を破棄し差戻す。 tko115

4.17 団東京支部が中心となり、PKO法案・労基法・盗聴法の3課題で国会要請（約100名参加）。あわせて労働組合等とともに昼休み国会請願デモを行う。 t911

4.25 団女性部が『憲法とわたしたちのくらし』（三訂版）を発刊。東京・中央大学駿河台記念館で「発刊記念シンポ」を開催（70名参加）。 t909

5.15 被災者生活再建支援法が成立。 m④332

Column－【公的支援拒否を乗り越え初の個人補償立法を実現】

大震災で阪神淡路地域を中心に25万棟家屋全半壊、約45万世帯が一瞬にして住居を失った。生活の土台である住居を失った被災者たちは、生活が営なまれる基盤そのものを喪失した。当時の被災者支援体制は避難所、仮設住宅、公営住宅の提供という直線的な支援体制一本しかなかった。団は被災者らとともに生活再建のための公的支援を強く要求したが（前掲95年3月欄参照）、政府は「私有財産は支援の対象外」と全く取り合わなかった。政府の見解は、この国の存在理由＝国民の存在意義に対する疑問を燃え上がらせた。生活基盤回復を目的に公費でその基盤を固めること、それを土台にして被災者は踏ん張れるのだ、との視点と確信は次第に被災者だけでなく全国に広がった。成立した被災者生活再建支援法は、被災者が自ら立案・提案し、超党派の国会議員との連携の所産であるが、被災者と団をはじめとする諸支援団体とのたゆまぬ努力のなかで初めて生まれた。現金給付を拒否してきた政府の被災者に対する生活再建支援は、これにより複眼的支援を可能とする方向に質的に変化した。

5.16 法律家4団体共催による国際シンポ「日米新ガイドラインとアジア・太平洋における平和の創造―共生と連帯の21世紀をめざして」を開催（東京・日本教育会館)。フィリピン・マレーシア代表団を含め150名参加。「98年東京アピール」を採択。 t905・914

5.19 沖縄県収用委員会は反戦地主の米軍用地使用について地籍不明地の使用を斥けつつ、大部分の土地に関し申請使用期間10年を短縮してほぼ5年間とする（最短で1年間、普天間基地は4年)。 t914

5.24 団、研究討論集会（5月集会）で12分科会をもち、その中で初の「戦争責任・戦後補償分科会」を開催（→25日)。 t908, 98v139

5.27 埼玉県民商事件で、不当な推計課税による税務署の更正処分に対し徹底的な実額立証活動で1審敗訴判決を破棄して、更正処分を取り消す逆転勝訴判決（東京高裁)。 t917

5.28 国労採用事件、東京地裁の2法廷が中労委救済命令を取り消す不当判決。その後2審東京高裁が1審判決を維持。 98v185

7.29 大阪市西淀川公害裁判で、20年ぶりに住民が国と道路公団との間で和解解決。 z163

7.31 13人のハンセン病患者が熊本地裁に国家賠償を提訴。その後東京都・岡山県・沖縄県などの患者が続いて提訴。 m④365

8.1 団、盗聴法に反対する全国活動者会議を開催。 98g27

8.5 川崎公害第2～4次訴訟で原告約300名が国・川崎市・首都高速道路などの加害企業を相手に勝訴判決（横浜地裁川崎支部)。 98g31, z164

8.6 京都三条・四条通りの鴨川架橋計画について、高揚する住民運動を前にして市長が白紙撤回。 t924

8.7 父親の認知を理由にした児童扶養手当のカットについて、児童手当法が定める委任の範囲を超えた同施行令を違法とする判決（京都地裁)。 t927

8.19 三沢基地の米兵婦女暴行事件で、青森地裁八戸支部が3月18日米兵に公務外慰謝料500万円の支払いを命じる判決をしたことを受け、米軍宛に請求した結果、判決認容額を100％支払う旨の回答を得る。 t924

9.16 解同を批判したため除名処分を受けた徳島県川島町の町会議員について、徳島地裁が除名執行停止の命令。10月28日高松高裁が1審を支持して抗告を棄却。 t931

9.25 石川島播磨重工業の労働争議、95年の都労委命令等を踏まえ中労委で賃金差別(22年間の闘い)・出向解雇(11年間)・配転(14年間)の一括勝利解決。 m④140, t932, 99v60

9.25 「労基法改悪法案」が国会成立。 t932

10.1 団、憲法施行50周年記念『憲法判例をつくる』を出版（日本評論社)。記念実行委員長・宇賀神直、監修者・中田直人（当時関東学院教授)。99年7月までに5170部が販売されて団内有数の隠れたベストセラーとなる。 99g77

10.6 「労働者派遣法」改悪案が国会提出。対象業務の拡大などの立法化。

10.7 芝信用金庫の昇格・昇進差別事件で、中労委の取消し命令を取り消して、組合の逆転勝訴判決（東京地裁)。 99v65

10.9 生活保護費原資の学資保険金を収入認定して保護費減額を容認した1審判決を福岡高裁が取り消し判決。 98g34

10.24 「廃棄物処分場建設差し止め・操業差し止めの展望」シンポ（200名超参加。長野県上山田で)。 d156

10.26 団総会で「21世紀の司法の民主化のための提言」案について集中的な討論のすえ採択。 d155

11.20 裁判制度の民主化をめざす連絡会議（全労連・救援会その他）で団の「21世紀の司法の民主化のための提言」案を素材に討議。 t 897

11.25 盗聴法反対実行委員会が臨時国会開会（11月27日）を前に盗聴法制定反対集会。団も参加。 t933

11.- 団は11月「改悪労基法に対してどのようにたたかうか」「労働者派遣法改正について」「労基法『改正』法　国会審議での政府確認答弁」の3つの意見書をたて続けに発表。 99g5

11.- 団、リーフレット「アメリカとともに日本が戦争をおこなうための新ガイドライン法案を許すな」を大量配付。 99g75

12.1 寺西和史判事補に対する戒告処分について、最高裁は仙台高裁特別部決定に対する抗告を棄却。同氏の市民集会での盗聴法案批判発言を「積極的な政治活動」として処分を正当化。団は12月26日「寺西裁判官の懲戒を許さない集会」に参加（東京四谷・プラザエフ）。 t936

12.15 近江八幡市の献穀祭に対する公金支出について大阪高裁が違憲判決。 t939

12.20 PKO法改悪案（武器使用の拡大）が国会で継続審議となる。

1999
平成11

［社会の動き］ ***3.24 NATO軍空爆（コソボ紛争）、4.1 改正労基法施行（女子保護規定撤廃）、5.24 周辺事態法成立、6.2 司法制度改革審議会設置法案成立、6.23 男女共同参画社会基本法の公布、7.29 衆参両院に憲法調査会を設置、8.9 国旗・国歌法成立、8.12 組織的犯罪対策3法成立、12.1 改正労働者派遣法施行（対象業務自由化）、12.9 定期借家法成立。***

2.1 東広島市の水源ダム付近のゴルフ場建設（97年許可）が住民310名超による仮処分で建設中止（広島地裁）。 t949

2.17 尼崎公害（大気汚染）訴訟で企業との間で勝利的和解（神戸地裁）。 99g178

2.24 東京高裁が全税関横浜支部組合員の昇給・昇格・昇任差別事件で逆転勝訴判決。「国の分裂・差別攻撃は労働組合の団結権を侵害し違法」とし、国家公務員労働組合に対する国の支配介入を初めて認定し慰謝料を命ずる（01年10月最高裁・確定）。 99v63

3.6 団、埼玉県所沢市で「産業廃棄物焼却施設現地調査」に全国から団員20名参加、現地住民と交流。全国的に「処分場銀座」と呼ばれる同市の処分場密集地域を重点的に調査（→7日）。 t943

3.9 精神病院の譲渡に際し、新会社の青山会が旧会社から解雇された全職員の新採用を拒否したことを、不当労働行為と認定した神奈川県地労委命令（96年7月）を中労委が維持。 t947･949

3.10 少年法「改正」法案が国会提出。検察官関与などを含む立法化。

3.12 長期過重労働による飯島過労自死事件について、長野地裁が労災認定の判決。9月14日に厚労省は「心理的負荷による精神障害等に関する業務上の判断指針」を発出。心神喪失を限定する従来の通達を変更し、労災認定の範囲を拡張。 nas72

3.15 朝鮮女子挺身隊訴訟を名古屋地裁に提訴（05年2月請求棄却、07年5月名古屋高裁で原告敗訴）。 nd13

3.15 水道水の汚染物質流入が危惧されるとして、安定型産業廃棄物施設の建設を差止める仮処分決定（水戸地裁）。 t946

3.24 吉野山ま横のゴルフ場建設反対（92年提訴）で、治水工事不十分による溢水危険を認め建設工事差止めの判決（奈良地裁葛城支部）。 99v127

3.26 食糧費の公開請求に応じなかった秋田県が敗訴（秋田地裁97年3月27日）。その後も「情報隠し」等を続けたため秋田県全生連が再提訴したが、なお「業務上多忙」などと食糧費公開を拒む県に対して、秋田地裁が判決で損害賠償を命じる。 t953

3.29 信楽高原鉄道列車事故（91年発生）で、遺族が信楽高原鉄道とともにＪＲ西日本を相手に損害賠償を求めた事案で、信楽高原鉄道に列車・乗員を貸しただけという抗弁を排斥してその責任を認定（大阪地裁判決）。 t838・946

4.5 団、『戦争への道―Ｑ＆Ａ新ガイドライン法案のすべて・逐条解説』（学習の友社）を刊行。

5.12 オランダのハーグで開催された世界平和市民会議に団員多数が出席。平和のための基本原則に「各国議会が9条のような戦争禁止決議を採択させる」ことが決まる（→15日まで）。 t951

5.19 団の提唱（98年12月）にかかる司法総行動が初めて行われる。以降毎年の恒例となる。 99g24

5.22 団、松川事件50周年記念シンポを宮城県・秋保温泉で開催。小冊子「松川事件と私」を刊行。 d157

5.28 新ガイドラインの実行を国内的に整備する周辺事態法（周辺事態に際して我が国の平和及び安全を確保するための措置に関する法律）の公布。 w上482

6.11 1級障害者が受けていた障害者年金（月2万円）を収入認定し生活保護支給額を減額した処分を取り消す（金沢地裁判決）。 s178

6.18 オウム真理教の教団施設用建物購入を阻止する住民の訴えについて、長野地裁で自治体が建物を買い取ることで解決。 nas82

7.23 団、パンフレット「国家的リストラ合理化法制の全貌―金融二法、産業再生法、民事再生法、商法改正とリストラ」を発表。 99g75

7.28 「君が代・日の丸」法案に反対する弁護士（1528名）アピールを公表。 99g19

7.- 自民党・自由党が衆院比例定数50議席を削減する法案を国会提出。11月22日修正して20削減法案を提出。

8.1 団「悪法阻止の闘いの展望を見出すための懇談会」を箱根で開催（→2日）。50名が参加し新ガイドライン（99年5月成立）・盗聴法（99年8月成立）・労働基準法改悪（98年9月成立）・定期借家法（99年7月30日提出）・少年法（3月提出）を素材に、情勢・諸法の問題点、今後の展望等を討議。 t958

9.3 長野県小海町の稲子地区住民45名が別荘・ゴルフ場開発の西武百貨店に対し、入会権の存在と立ち入り妨害禁止を求めた裁判で勝訴（長野地裁上田支部）。 t961

9.22 「731部隊・南京事件・無差別爆撃事件」で東京地裁はこれらを違法としながらも原告（中国人戦争被害者）敗訴の判決。 m⑤340

9.23 公害弁連などが沖縄に基地と公害をテーマに現地調査（→24日）。 t959

10.4 東洋印刷での不採算部門廃止にともなう解雇事件で、1名を除いて整理解雇を有効とする仮処分決定（東京地裁）。 00v44

10.23 団、NLG会員の4名を招待して、米子市で「日米法律家国際シンポ・グローバリゼーションと規制緩和は国民に何をもたらすか（アメリカの光と影）」を開催。 t965

11.25 乗務時間の労働条件切り下げを争う日本航空のパイロット・副操縦士・航空機関士の訴えについて、東京地裁は「安全確保が不十分・不合理」として条件変更の効力を否定する判決。 t970

11.- 団、ＰＫＦ（国際平和維持軍）本体業務の参加凍結解除に反対する意見書を発表。 d158

12.8 関電人権・賃金差別争議、大阪地裁で神戸・京都・大阪・和歌山を含めた一括の全面的な勝利和解。原告61名のほか、非原告の40人の従業員にも区別なく賃金・資格を是正させ解決金を支払わせる。 00v72

2000 平成12

［社会の動き］ ***1.20 憲法調査会の設置、3.26 プーチン大統領選挙で圧勝、5.17 児童虐待防止法の成立、5.29 神奈川県警幹部の覚醒剤犯人隠避事件について横浜地裁が警官の行動は「万死に値する」と断罪（腐敗問題の浮上）、12.6 少年法改正の公布、対象年齢を14歳に引き下げ。***

1.12 明治書院の整理解雇事件で、東京地裁は「収支悪化を均衡させる」という必要上の希望退職手続き後の解雇を有効とする。 00v44

Columnー【リストラ解雇を正当化する東京地裁】

経済不況下、企業のリストラ・減量経営が横行する中で、東京地裁は従前の整理解雇要件を大幅に緩和し労働者敗訴の判決を続出させた。東洋印刷（前掲99年10月）、日本ヒルトン（11月）、角川文化振興財団（99年11月）、明治書院（00年1月）、英国銀行東京支店（00年1月）、東京魚商業組合・葛西支部（00年1月）、カンタス航空（00年3月）などの事件である。裁判のこの動向はアメリカの要求「労働市場と雇用の自由化」と合致し、リストラ促進を掲げる企業「論理」を無批判に受容したものであった。東京地裁でそのことが顕著であったため、団東京支部は裁判批判を強め、問題点を掘り下げたパンフレット「どうなっているの裁判官・パートⅠ・Ⅱ」を発刊する等世論喚起に努力した。

1.27 政府は99年臨時国会でいったん廃案になった衆院比例定数20削減案を、再度提出のうえ衆院で強行採決。 00g19

1.31 尼崎大気汚染公害事件（大気汚染）で神戸地裁が道路供用を差止める判決（差止め判決は25年ぶり）。12月18日大阪高裁で国・公団との間で和解。 00v139

2.2 東京高裁が国民金融公庫の賃金差別事件で、地労委命令（95年4月）を取り消して労働者側敗訴の判決。07年9月に最高裁で和解。 00v57

2.24 鈴木亜英団員の思想調査事件について、国・都・北海道（警官所属）に慰謝料の支払いを命じる（東京地裁八王子支部）。 00v97

3.9 作業着替時間の賃金カットが争われた三菱重工業長崎造船所事件で、最高裁は労働時間は使用者の指揮命令下の有無で客観的に定まり、就業規則の定めによらないと判断。 00g32

3.17 宮城県議会の旅費・糧食費について県の非開示処分を取り消す（仙台高裁判決）。 m⑤194

3.29 東京地裁が全動労採用事件で国鉄当局による差別を認定しつつ、中労委の「JR各社に対して組合員を採用されたと取り扱え」との命令を取り消す。 00v65

3.31 鹿児島県鹿屋川の管理型産廃処理場に反対する住民による仮処分の申し立てを認めて、建設の差止めを命じる決定（鹿児島地裁）。 t982

3.31 安定型埋立処分場と焼却炉について長野地裁松本支部が住民の要求を認めて差止めを命じる。 t982

3.31 ＮＴＴ野形年休権裁判で、最高裁が東京高裁判決（96年1月労働者勝訴）を破棄して差戻す。 00v70

4.25 市民集会「スパイされる市民活動—怖るべき公安調査庁」の開催（東京）。99年11月に公安調査庁が、市民・住民・消費者運動等を陰湿に監視していたことが東京新聞でスクープされたことを機に、団も加入した実行委員会が結成され、同会が開催。 00g49

5.16 石原慎太郎都知事が陸自記念集会で三国人発言。「不法入国した三国人、外国人が非常に凶悪な犯罪を繰り返している」との妄言に団本部・東京支部が抗議と謝罪要求。 t986

6.10 神奈川県警察の不正発覚後に警察刷新会議が設置されたが、団は「警察改革のための緊急提言」を発表。この後7月に刷新会議が「緊急提言」、警察庁が8月「警察改革要綱」を発表した。団はこれらを受けて10月「警察改革のための緊急提言・増補版」を発表し小冊子を刊行。 00g46

7.14 新南陽工場の住民訴訟で、名古屋地裁は判決で指名業者の談合と市幹部の落札価格指示を認定したうえ鹿島建設に9億円、市建築局次長と市議に1億円の支払いを命じる。 t993

7.17 保険会社の支店長付き運転手（派遣労働）のくも膜下出血事件で、最高裁は「業務起因性」の新しい判断を示して、2審判決（東京高裁）を取り消して業務起因性を認める。 00g34

9.7 みちのく銀行事件で、最高裁が就業規則変更による賃金引き下げについて相当性を欠き無効とする判断。 00g30

9.8 川辺川利水裁判で熊本地裁が不当な敗訴判決。 01v176

9.12 30年来の日立争議（解雇・賃金差別・男女差別賃金など9つの案件）が中労委で全面的な勝利和解。 m④169

9.14 団、日中法律家交流のための中国訪問、総勢34名参加。中国全国律師協会との交流、シンポを開催（→9月20日）。 d159

9.19 安川電機の労働者24名（うち女性2名）に対し、会社が在籍者の「公正な処遇を約束」し、差別的な資格・賃金・退職金を是正したうえ全体について解決金を支払う和解解決（福岡地裁小倉支部）。 01v121

9.29 歯科技工士6名の整理解雇でその要件が充足されず、不当労働行為が認められるとして解雇無効の仮処分決定（新潟地裁）。 t1004

10.7 団、「司法制度改革審議会に対する意見書」を発表。 01g27

11.8 ＪＲ採用差別事件（国労本州関係）で東京高裁が不当判決。12月に国労九州・北海道でも不当判決。 01v132

11.20 司法制度改革審議会中間報告。

11.24 ココ山岡（97年1月破産）事件が東京地裁で勝利的和解。全国38地裁係属の全事件について統一的解決を実現。 t1006

11.27 名古屋南部大気汚染公害訴訟（通称あおぞら裁判）で名古屋地裁が差止めを含め住民勝利の判決。01年8月6日国・企業との間で和解。 02v171

12.10 司法改革問題で団内「徹底討論」を開催。12月に「司法制度改革審議会中間報告に対する意見書」を発表。 01g29

2001 平成13

［社会の動き］ 1.6 中央省庁の再編成、2.9 えひめ丸衝突沈没、4.16 有事法制関連3法案の国会提出、4.26 小泉内閣の成立、9.11 同時多発テロ、10.7 米・アフガニスタンを空爆、10.29 テロ対策特別措置法案成立。

1.16 三和銀行19名の賃金昇格差別・戒告処分（争議関連の手記を書籍に掲載）を争った事件（94年1月申し立て）で大阪地労委で勝利的和解。 01v125

1.23 下諏訪ダムについて反対住民と団長野県支部は、田中康夫知事の現地調査と住民集会開催の成功に尽力。1か月後田中知事は脱ダム宣言と下諏訪ダム断念を表明。 01v173

2.8	団、司法制度改革審議会中間報告中、とくに敗訴者負担制度について反対を表明。01年4・5月に同制度全国連絡会と連携して審議会への申し入れ・デモなどを展開。	01g31
2.9	ハワイ沖で愛媛県の宇和島水産高校の実習船「えひめ丸」が米原潜に衝突され9名が行方不明になる（えひめ丸事件）。地元団員の呼びかけで、団は弁護団を編成し、NLG元議長アーリンダーの協力を得て活動を進める。	02v197
2.15	全国トンネルじん肺訴訟が東京地裁で勝利的和解成立（以降、全国の地裁で順次和解解決）。	01v147
2.23	篠原俊一団員（大阪支部）に対する警察官の弁護人接見妨害・傷害事件で、大阪地裁は判決で国賠法上の損害賠償を命じる。	t1015
3.28	住友化学の男女別コース管理差別事件について、大阪地裁は原告らの主張を排斥する（04年6月、大阪高裁で勝利的和解）。住友電工・住友化学・住友金属の住友関連会社の男女差別事件について、02年12月から05年3月にかけて順次和解が成立し差別是正・解消の措置がとられていった。	01v118
4.4	団、「裁判所を変えよう　東京集会」を共催。司法問題テーマの集会に800名を超える参加者（千代田区公会堂）。	01g30
4.12	青山会の不採用問題で、医療法人の不採用そのものが不当労働行為の不利益にあたるとした中労委決定（99年3月）を東京地裁が支持。	t1021, 02v108
4.-	「新しい教科書をつくる会」の中学校公民教科書が検定合格。団内に教科書プロジェクトチームを作り研究と運動の検討を始める。団各支部が全国の単位教育委員会に不採択を申し入れる。	15v137
5.11	熊本地裁が、ハンセン病患者に対する隔離政策は法的規定の合理性がなく違憲として国に対する賠償請求を認容。官邸前の座り込みが始まり原告団が首相と面談。	t1022
5.22	内山工業事件（女性賃金差別）について岡山地裁は原告19人の請求全額に近い総額2億9000万円の支払いを認める判決（10月28日広島高裁が1審判決維持）。	01g49
6.8	「えひめ丸」事故で真相究明緊急集会を被害者・弁護団が開催（5月集会に被害者両親参加）、弁護団は対米交渉を重ねる。	02v197
6.12	司法制度改革審議会が最終意見を内閣に提出。団は9月に「国民のための司法改革を―司法制度改革審『最終意見』とわたしたちの見解―」を発表。	01g26
6.18	トヨタ自動車設計技術者の過労自殺事件で、加重負荷の判断は労災補償制度上の趣旨から同種労働従事者のうち性格傾向がもっとも脆弱な者を基準にするべきとして、業務上死亡を認定（名古屋地裁）。	02v137
6.27	カンタス航空の有期労働者の雇い止め事件で経営者が5年雇用更新を言明したことを認定し、雇い止めを解雇にあたるとして1審を取り消す判決（東京高裁）。	02v92
6.27	住友生命の従業員のミセス差別訴訟で、未婚女性と比較したうえで差別を認定（大阪地裁）。結婚退職を勧奨し拒否されると制裁的に賃金等差別を行った会社を断罪。	t1032
6.29	「教育改革関連法案3法」（学校教育法・地方教育行政法・社会教育法）が急遽成立。団は法案が国家・資本に奉仕する人材教育と反動的な伝統文化の浸透を図るとして抗議声明。	02v70
6.29	統一教会の勧誘等を追及する「青春を返せ」裁判について、札幌地裁は伝道・勧誘には思想信条保護に内在する制約があるとして元会員らに勝訴判決。	t1027

6.- 団、法律家5団体でパンフ「えっ！そこまでいっているの？　憲法調査会が導こうとする『この国』の将来」を発刊。 t1023

7.4 団、訪韓団（団長・石川元也、計18名）を組織し、韓国の「民主社会のための法律家集団」（民弁）などを訪問（→7日）。その後記録集「韓国訪問の旅—交流から共同行動へ」を発行。 d163

7.12 戦時中強制連行・強制労働の被害者劉連仁に対し、東京地裁は国の作為義務違反を認めて2000万円の賠償を国に命ずる。 t1028

7.19 筑豊じん肺事件で福岡高裁が国の責任を認める逆転判決。 02v141

8.23 終戦直後の朝鮮人送還輸送船「浮島」爆沈事故で、国に被害者遺族に対する損害賠償を命じる判決（京都地裁）。

9.20 京ガス事件における男女の異種業種間の賃金について、不当な性別による差別と認定し会社に損害賠償を命じる（京都地裁）。 02v123

10.26 団創立80周年記念集会「21世紀をきりひらく」リレートークなどを開催（弁護士会館クレオ）。韓国・民弁の弁護士が参加。レセプションに650人参加（東京ドームホテル）。『新・くらしの法律相談ハンドブック』を出版（旬報社）。 d164

12.22 改正ＰＫＯ法の公布、自衛隊隊員の行動制約を解禁。緊迫するアフガニスタンへの自衛隊派兵を口実にした「改正」。 w上600

12.- 東大阪市の前市長と公共工事業者との談合を問う訴訟で、談合等を認めて損害金の支払いを命ずる判決（大阪地裁）。 t1048

2002
平成14

［社会の動き］ 1.29 ブッシュ米大統領北朝鮮・イラク・イランを「悪の枢軸」と非難、4.17 小泉内閣武力攻撃事態法等の有事三法案を国会に提出、8.5 住基ネットスタート、9.17 日朝平壌宣言に調印、9.20 米国の国家安全保障戦略発表（先制的防衛論）。

1.7 米国によるアフガン攻撃の実態調査のために団員が出発。団長山本真一のほか田中隆、伊藤和子、神田高、大久保賢一、上山勤、仁比聰平が参加。パキスタン難民キャンプでの事情聴取、NGOとの交流（→1月14日まで）。2月に報告書「平和的解決と復興のために」を刊行。 t1046

難民キャンプでインタビュー
右側の男性が聞き取り調査をする上山勤団員、
その隣の女性は日本人通訳。

1.15 団長野県支部は連続10回の敗訴判決を受けながら、公正な地方労働委員会の労働者委員人事を追及し続けてきたが、田中康夫知事が県労連系委員を初めて任命。 t1046

1.24 滋賀県の豊郷小学校（著名な伝道士兼設計士ヴォーリスによる設計で文化財的な価値を有する）の解体工事反対の住民の申し立てについて、大津地裁が講堂の解体中止の仮処分決定。その後12月19日に校舎全体の解体禁止、さらに大阪高裁で工事代金の支出禁止命令が出される。 t1048･1080, 06v240

2.16 団、「憲法『改正』を進める国民投票法案に対する反対意見書」を発表。

2.18 反対住民側が01年3月に中止を求めた富津市名倉の産廃安定型処分場建設計画について、千葉地裁が建設中止を命じる仮処分決定。 t1050

2.20 野村證券のコース別処遇の賃金・昇格男女間差別事件、東京地裁が均等法改正施行以後の処遇を違法として慰謝料を命ずる（04年2月に東京高裁で法施行前の退職者を含めて勝利的和解）。 t1054

3.6 小松基地の騒(爆)音被害第3次・第4次訴訟について民事上の差止め請求の適法性を認める（金沢地裁）。75年第1次訴訟を起こして以降、提訴が第4次訴訟まで続いた。 t1238

3.7 バブル破綻後の都心（港区麻布）の土地固定資産税について、評価審査会の95年評価を過大として審査見直しを命じる判決（東京地裁）。 03v162

3.29 ＪＭＩＵ池貝支部が解雇を撤回させ、15名全員の再雇用実現・退職金全額支払等の勝利和解（横浜地裁）。 02v109

3.- 同和問題で国と市町村による同和対策事業（同和対策特別施策）の廃止。

4.6 政府が提出予定法案である有事法制3法案―武力攻撃事態法・安全保障会議設置法・自衛隊法「改正」の原案を明らかにする（4月17日国会提出）。団はただちに理論的な批判と反対行動を訴えた。

> **Column－【有事法制・新ガイドラインの出版活動その②】**
>
> 団は02年4月の武力攻撃事態法等の有事三法案の国会提出を予知し02年3月に有事法制反対意見書『往くべきは平和の道』や『有事法制　だれのため？なんのため？』（学習の友社）を発表したが、4月17日の審議入り後法案の具体的内容が明らかにされるのに即して意見書を発表。4月の第2意見書「戦争動員法批判」を皮切りに、5月に第3「Ｑ＆Ａ」、6月に第4「衆議院論戦を検証する」、10月に第5「戦争と国民そして日本国憲法」、第6「有事法制はいらない－現場からの報告」、12月に第7「有事法制・国民動員法制の社会－現場からの告発」の各意見書を相次いで発表した。

4.19 有事法制反対の5000人集会（日比谷野音）。その後5月、6月に4万人、6万人規模の集会が続くが、6月6日有事法制3法の成立。 02g3

6.28 平頂山事件で東京地裁が国家無答責を理由に原告主張を排斥する判決。 02g29

7.18 観光協会職員（横領で起訴）に対する給与支給の住民訴訟で、市への返還等を命ずる判決（東京地裁八王子支部）。その後03年10月東京高裁で和解解決。 t1112

9.25 ＮＴＴ11万人リストラ事件、全国5地裁に配転無効などを求めて一斉提訴。 02g42

10.21 薬害C型肝炎訴訟、東京・大阪地裁に提訴。その後裁判は福岡、名古屋、仙台へと広がる。 z357

10.24 芝信用金庫事件、男女昇格差別事件で最高裁で最終的な勝利和解。 m④102, 03v133

笑顔の記者会見
前列左側から坂本修・同福子団員。 ar

10.29 東京大気汚染事件で国・都・道路公団の責任を認める判決（東京地裁）。自動車メーカーは免責。 z166

11.5 団創立80周年記念『自由法曹団物語：世紀をこえて（上・下）』を出版（日本評論社）。03年3月15日に出版祝賀会。 t1089

12.5 西武新宿線痴漢冤罪事件で、東京高裁が逆転無罪判決。 t1078

12.20 国に対して国家賠償を求める中国残留孤児訴訟を東京地裁に提訴（その後03年9月に全国15か所の地裁に提訴が続く、合計2211名）。06年12月の神戸地裁のみ勝訴判決をとるが、その他の訴訟は敗訴・和解、あるいは取り下げ。07年11月に新たな支援法が成立。 03v64

2003
平成15

［社会の動き］ 2.15 世界60か国でイラク戦争反対デモ、3.20 イラク侵略開始、5.23 個人情報保護法の成立、6.6 有事法制関連3法の成立、6.26 経済財政諮問会議の「三位一体改革」の答申、7.26 イラク特措法の強行成立（「非戦闘地域」などの政府答弁）、12.9 イラクに自衛隊を派遣。

1.15 中国人強制連行・強制労働事件について京都地裁が請求を棄却。しかし判決中に「国家無答責」の抗弁を一部限定。戦後補償裁判の大きな壁であった「国家無答責」「除斥期間」に風穴をあけた。 03v61

1.31 えひめ丸事件で遺族が米海軍との補償協定を調印･解決。 03v191

1.- 団、労働法制改悪阻止中央連絡会とともにブックレット『解雇自由化は許されない』を発行。 03g37

2.1 団、教育基本法全国活動者会議を開催。02年12月に教育基本法「改正」問題反対意見書を発表。その後5月にブックレット『変えてはいけない　教育基本法』（唯学書房）を発行。 t1084･1094

2.20 団、法律家6団体でイラク戦争反対の「法律家1300名の共同アピール」。米国大使館や国連総長などに英訳して送付。 03g20

3.11 共謀罪新設を含む「犯罪の国際化及び組織化に対処するための刑法等の一部を改正する法律案」（共謀罪法案）の国会提出。以後審議入りすることなく廃案となるが、その後04年、05年と毎年国会に提出され、いずれも廃案。

3.13 ＭＭＲ（新3種混合ワクチン）訴訟で国とワクチンメーカーの責任を認める判決（大阪地裁）。 t1094

4.15 戦前のいわゆる横浜事件の第三次再審請求で横浜地裁が再審開始決定（05年3月東京高裁が即時抗告を棄却）。 05v130

4.17 原爆症認定集団訴訟が全国で15地裁に提訴される（原告総数合計306名）。 03v68

4.- 『有事法制のすべて』（02年5月出版）の続編『有事法制とアメリカの戦争』（新日本出版社）を出版。これまで有事法制に関連して発表してきた各意見書をまとめつつ、米・英軍がイラク攻撃に至る緊迫した国際情勢のもとで緊急に出版。 03g72

5.16 福岡高裁が熊本県川辺川利水訴訟で整理事業の取り消しを認める判決（確定）。その後08年9月11日熊本県知事が計画の白紙撤回を表明。 03v169, 05v111

5.21 Ｏ157食中毒の原因をカイワレ大根とする厚労省発表について、東京高裁が行政庁としての判断を述べず、あいまいな内容の中間報告に拠った公表過程は違法として1審判決を取り消して国に賠償を命じる判決。 t1096

5.30 弁護士費用の敗訴者負担法案の反対運動「日弁連パレード」。弁護士および消費者団体など1300人が参加。 04v91

7.17 最高裁が、身体障害1級で受けた年金を収入認定して生活保護費を減額したことについて、1審金沢地裁（99年6月11日）、2審名古屋高裁金沢支部（00年9月11日）が減額処分を取り消した判断を支持する。保護利用者が最高裁で勝訴した初の判決。 s177

7.18 労働者委員任命取り消し訴訟で福岡地裁は、任命が県労連委員の排除の意図で恣意的に行われており知事の裁量権の逸脱と認定する。 t1102

9.29 旧日本軍による中国での遺棄毒ガス・砲弾事件で、国に対し1億9000万円の損害賠償を命じる判決（東京地裁）。 07g38, 98v147

9.- 辺野古新基地建設差止めのジュゴン保護訴訟が米国サンフランシスコ連邦地裁に提訴される（反対運動で初の法的実践）。

10.3 圏央道あきる野訴訟で土地収用の執行停止決定（東京地裁）。04年4月に事業認定・収用裁決の取り消し判決。 04v154

10.23 東京都が通達を発して「日の丸・君が代」の起立・斉唱・伴奏を職務命令として指示する。 04g46

10.28 受忍限度を超えるビル風害について、住民に慰謝料のほか不動産価格の低落を損害として賠償を認める（大阪高裁）。デベロッパー等に建設以前に風力計を設置させて風力・風向のデーターを明らかにしたことが奏功。 04v176

12.2 川崎重工業労働者16名の差別賃金の是正を命じる救済命令（兵庫県地労委）。その後会社が差別を是正。

12.16 大船自動車学校解散・営業譲渡で退職届け不提出の労働者に対する解雇（0年12月）について、譲渡先会社への雇用承継を認める判決（横浜地裁）。05年5月東京高裁も1審維持。 06v145

12.22 最高裁、国労・全動労の採用差別事件でＪＲの責任を否定（多数意見3名、少数意見2名の僅差）。

12.24 住友電工男女昇格差別事件、大阪高裁で1審敗訴（00年7月）を乗り越えて勝利的な和解成立。国が「機会均等調停委員会による調停について積極的かつ適正な運用に努める」ことを誓約。 04v108

2004 平成16

［社会の動き］ ***1.9 陸上自衛隊にイラク派遣命令、4.8 イラクで日本人3人拉致．4.28 労働審判法成立、5.21 裁判員法成立、6.14 有事法制関連7法成立、8.13 普天間基地の米軍ヘリが沖縄国際大学に墜落、10.23 新潟県中越地震・M6.8、12月新防衛計画大綱・新中期防の発表。***

1.16 B型肝炎訴訟で1審敗訴を逆転して札幌高裁で5名中3名が国に勝訴。2名が除斥期間で敗訴（上告）。 z352

1.28 元自民党箕輪登氏（郵政大臣、防衛政務次官）が、自衛隊のイラク派兵差止め訴訟を全国に先駆けて札幌地裁に提訴。 04v28

1.30 都知事による「日の丸・君が代」強制に対し、教員らが東京地裁に「斉唱義務不存在」の確認訴訟を提訴。

2.5 団東京支部とともに提起したイラク自衛隊派兵反対の「ピースキャンドルナイト」デモを行う（1万人参加）。 t1121, 04v30

2.24 国労横浜人活センター事件で無罪となった国労組合員5名が、国鉄承継法人との間で旧国鉄による懲戒免職処分無効の確認書に調印。3月1日に職場復帰。

3.2 弁護士費用の敗訴者負担を定めた法律の国会提出。団は弁護士会・消費者団体・民商等と共同して反対行動。

3.4 フランチャイズ店に対する経営指導義務違反について、名古屋高裁は本部の責任を認め賠償を命じる。 04g40

3.24 学生無年金訴訟（01年全国一斉提訴）で東京地裁が違憲判決。10月新潟地裁、05年3月広島地裁で続いて違憲判決。その他盛岡、福岡地裁で勝訴。 07g62

3.29 新日本製鐵広畑の労働者5名が日本共産党員ゆえに長年の間、賃金差別・嫌がらせを受けた事件で慰謝料支払いを命ずる（神戸地裁姫路支部）。大阪高裁で05年12月和解成立。 t1189

3.31 長崎で被爆した東氏の原爆認定訴訟、東京地裁が請求を認める（05年3月29日東京高裁は維持・確定）。 05g23

4.7 福岡地裁で首相靖国参拝に違憲判決。 04v61

4.27 筑豊じん肺事件で最高裁が国の規制権限不行使の責任を初めて認める。

5.13 憲法調査会（07年以降憲法審査会と改称）の中央公聴会で団員が発言。その後各地の公聴会で団支部の団員が発言。 04g23

5.19 NTT管理職に対する特別職群創設を就業規則の不利益変更として、1審判決（01年3月）を逆転し勝訴判決（大阪高裁）。 t1185

5.21 被疑者国選・公判前整理手続きを含む刑事訴訟法「改正」成立。

6.10 「9条の会」が発足。その後全国9か所で講演会開催。全国各地に「9条の会」が創られ多くの団員が積極的に参加。 04g24, w下39

7.16 肺がん用の抗がん剤イレッサの服用で間質性肺炎を発症した被害者の遺族が、国と製薬会社に損害賠償訴訟を提訴（大阪地裁）。11月東京地裁に提訴。

7.17 イラク国際戦犯民衆法廷が東京で開催される。

8.10 イラク派兵の差止めを求める市民平和訴訟の全国弁護団会議が開催。04年1月の札幌地裁に続き名古屋・甲府・大阪地裁で提訴。その後東京、宮城、栃木、静岡、岡山、熊本、京都で提訴が続き、全国の裁判係属は合計11か所にのぼった。 04g17･05g19

> **Column―【市民平和訴訟の系譜】**
>
> 91年3月に東京・名古屋・広島・大阪・鹿児島各地裁で起こされた90億ドル戦費拠出差止めなどの違憲訴訟が、この種の市民平和訴訟の嚆矢であった。湾岸戦争の経済的支援として政府が決定した戦費の拠出などの軍事的活動を違憲とする司法判断と実効的な慰謝料（例えば東京裁判では原告1人1万円）の支払いを求めて国を訴えた。多くの市民一人ひとりが裁判の主体となって政府による憲法9条違反行為の防止・中止を求める市民参加型の新しい形の裁判であった。これに続き92年10月カンボジアＰＫＯの派遣差止め訴訟（原告総勢440名超）、96年1月にゴラン高原ＰＫＦへの自衛隊派遣差止め訴訟（原告190名超）が東京地裁等に提訴され、憲法9条をめぐる活発な論争が行われた。そして標記のようにイラク戦争に際し、自衛隊派遣市民平和・違憲訴訟が全国的にひろく提訴されるに至った。08年4月のイラク訴訟での名古屋高裁の違憲判決は、この新しい市民訴訟が勝ち取った成果である。16年4月提訴の安保法制違憲訴訟も市民平和訴訟の歴史的な系譜に連なる。

8.20 団の憲法問題合宿討論を開催（→22日）。団員120名参加（熱海）。 d172

8.26 佐賀地裁が仮処分で諫早湾干拓事業の工事続行の中止を命じる（05年5月16日福岡高裁で逆転敗訴）。 z240

9.29 大江山中国人強制連行・強制労働事件（京都のニッケル鉱山）で企業が原告1人について各350万円を支払う和解が大阪高裁で成立（1審の京都地裁は03年1月に国と企業の共同不法責任を認定したが、除斥期間満了で請求棄却の判決）。 03v61

9.29 渡島信用金庫会員代表訴訟で、組合員に対する解雇が不当労働行為で無効との裁判確定したとして、代表理事らに不就労期間の賃金相当額を信金に賠償することを命じる判決（札幌高裁）。

10.6 私立学校教員に対する解雇が、香川県の解同による教育介入と、これに協力した県学事文書課を批判したこと（01年）を原因としたとして解雇無効の判決（高松地裁）。 t1144

10.15 韓国政府が亡布施辰治に対する「建国勲章」の授与を決定。12月21日韓国大使館で伝達式、団からは竹沢哲夫が列席。 t1153

10.24 団総会（沖縄）に韓国・民弁を招待。総会で韓国での民主化・基地撤廃の運動の報告を受ける。 t1145

11.6 団、教育基本法改悪に反対する全国集会（日比谷野外音楽堂）に参加（参加者総勢5500人）。10月に改悪に反対するリーフレットを作成し大量に宣伝。 05g28

12.3 弁護士費用敗訴者負担法案（04年11月国会提出）が4年間の反対運動の末に廃案となる。団は弁護士会・消費者団体・民商等と共同して反対行動。国会解散なく廃案を勝ち得たのは警職法反対運動以来。 t1150, 05v144

12.7 京王電鉄バス部門分社化リストラ、東京高裁で勝利的和解。 05v65

12.17 戦時中の山形県酒田港の中国人約330人の強制連行・強制労働事件で、中国人原告が国に賠償を求めて提訴。 05v49

2005
平成17

［社会の動き］ 2.16 京都議定書の発効（地球温暖化防止）、4.25 JR福知山線の脱線事故で107人死亡、5.18 受刑者処遇法成立、10.28 自民党による初の新憲法草案。

1.11 葛飾ビラ入れ事件で荒川庸生氏が住居侵入罪で起訴される。 05v124

1.19 広島高裁が在外被爆者の援護法適用からの除外は違法と判断（07年11月最高裁で確定）。

1.25 日本レストランシステム事件で東京への配転について、有効とした1審を逆転して勤務地・職種限定合意の存在を認めて不当配転と認める判決（大阪高裁）。 05v68

2.19 団、「定期借家制度を中心とする借地借家法改悪」に反対する意見書を発表する。 05g64

2.23 トナミ運輸が業界闇カルテルを内部告発した労働者に行った昇給・昇格差別等について、富山地裁は判決で人事権の裁量を逸脱したとして賠償を命じる。 05v79

3.9 ＮＴＴ奥村過労死事件、札幌地裁で勝利判決。健康要注意の労働者に対し札幌と東京の長期研修を命じたことを過労死の原因とする。06年7月の札幌高裁は、1審判決をさらに進めてNTTリストラで雇用形態・処遇体系の選択を迫ったことも一因とした。 05v87

3.31 ＪＭＩＵ高見澤電機支部が富士通を相手に団交申し立て、長野県地労委が「使用者の地位にある」として富士通に対して団交命令。 nas65

3.- 寺西笑子氏の夫の過労自死事件で、京都地裁が判決で会社の全面的な責任を認める。 o7v148, HN194

4.5 名張毒ぶどう酒事件、再審開始決定（名古屋高裁）。

4.- 老齢加算の段階的廃止に基づく生活保護費削減を争う「生存権裁判」を京都地裁に提訴。その後全国で提訴。 12g74, s193

Column―【社会保障裁判の第4の波】

21世紀に入り社会保障裁判は激増した。生活保護から介護・介助、保育、年金など多様に取り組まれ、大量の審査請求や異議申し立てを経て集団的な裁判が起こされた。学生無年金訴訟・障害者自立支援法違憲訴訟・生存権訴訟（母子加算廃止）・年金削減裁判・生活保護切下げ違憲訴訟…など。その多くは利用者を中心に多数が結集した弁護団・全国的支援団体および研究者らの協同のうえに、裁判を通じて真のあるべき社会保障を目指す「政策形成訴訟」として発展している。社会保障裁判闘争の沿革に沿って朝日訴訟以降を第1の波、堀木訴訟以降を第2の波という。第3の波といわれるのは、90年以降の個別的な生活保護の廃止・減額・就労指導等の諸問題を問う裁判群で、多くの勝訴判決が続出した。これに続く2000年からの標記裁判をはじめとする、全国で集団的に進められた諸政策形成裁判の取り組みが第4の波といわれ、堀木訴訟大法廷判決の示した「立法裁量論」を克服する闘いが進められている。

4.30 長野県駒ヶ根の産廃処理場の操業、東京高裁が差止めを認めた03年の長野地裁飯田支部の判決を維持。 06v202

5.9 同居・要介護者を抱える従業員2名に対する、ネスレ日本姫路工場から茨城県・霞が浦工場への配転命令を無効とする判決（神戸地裁姫路支部）。03年11月に仮処分が認容されていた。 06v150

5.28 韓国・民弁の総会（光州市）に団が正式に招待され、団幹事長以下5名参加、交流。 t1169

5.30 住基ネット訴訟で離脱希望者に適用する限り、改正法の条項は憲法13条に違反するとの判断（金沢地裁）。 06v235

7.7 団と韓国民弁は「つくる会」教科書の採択に反対する共同声明を発表。 05g30

8.18 北海道警の報償費不正問題で、氏名を勝手に使われた男性が北海道を相手に慰謝料を請求した訴訟で全面勝訴。

9.2 団、ソウルでの第4回アジア太平洋法律家会議（COLAPⅣ）に他団体とともに参加（総勢120名）。 05g57

9.5 自動車メーカー・スズキの労働者に対する、日本共産党所属を理由にした賃金差別事件で、静岡地裁浜松支部が勝訴判決。 t1177

9.15 87年の国鉄分割民営化で、JR不採用とされた国労組合員らが法人格を承継した鉄建公団（旧国鉄清算事業団）に対し責任を求めた裁判で、公団に対し1人500万円の慰謝料支払いを命じる判決（東京地裁）。2審東京高裁は09年3月に550万円に引き上げたのみ。 t1190, 06v157

9.15 川辺ダム反対運動のなかで、国交省が熊本県収用委員会から不利な結論となる旨示唆され、強制収用の裁決申請を取り下げ。 t1178

9.21 布川事件の再審開始決定（水戸地裁土浦支部）。11年5月24日無罪判決・確定。

10.- 日本ケミファの24年間の争議（埼玉県地労委・都労委・東京地裁等に係属）について和解で解決。 06v160

10.- 団、リーフレット「国民投票法反対読本」を発行。 t1212

12.6 生協の子会社（配送）が、腰痛治癒のちに就労復帰を求める労働者の要求を拒否した事件で、都労委が救済命令。 t1186

12.27 昭和町の嘱託職員の雇い止め問題で、職員に金銭的な不正がないのに調査せずに一方的な名誉棄損を行った町長の行為を平等原則に反するとして損害賠償を命じる判決（甲府地裁）。 t1189

2006
平成18

［社会の動き］ *1.13 最高裁が消費者金融等のグレーゾーン金利無効の判断、4.1 日本支援センター（法テラス）設立、4.28 教育基本法「改正」案の国会提出、5.1 日米安保協議で普天間基地移設と米海兵隊のグアム移転などを合意、5.26 国民投票法案の国会提出、6.2 被収容者処遇法（未決拘禁法）成立、7.5 北朝鮮がロシア沿海にミサイルを発射（北東アジア情勢緊迫）、9.26 安倍晋三第1次内閣発足。*

1.12 大分県豊後高田市・市議大石忠昭氏の公選法違反事件（大石事件）で、大分地裁が罰金と公民権停止3年の不当判決。なお福岡高裁は公民権停止をはずす。 t1193

1.13 最高裁が判決で、みなし弁済規定の適用を盾に解決に応じなかった商工ローンに対し、利息制限法の超過利息を容認しないことを判示。 06g46

2.9 「横浜事件」の第3次再審で、横浜地裁が免訴判決（最高裁で08年確定）。 06g63

2.17 団、国民投票法案成立阻止のため全国活動者会議を開催（80名参加）。9月26日にも開催。 06v260

3.20 日航同士のニアミス事件（00年1月発生）で管制官（訓練生）と訓練監督官が業務上過失致傷罪に問われた事件で、個人の責任を問うことはできず、運航システム全体の中で事故が生じたとして無罪判決（東京地裁）。 t1198

4.14 母が要介護者、妻が非定型精神疾患の夫に対する遠方配転について違法とする判決（大阪高裁）。

4.26 大日岳雪崩遭難事件（00年3月5日発生。文部省主催の冬山研修会での受講大学生2名が死亡）で雪庇（せっぴ）の崩壊によるものと認め、誤った登山ルート選定の責任を認定、国に対し賠償を命じる（富山地裁）。07年6月名古屋高裁金沢支部で和解（07年7月）。 nas98・t1246

4.- JA全農庄内の臨時職員について、定年までの就労を認める地位を確認するとの和解（山形地裁鶴岡支部）。 06g41

5.12 原爆症認定集団訴訟で初となる原告全員の勝訴判決（大阪地裁）。その後、8月に広島地裁で原告全員の勝訴。 t1201・1211

6.16 B型肝炎訴訟、最高裁で2審の除斥期間を理由とする一部敗訴判決を克服し、原告全員の請求が認められる。その後佐藤哲之（北海道支部）が、各地で弁護団を結成し運動と裁判を起こすことを全国に呼びかける。 06g56

6.21 C型肝炎訴訟で大阪地裁が製薬会社と国の責任を一部認める判決。8月福岡地裁、07年3月東京地裁、7月名古屋の各地裁で勝訴、その後08年1月11日薬害肝炎救済特別措置法が成立、1月15日基本合意書締結。その後各裁判所で和解。 06g56, 07g71, 08g68

6.- 団、「徹底批判自民党新憲法草案」を発表し草案を逐条的に批判。 06g22

7.7 全国トンネルじん肺根絶訴訟で、東京地裁が国の規制権限不行使の責任を認める判決。続けて7月熊本地裁、10月仙台地裁が同様に国の違法性を断罪。 t1208・1209

7.21 団、労働問題全国活動者会議を開催。労働政策審議会分科会の中間取りまとめ（労働契約・労働時間の法制）を討議。 t1209

8.28 葛飾マンションビラ入れ事件について荒川庸生氏に無罪判決(東京地裁)。 07v68

9.20 団、『国民投票法＝改憲手続法案の「カラクリ」』を刊行（学習の友社）。

9.21 入学・卒業式の「日の丸・君が代」通達について、東京地裁は教育の不当な支配にあたると認定し、国家斉唱の義務がないことを認める判決。 07v91

9.22 滋賀県栗東市によるバイパス設置費用の全額起債調達事件について、地方財政法違反で差止めを命じる判決（大津地裁）。07年3月大阪高裁は1審判決維持。 t1231

9.29 ＮＴＴの異職種広域配転について、業務上の必要性を否定し原告5名全員に慰謝料支払いを命じる判決（札幌地裁）。 07v142

9.30 小泉首相の靖国神社参拝について、大阪高裁は職務行為と認め目的効果基準に照らし違憲とする。

10.- 北九州市門司区の孤独死事件（5月発覚）で、団員が参加し全国調査が行われる（07年3月調査報告書発表）。 07v62

10.1 光洋シーリングテクノは「請負会社の労働者59人を契約社員として直接雇用する」「一定期間と基準により正社員への登用を行う」とのＪＭＩＵとの合意に基づき、契約社員として53人を直接雇用。 t1220

10.6 ネスレ日本霞ヶ浦工場の労働者に対し、7年前の過去の「暴行」を理由とした懲戒解雇は無効として最高裁で逆転勝訴。 07v127

11.6 中労委で、ＪＲ東日本と国労東日本本部との間で中労委36件、都労委10件係属事件の一括和解が成立。05年に昇進差別をめぐり解決金で和解成立。

11.29 学生無年金訴訟で東京高裁が1審判決（04年3月）を維持する。なお、07年2月に仙台高裁も同様に学生の訴えを認容。 07g62

12.4 団、教育基本法改悪（4月28日国会提出）に反対する意見書「立法事実の再検証を求めるーやらせタウンミーティングが意味しているもの」を発表するものの、翌12月5日に法案成立。 06g31, 07g41

12.1 中国残留日本人孤児らの起こした戦後補償裁判で、神戸地裁は国の自立支援義務の懈怠があったこと等を理由に、原告60名超に対する慰謝料の支払いを国に命ずる。 07v21

12.20 改正貸金業法の公布、上限金利引下げや総量規制（過剰貸し付けの禁止）。 d162, 07g21･62

Column－【多重債務者問題】

70年代後半消費者金融（サラ金）による被害（自殺・一家離散・夜逃げ等）が多発し、高金利・過剰貸付・過酷な取立てが社会問題化した。83年に議員立法によってサラ金三法が成立したが、みなし弁済規定でグレーゾーン金利を温存したために90年頃から大手消費者金融業者による貸し付けが急増、また商工ローン（旧日栄や旧商工ファンド）による中小事業者への手形貸付・根保証徴求等で本人や連帯保証人への過酷な取り立てで、社会的に広く営業困難・生活破綻が頻発した。2000年頃から困窮する債務者を狙った「ヤミ金融」が横行。団は日弁連・全国クレジット・サラ金問題対策協議会（クレ・サラ対策協）や民商等と連携し、各地で多重債務者根絶の世論喚起（全国キャラバンなど）と立法解決を訴えつつ、個々の裁判で被害者救済を進めてきた。06年1月みなし弁済規定を死文化する最高裁判決を勝ち取り、同12月に改正貸金業法が成立。同法施行後、多重債務者は減少、深刻さは収束の方向に向かいつつある。

2007 平成19

［社会の動き］ ***2.17 社会保険庁で年金不備5000万件が発覚、5.14 国民投票法成立、6.20 イラク派兵の2年延長決まる、被害者参加制度を含む「改正」刑訴法の成立、8.9 世界同時株安（サブプライム=ショック）、9.29「集団自決」の記述削除の撤回を求め沖縄で11万6000人の県民大会が開かれる。***

1.19 石川島播磨重工業差別事件で東京、神奈川、愛知、兵庫、広島の6事業所の労働者168名が会社と和解。朝日新聞は「思想差別に解決金10億円」と報道。会社が従前の賃金・資格・仕事・行事参加の諸処遇を反省するとともに再発防止策を全従業員に周知徹底。 t1227

1.25 中国黒竜省チチハルでの旧日本軍遺棄毒ガス兵器による被爆事故（03年8月発生）について、被害者らが東京地裁に提訴。 07g39, 10v61

2.2 東武スポーツ事件で、キャディーの契約変更の無効を認める勝利判決（宇都宮地裁）。 t1230

2.13 イタリアの国民投票運動での有料政治広告の禁止の実情などについて、団員6名による海外現地調査（→15日）。参加者松島暁・山口真美・馬屋原潔・渡辺登代美・阪田勝彦・坂本雅弥。3月5日に報告書発表。 07g32

2.26 「選挙運動の権利を守る共同センター」を全労連・国民救援会とともに設置。学習会、選管・警察・経団連に対する申し入れ活動を行い、その後も運動を継続。 07g73

2.27 君が代斉唱のピアノ伴奏を拒否した音楽専科の教員が争った戒告処分について、最高裁が伴奏を命じた職務命令を有効とする判決。 07v95

3.29 いわき市水道局長が自民党県連会長就任祝賀の新聞広告を連名で載せたことについて、仙台高裁は地方政治の中立性を損なうとして、1審判決を破棄して住民の訴えを認める逆転判決。 t1235

4.21 団、長崎市長伊藤一長を射殺した銃撃テロ（4月17日発生）に抗議する声明を発表。 07g101

4.27 中国人慰安婦の裁判と劉連仁裁判、広島・西松建設、福岡・三井鉱山の各強制連行等事件について、最高裁は72年の日中共同声明を根拠に裁判上の請求権を否定。 07g38

> **Column－【戦後補償裁判と歴史認識】**
>
> 90年代以降、アジア太平洋戦争中（31年～45年）に日本軍や軍に結託した企業による侵略・軍政によって被害を受けたアジア諸国の人々が、日本政府や企業を訴える、いわゆる戦後補償裁判が各地で提訴された。これらの中でも被害が広汎にわたった中国人を原告とする裁判は、劉連仁訴訟をはじめ強制連行・強制労働事件、「慰安婦」事件、平頂山虐殺事件、遺棄毒ガス事件など多くにわたり、いくつかの画期的な勝訴判決も獲得した。標記の最高裁判決が日中共同声明を楯にして請求権が消滅したとの初の判断を示したことから、戦後補償裁判はいったん収束の方向に向かうように見えた。しかし同判決が付言で和解によって解決する余地に言及したこと、中国のみならず旧植民地の朝鮮・台湾等の人々の訴えた多くの裁判でも日本旧軍による加害の事実が認められたことから、日本政府と企業の戦争責任の取り方は最高裁判決にもかかわらず終息せず、何よりも日本の侵略行為に対する歴史認識は引き続き向き合うべき国民的な問題として残ることになった。

5.18 国連拷問委員会が、人権状況政府報告に対する最終見解を発表。代用監獄、自白偏重の取り調べに立法的な改善を求める。 07g94

6.1 カネミ油症事件の仮払金返還債権を免除する特例法が成立。

7.29 団、奈良市で改憲阻止徹底討論集会合宿（→30日）。参加者100名。 07g34

8.8 国、首都高速、自動車メーカーを相手とした東京大気汚染公害裁判（96年5月提訴）が東京高裁などで全面的な勝利の和解解決。医療費救済制度の設置条例制定、メーカーの解決金12億円の支払いを認める。 08v254

8.21 千葉市旭区の住民が産廃最終処分場設置の取り消しを県に求めた裁判で、許可取り消しの判決（千葉地裁）。 07g70

10.4 団沖縄支部と韓国の民弁・米軍基地問題研究委員会との平和交流が沖縄でもたれる。以降毎年1回沖縄と韓国交互に平和・基地問題を協議しての交流が継続。 08g93

10.5 イラク反戦運動に関する自衛隊（陸自）の情報保全隊による情報収集活動について、東北在住市民が損害賠償請求訴訟を仙台地裁に提訴（原告4人、その後追加訴訟で東北6県から原告が集まり合計107名）。 t1413

10.19 NTT退職者で企業年金受給者510名超が国に補助参加した、規約変更（減額）不承認の取り消し訴訟でNTT側を敗訴させ、年金減額を認めない国の判断を是認する判決（東京地裁）。 t1256

11.2 南京事件の被害者である原告をニセ者と難じた書籍について、事実に反した名誉毀損と認めて、執筆者と出版元に対して400万円の損害賠償の支払いを命ずる（東京地裁）。 t1258

11.28 中国残留（孤児）邦人支援法（「改正帰国者支援法」生活支援給付など）の成立。全国の訴訟は終了した。 08g27

12.11 葛飾マンションビラ入れ事件について東京高裁が逆転有罪判決（09年11月最高裁・確定）。 t1331, 10v108

2008 平成20

［社会の動き］ 1.11 新テロ特措法案の衆院成立、6.6「アイヌは先住民族」の国会決議、9.15 リーマン＝ショック、12.22 日本年金機構設立（委）が採用資格基準（「過去に改革に後ろ向きの言動があった者」などを排除）公表。

1.20 「名ばかり店長」による残業代等の請求について、日本マクドナルドが争う「管理・監督者」の主張を排斥して請求を認める判決（東京地裁）。 08v48

1.31 商事会社・兼松での男性は一般職、女性は事務職のコース別雇用管理による賃金制について、労基法に違反する差別として原告6名中4名に対する賠償を認め、1審東京地裁03年11月の判決を取り消す判決（東京高裁）。09年10月最高裁・確定。 08v181

1.- 団内に「社会保険庁問題プロジェクト」を設置。07年6月成立の同庁改革関連法案による社会保険庁の解体、民営化の方向、公的年金問題を検討。その後団意見書発表や政府に対する申し入れ、マスコミへの宣伝など世論喚起の運動を展開。 08g51

2.10 沖縄女子中学生に対する海兵隊による性的暴行事件が発生。団は2月16日抗議声明、3月法律家団体と共同声明を発表。 08g24

2.28 新規採用小学校教員を指導能力不足を理由にして、分限免職にした処分を取り消す（京都地裁）。2審大阪高裁は09年6月教育委員会の恣意的な評価を諫め、経験の蓄積や研鑽の過程をもとに教員を評価すべきだとして1審判決を維持。 t1267

2.- 団、「派遣法Q＆Aパンフレット」を発行。 t1288

3.1 団、シンポ「ワーキングプアと非正規労働者の雇用と権利を考える」を開催（約60名団員の参加）。 t1266

3.5 北九州市の引野口事件で、自白をとるため代用監獄に送り込まれた同房者の供述の信用性を否定し不当な捜査下で取られた供述の証拠能力を否定して放火について無罪判決（確定）。 t1268

3.7 団、憲法討論集会を開催（名古屋市）。派兵恒久法やイラク派兵違憲判決（名古屋高裁）等について討議。 08g24

3.25 東武スポーツ事件（ゴルフ場キャディの正社員から契約社員への一方的変更）について、経営上の高度の必要性はなく手続きも不当として東京高裁が原告勝訴の判決（07年2月の1審宇都宮地裁判決を維持）。 t1230

3.26 NTTリストラ訴訟で東京高裁が、転籍拒否者（51歳以上）に対する異業種遠隔地配転を合理的と認める不当判決。 08v59

3.28 B型肝炎の感染問題について、最高裁で国の責任が認められた（06年6月）にも関わらず、国がこの問題を放置したため、患者が札幌地裁に提訴。その後集団訴訟が全国10地裁に提訴。 z352

4.17 イラク自衛隊派遣差止め訴訟（1審04年2月23日提訴）で、名古屋高裁がイラクでの自衛隊活動を憲法9条違反とする判決（確定）。 09v46, w下470

4.23 公立学校教員の時間外手当の不支給、「安全配慮義務」を欠くとして慰謝料請求を認める判決（京都地裁）。 09g65

4.25 旧松下電器（PDP＝パナソニックプラズマディスプレイ）事件、大阪高裁が偽装請負派遣における派遣先に雇用責任を認める判決。 08g48

5.4 9条世界会議が千葉（幕張メッセ）で3日間開かれる。大阪、広島、仙台でも開催され、合計3万人が参加。 t1263･1273

5.16 建設アスベスト訴訟を東京地裁に提訴。続いて6月30日に横浜地裁に提訴。 08g50

5.22 セイコーエプソン社員の出張中のクモ膜下出血死について、東京高裁が1審判決の業務外の認定を否定して労災を認める。 08g47

6.27 有明海の漁業者が堤防撤去と排水門の常時開門を求めた「よみがえれ！有明訴訟」で、佐賀地裁が国に3年内に5年間水門を開放することを命じる。2審福岡高裁が10年12月に1審維持（確定）。 08g67, 11g101

7.9 「ビラ配布の自由を守る集会」の開催。葛飾ビラ入れ、堀越・世田谷国家公務員法事件を支援する会等が中心になって約950人が参加。 08g78

7.- 鈴木亜英団員が救援会の会長に就任。10年間在職（→18年7月）。

9.3 NTTリストラ配転事件で中労委が、少数組合（通信労組）との団交で多数組合との間での差異を禁ずる救済命令（交付10月31日）。 t1293

10.6 団、裁判員裁判についての意見書を発表。前整理手続後の立証制限、開示証拠の目的外使用、裁判員の守秘義務、取り調べの可視化、証拠開示の5項目の緊急提言（09年2月改訂版発表）。 09v96

10.8 団、「労働者派遣法抜本的改正を要求する」国会院内集会を開催（団員・法律事務所事務員50名を含む120名の参加）。 t1288

10.10 京都府労働委員会の労働者委員を京都総評から任命。06年10月京都地裁が任命取り消し訴訟で任命の公平性に疑義を呈していたが、その2審で審理中の任命であった。 t1303

10.24 日弁連、レッド・パージ犠牲者に対する名誉回復・補償を国に勧告。

10.30 国連自由権規約人権委員会（ジュネーブ）が日本における人権状況に関し、批判意見を表明。団は09年2月東京、3月大阪でこの問題でシンポを開催（共催）する。 09g100

10.31 「障害者自立支援法」を差別立法として国を相手に福岡・広島・神戸・大阪・京都・滋賀・東京・埼玉で一斉提訴。 09g52

12.4 いすゞ自動車から中途で解雇された藤沢（神奈川）、栃木工場の期間労働者全員553人のうち、一部の労働者が宇都宮地裁栃木支部に解雇予告効力停止の仮処分を申し立てる。いすゞ自動車は12月24日に解雇撤回。 09v157

12.31 日比谷公園で年越し派遣村（09年1月5日まで）に505人が入村、うち約300人が生活保護を申請。 09g35

2009 平成21

［社会の動き］ ***4.5 オバマ米大統領プラハ演説、5月裁判員裁判開始、6.24 公文書管理法成立、7.19 民主党代表鳩山由紀夫が普天間基地代替施設は「最低でも県外に」と発言、7.27 民主党の衆院比例議席180から100に削減案、8.30 衆院選で民主党単独過半数、9.16 民主党中心の鳩山内閣発足、11月肝炎対策基本法成立、11.4 労働者派遣法「改正」案の国会提出、11.30 肝炎対策基本法の成立、12. 新防衛大綱・中期防（中期防衛力整備計画）の閣議決定。***

1.15 NTTリストラ配転訴訟が大阪高裁で勝利判決（17名の名古屋配転について違法と判断）。同様の判決が10年3月25日高松高裁で出る（3名配転）。 t1299･1341

1.16 団京都支部、「事実、それは違法です！」パンフレットを完成。大量解雇・失業問題を訴え、週1回の街頭宣伝で頒布。 09v211

1.20 団、ブックレット『なくそう！ワーキングプアー労働・生活相談マニュアル』（学習の友社）を発行。2月14日労働者教育協会と共同してシンポを開催。 t1297

2.27 新嘉手納基地周辺住民約5500名が提訴した爆音訴訟で、福岡高裁那覇支部が損害賠償の範囲を拡張して認容（確定）。 tl302

3.6 パナソニック派遣労働者が正社員への直接雇用を求めて福井地裁に提訴。 09v161

3.7 団、「裁判員（裁判）制度を迎え撃つ」の全国集会を大阪で開催（70名参加）。10月「裁判員制度についての意見書」を発表し抜本的な改善を提唱。その後13年5月に「裁判員制度の見直しに関する意見書」を公表。 09g92·13g80, t1296

3.12 東京七尾養護学校での性教育授業に対する都議と教育委員会委員による政治介入について、東京地裁が旧教育基本法10条「不当な支配」にあたるなどとして違法と判断。 09v66

3.13 団、第1回大量解雇阻止全国会議を開催。 t1305

> **Column－【非正規労働に対する全国的な取組】**
>
> リーマンショックを機に急増した派遣切り、非正規切りを跳ね返すために開催。いすゞ・日産・キャノン・パナソニック・三菱電機・日本トムソンなどの大企業での派遣工・期間工切りについて討議。その後7月（第2回）・9月（第3回）に全国会議をもつ。9月時点で裁判所に係属する派遣切り事件は全国で50件を超えた。この全国会議は10年には9月7日第4回の会議1回であったが、11年に入った2月14日第5回では、松下PD・日立メディコ事件の二つの最高裁判決の後を受けて、トステム事件和解、テクノプロ・エンジニアリング常用派遣労働者の勝訴判決（川崎）の報告に基づき、非正規労働者裁判の展望について多角的に討議。この間、団は9年12月に小冊子「派遣黒書」、10年3月に第2集を発行した。これらの黒書で取り上げたのは、先の企業のほかに、三菱ふそう、三菱電機、三菱東京UFJなど大企業17社であった。

3.25 被爆者の救護・看護による3号被爆者7名が、被爆者健康手帳申請却下の取り消しを求めた裁判で原告全員勝訴（広島地裁）。 hir86

3.26 「日の丸・君が代」裁判で、都の通達（10・2）に抗して国歌の起立斉唱・ピアノ伴奏を拒否した教職員の譴責懲戒処分を有効とする判決（東京地裁）。 09v67

3.27 神戸在住のレッド・パージ被害者（免職・解雇）が復権と賠償を求めて国を提訴（13年4月敗訴し、その後最高裁で確定）。

4.2 団国際問題委員会がベトナム視察旅行（団長井上洋子）。団員6名他（→4月7日）。 t1306

5.12 いすゞ自動車の期間労働者の賃金60％補償付きの休業命令（ただし期間終了同意者には85％の支払い）について、賃金全額を支払えとの画期的な仮処分決定（宇都宮地裁栃木支部）。 10v165

6.19 ソマリア沖での護衛艦、P3C哨戒機の海上活動を可能にする海賊対処法が成立。団は先行的に09年4月に意見書「ソマリア沖派兵と海賊対処法案に反対する」を公表。 10v13

6.22 福島県いわき市「21世紀の森」の廃棄物処理場反対の住民運動、1審敗訴（06年11月福島地裁いわき支部）を経て2審で事業者が請求認諾。13年間の運動で全面勝利。 t1318

6.23 足利事件で東京高裁が再審開始決定（10年3月26日宇都宮地裁で無罪確定）。 10v111

7.27 民主党はマニフェストで衆院比例80議席削減案を提唱。団は、反対運動を起こすよう団内に訴える。 09g30, 10v73

8.6 原爆症認定集団訴訟の成果を受けて、国と被団協（日本原水爆被害者団体協議会）との間で「終結に関する基本方針に係る確認書」調印。 t1320

8.14 沖縄防衛局の辺野古新基地建設に伴う環境アセスメントの不備について、原告約340名が違法確認訴訟を那覇地裁に提訴。 10v22

11.21 団、小選挙区制と衆院比例代表定数削減を考えるシンポを主催。 t1330

12.4 葛飾ビラ配布弾圧事件、堀越・世田谷国公法事件をテーマに「言論表現の自由を求める日比谷集会」を開く（団が共催）。 10g88

12.18 旧松下電器ＰＤＰ事件、最高裁は、派遣先責任を認めた2審判決を破棄する。 10g42

12.21 資生堂・アンフィニ争議（有期労働者の偽装派遣，請負による解雇事件）で、東京高裁は1審判決を取り消し、雇い止めを信義則上許されないとして賃金仮払いを認める。その後16年1月に勝利的和解。 16v105

12.28 社会保険庁の解体。これによる約520名の分限免職。以後全国各地で人事院に異議申し立て、さらに裁判所に処分取り消し裁判を提訴。 10v222

2010
平成22

［社会の動き］ 1.24 辺野古新基地建設反対派の稲嶺進氏が名護市長に当選、4.25 沖縄県民9万人集会、4.6 労働者派遣法「改正」案の国会提出、9.7 尖閣列島海域で中国漁船が海保巡視船に衝突、9.10 村木厚子被告に無罪判決、12.15 諫早湾干拓訴訟で国が上告断念（水門開放の決定）。

1.7 障害者自立支援法違憲訴訟（08年提訴）で原告団・弁護団と国（厚労省）との間で基本合意成立。 s135

1.20 市有地を敷地に利用する空知太神社の事件で最高裁が違憲判決。

3.4 自衛隊内部で頻発するセクハラ・いじめ等の裁判の連携組織として「自衛隊の人権裁判全国弁護団連絡会議」が発足。 t1359

3.5 団、朝鮮高校を就学支援金の対象から除外した文科省に抗議声明。 10g119

3.15 ノーモア・ミナマタ国賠訴訟で熊本地裁が和解での解決に向けた所見を示す。国・県・チッソ、および原告団が受け入れる。 10g77

3.25 NTTリストラ松山裁判で、高松高裁が「長期勤務し本人が希望する」松山市に勤務させない差別的意図を認め、（再）配転命令を無効とし1審判決を取り消して慰謝料を命ずる。 t1341

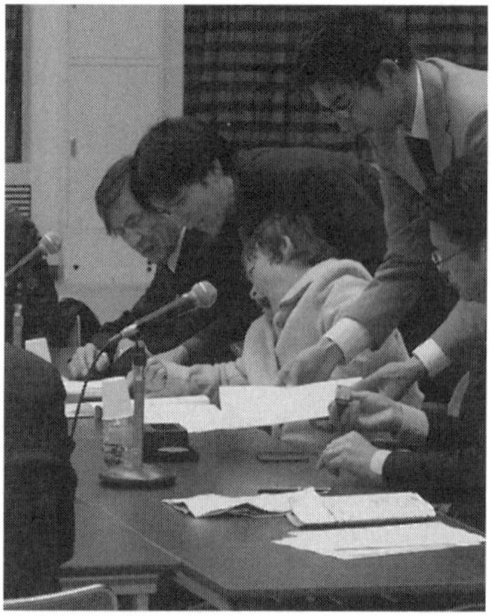

厚労省講堂での調印式。一番奥に見えるのが視力障害者として初の弁護士資格を得た竹下義樹団員。この調印にそって順次各地裁での和解がすすめられ、10年4月20日の東京地裁の和解をもって障害者自立支援法違憲訴訟は終結した。 s

3.26 熊本市住民の訴えで、熊本地裁が判決で同市議らの領収書のない政務調査費・事務費について返還を命ずる。 t1344

3.29 国家公務員法の政治活動禁止を争った堀越事件で、憲法21条違反として逆転無罪判決（東京高裁）。10年5月13日同じ政党機関紙配布事案（ただし幹部職員との認定）の世田谷事件で東京高が有罪判決。 10v105·108

3.-	団、鳩山内閣提出の「労働者派遣法の改正」の抜本的な改革をめざして街頭行動や院内集会・意見書作成等を行う。	t1341
4.1	生活保護母子加算の廃止を違憲とする訴訟（生存権裁判）で、母子加算復活問題について原告団と厚労省が基本合意。	10g56
4.10	団、ブックレット『比例削減・国会改革　だれのため？なんのため？』を刊行(学習の友社)。	
4.-	団を紹介する英文リーフレットが作成されて利用開始。	10g110
5.11	労働者派遣法の抜本的な改正を求める国会請願の法律家デモを行う。	t1345
5.18	京都新聞の子会社での雇い止め事件で京都地裁が、労働者の期待権の発生と解雇権乱用法理から雇い止めを無効とする。	t1350
5.19	泉南アスベスト訴訟（第1陣・06年5月26日提訴）で大阪地裁が国の規制権限不行使の責任を認め、原告ら26名に対する損害賠償を命ずる判決（大阪地裁）。	10g46
5.30	最高裁で君が代の起立斉唱を職務命令で強制することは憲法19条（内心の自由）に反しないとの判決。6月6日、6月14日に同様の最高裁判決が続く中、反対意見等に見るべきものがあった。	11g89
6.14	母子生活保護の老齢加算廃止の取り消し訴訟を全国的に展開するなかで、福岡高裁が利用者の請求を認め逆転勝訴判決。	10v55, 11v271
6.28	国鉄労働者採用差別問題で、国労・国鉄共闘をはじめとする4団体と鉄道建設・運輸施設整備支援機構（旧国鉄）との間で最高裁において一括和解が成立する(国鉄問題の終結)。	HN122
7.23	社会保険庁解体に伴う分限免職の取り消しを求める裁判が京都地裁に提訴される。	10g52
7.29	沖縄普天間基地爆音訴訟で爆音の違法性を認め、国に3億7000万円の損害賠償を命じる判決（福岡高裁那覇支部）。	11v35
7.29	航空自衛隊（空自）内での性暴力に関する国家賠償請求（女性自衛官の人権）裁判で、原告の主張を全面的に認める判決（札幌地裁、確定）。自衛隊の安全配慮義務について具体的な判断基準を示す。	t1357
9.30	津田電気計器事件で大阪地裁が、会社による高齢者雇用安定法上の選別基準を悪用しての高齢者の継続雇用の拒否を違法と認めて勝訴判決（11年3月大阪高裁が1審判決維持)。	11v235
10.21	トステムによる日系ブラジル人大量派遣切り事件、水戸地裁土浦支部で勝利的和解。	11v214
10.28	客室乗務員監視の目的でJALが秘密裡の個人情報をファイルに収集・管理していたことについて、東京地裁が慰謝料の支払いを命じる。	t1363, ton93
11.25	団、衆院比例議席の無駄論に反対する意見書「誤りです！国会議員ムダ論」を発表、全国会議員に送付。	11g50
11.26	司法修習生の給費制の1年間の延長が決まる。給費制廃止に反対し弁護士会、議員を巻き込んだ運動の成果。以降も給費制の維持･復活に向けて取り組む。	11g124
12.22	勤続25年と17年の私立高校非常勤講師2名の雇い止め事件、新潟地裁が雇用継続の「期待」に合理性があるとして雇い止め無効の判決。	t1368
12.31	会社更生手続き中の日本航空が運航乗務員81名･客室乗務員84名を整理解雇。	11v223

2011
平成23

［社会の動き］ 1.14 チュニジアデモ（アラブの春の始まり）、3.11 東日本大震災、3.12 東電1～3号機の炉心溶融（メルトダウン）、6.28 B型肝炎患者救済の基本合意成立、9.17 ニューヨークで「ウォール街を占拠せよ」の運動、12.20 南スーダンに陸自派遣の決定。

1.7 薬害イレッサ訴訟で東京・大阪地裁が同時に和解勧告。それが不成立となって後の2月25日大阪地裁が企業の責任のみ認め、3月23日東京地裁が国と企業の責任を認める判決。しかし11月東京・12年5月大阪各高裁で責任否定の不当判決。 11v330, 13v229

1.11 B型肝炎訴訟で札幌地裁が国に対する和解勧告の所見（08年各地で集団提訴）。6月国との間で基本合意成立。11年12月給付金等特別措置法の成立。 12v290

2.2 大阪府大東市が労働実態なき給与の支払いを続けた同和行政で、市長に返還を命じる判決（大阪地裁）。02年同和行政の廃止（「対策特別事業の特別措置に関する法」による失効）以降も不公正な行政が続いていた実態が暴露された。 t1375

2.18 団、大阪において「国内人権機関開設をめぐる全国意見交換会」を開催。 t1377

2.21 団員有志の参加した訪英選挙制度調査団が出発。英国の小選挙区制廃止と対案投票制をめぐる情勢と問題点を調査（→2月26日）。6月に報告書「機能不全に陥るイギリス小選挙区制から何を学ぶか」を発表。 11g51, 11v100

2.23 日本トムソン正社員化訴訟で神戸地裁姫路支部が損害賠償を認容。しかし9月30日大阪高裁で逆転敗訴判決。 11v189, 12v207

3.14 団、東日本大震災対策本部立ち上げ。4月2日、24日現地調査をし、その後調査報告書作成・現地相談会参加・国への緊急申し入れ、あわせて義援金協力活動を行う。 01g18

3.31 村木厚子氏事件を受け「検察の在り方検討会議」が「検察の再生に向けて」を提言。その後6月に法制審議会が「取り調べ・供述調書に過度に依存した捜査・公判の在り方の見直し」「取り調べの録音・録画」導入等を検討する旨表明。 11g13, 13v124

4.- 団、意見書「新防衛大綱を批判する」を発表。 11g139

4.12 新国立劇場事件でオペラ合唱団員、イナックスメンテナンス事件で業務委託修理業者について、最高裁は労組法上の「労働者」性を認める。12年2月ビクター事件で音響機器の修理委託個人代行店についても同様な判断。 11v60

4.28 富川水害訴訟で台風時、道南日高地方の沙流川の樋門操作員に対する時期尚早の避難指示が水害をもたらしたとして、国の過失を認める判決（札幌地裁）。札幌高裁が12年9月1審維持。

5.27 中電・浜岡原発運転停止を求める裁判を静岡地裁浜松支部に提訴。その後原発の操業停止や廃炉を求める裁判が全国で提訴される（11月北海道・12月松山・12年1月佐賀・4月新潟・5月鹿児島・6月金沢・7月水戸地裁）。 12g21

5.- 5月以降福島県内8か所で開かれた原発被害者相談会に延べ100人以上の団員が首都圏を中心に参加。 11g24

6.2 大阪の相互信用金庫の経営破綻による出資金返還請求（02年11月提訴、原告約530名、総額17億円超）で、大阪高裁が不正な会計処理を認め、かつ1審認定の破綻時期を変更し原告勝訴の逆転判決。 t1386

6.9 比例定数削減に反対する11団体主催の集会（中野ゼロホール）。1100人超の参加。 11g50

6.30 不当に低い最低賃金を争い、是正を求める裁判を横浜地裁に提訴、その後追加提訴で原告は134名に。 16v122

7.11 航空自衛隊浜松基地の三等空曹のパワハラを苦にした自殺について国に慰謝料支払いを命じる判決（静岡地裁浜松支部）。25日防衛大臣が謝罪して確定。 t1392

7.15 近畿大学（近大）泉州高校の教員に対する整理解雇事件で、大阪高裁が4要件のうち「必要性」「回避義務」「手続きの誠実性」の欠如を理由に解雇無効の逆転判決。 t1391

7.25 団、環太平洋パートナーシップ協定（TPP）に関する意見書「ＴＰＰはくらしと地域経済を破壊する」を発表。 11g129·140

8.8 有識者会議が「秘密保全のための法制の在り方」報告書を民主党政権に提出。団は12年2月に批判意見書を発表。 12g38, w下701

8.20 団、第1回全国原発問題・全国活動者会議を東京労働会館ラパスホールで開催（約75名参加）。 11g138

9.19 「さよなら原発」集会、その後デモ6万人参加。70年安保闘争以来の大規模な国会前行動。 11g27

9.29 川崎市の職員に対する政党機関紙購読調査事件、東京高裁は敗訴判決の付言で「思想良心の自由保障の限界に近い領域」での調査目的・方法・回収過程について疑問を呈し、市職員を巻き込まず議会論議で解決すべきであったと判示。 12v108

10.21 団創立90周年記念集会の開催（ホテルグランパシフィックLE DAIBA、約500人参加）。『最新くらしの法律相談ハンドブック』を記念出版（旬報社）。 t1398·1399

11.1 JFEスチールの構内下請会社の契約社員4名に対する雇い止め（09年3月発生）、横浜地裁川崎支部で和解し現場復帰。 12v213

11.2 三菱電機派遣切り事件で名古屋地裁が損害賠償の支払いを命ずる判決。 12v217

11.- 司法修習生給費制度の廃止（修習生65期～70期）。

12.7 大阪地裁が45年3月の大阪・兵庫・静岡・宮崎・鹿児島の本土空襲被害について、国の賠償・謝罪義務を否定する判決。 t1402

12.13 「原発をなくす全国連絡会」が発足。

2012 平成24

［社会の動き］ 5.24 韓国大法院が戦時徴用韓国人原告の損害請求を認める、6.29 米政府がオスプレイの配備通告、8.10 社会保障・税一体改革関連法成立、12.16 総選挙で民主党惨敗、自民党圧勝、12.26 第二次安倍内閣の発足。

1.10 団、「原発事故の迅速な被害回復と完全賠償のために―原発事故被害に関する基本的意見」を発表。 12g17

1.16 日の丸・君が代不起立・不斉唱に対し、最高裁が戒告処分は有効、減給処分は無効の判決。 12v158

1.31 九州玄海原発の稼働差止め訴訟を佐賀地裁に提訴（1704名、その後原告1万人を超える）。 13v83

2.16 団宮城県支部が「放射能・原発とどう向きあうか」集会を開催。 12v26

2.19 団、第3回原発問題全国活動者会議を福井市で開催（40名超参加）。大飯原発再稼働阻止などを討議。 12g22

2.20 団を含む11団体による比例定数削減反対等の院内集会の開催。220名の参加で討議。 12g8

3.7 東住吉事件で再審開始決定（大阪地裁）。16年8月10日に無罪判決確定。

3.26 自衛隊保全隊訴訟で、仙台地裁がプライバシー侵害で国に慰謝料の支払いを命じる判決（16年2月仙台高裁が1審判決維持）。 12v82

3.28 民主党政権下での労働者派遣法「改正」。日雇い派遣の原則禁止、違法派遣の場合の直接雇用みなし制度の導入（施行は15年10月1日から）。団は4月10日に声明を発表して徹底した規制を求める。 12g67

3.28 泉南アスベスト国賠（第2陣）訴訟で、国の規制権限不行使の違法を認め、原告約50名に損害賠償を命じる判決（大阪地裁）。これに先立ち大阪高裁が11年8月に第1陣訴訟・1審勝訴判決を取り消して敗訴判決を出していたが、これを乗り越えての勝訴判決。大阪高裁は13年12月第2陣の原判決を維持（第1陣の流れを阻止し第2陣の判決が定着）。 12v285

3.29 JALの会社更生手続下の整理解雇（10年12月）事件で東京地裁が不当判決。翌30日客室乗務員にも同様な判決。 12v221

3.29 西洋医学の見地からの鍼灸研究（科学研究費研究）・授業に従事の女性大学講師が配置転換を受けて研究の続行が困難になったことについて、大学に対し配転の無効と損害賠償を認める（津地裁）。 t1483

4.2 老齢加算の段階的廃止処分の取り消し訴訟で、最高裁は処分の取り消しを認めた福岡高裁判決を破棄。 12v253

4.27 町長が学校統廃合反対派住民の署名運動について訪問調査をさせた関ヶ原人権裁判（07年11月提訴）で、名古屋高裁は1審判決をさらに進め思想の自由を侵害したとして勝訴判決。 t1417

4.27 自民党憲法改正草案を発表。団は徹底批判し世論喚起をはかる。 w下729

4.- お笑いタレントの実母の生活保護に対する「不正受給」バッシング。13年8月生活保護費の段階的削減へと繋がる。 02g54

6.18 民主党は小選挙区制5議席・比例代表定数40議席削減・一部運用性の採用などの「改正」法案を国会に提出。9月8日に会期終了によりいったん廃案。 02g49

7.16 東京・代々木公園で「さようなら原発　10万人集会」に団も参加。 02g21

7.21 団、大阪で開かれた全国拡大常任幹事会において、橋下大阪府政と維新の会がすすめる住民サービスの削減・組合攻撃等について討議。 02g48

8.3 労働契約法の改正。有期契約5年以上反復した場合の「無期限」転換権の導入など。

8.23 「ＳＴＯＰ！秘密保全法制共同行動」第1回準備会を開催。団は日本マスコミ文化情報労組会議（MIC）・日本ジャーナリスト会議（ＪＣＪ）などと共同街頭宣伝（東京有楽町マリオン前）。その後毎月欠かすことなく街頭活動を継続。 02g39

9.20 ホンダ非正規切りで東京高裁が、自由意思による不更新とその有効性を認めて雇い止めを容認する不当判決。 02v147

10.13 9条世界会議が大阪で開催され団員が多数参加（→19日）。

11.3 福島地裁いわき支部に40人・19世帯の原発避難訴訟を提訴。13年3月11日に822名（366世帯）いわき市民が提訴。 13v68

12.5 首都圏建設アスベスト訴訟について、東京地裁が初めて国の責任を認める判決（08年5月提訴）。 13v228

12.7 最高裁は堀越事件・世田谷事件についていずれも上告棄却（猿払事件最高裁判例の実質的変更）。 13v108

12.8 団、「労働者派遣・有期労働契約法の抜本的改正」の全国会議を開催。民主党内閣退陣（12月26日）による安倍内閣登場後の労働法制を展望し討議。 13g50, 16g50, 18g39

Column－【安倍雇用政策と団の取り組み】

新自由主義に基づき「世界で一番企業が活躍しやすい国」をめざす労働法制の規制緩和を謳う安倍内閣に対し、団は個別の労働裁判に尽力する一方で労働法制改悪阻止に注力。14年2月に団・労働法制改悪阻止対策本部を立ち上げて、政府の動きに即応して国会院内での反対集会・議員要請・意見書発表、集会・街頭宣伝などを展開した。彼我の対応関係の経過は次のとおり。政府は①15年9月11日労働者派遣法の「改正」ー業務単位での派遣期間の制限を撤廃、事業所・個人単位の期間制限に変更、②16年9月安倍働き方改革実現会議を設置、これに対し団は、③全労連と共催で17年1月から3月迄3回の「働き方」連続学習会を行ったが、④18年6月29日安倍内閣は働き方改革一括法（高度プロフェッショナル制度・残業時間の上限規制・非正規労働者への不合理な待遇差別の禁止）の成立を強行した。団は、⑤ただちに「残業代ゼロ・格差容認・無権利労働の拡大」として批判、あるべき労働規制を提言した。

2013
平成25

［社会の動き］ ***1.16 アルカイダ系武装勢力がアルジェリアで日本人技術者ら10名殺害、1.30 安倍首相「憲法96条の改正から始める」と国会答弁、4月ネット選挙解禁、5.24 マイナンバ-制（共通番号制）成立、8.8 法制局長官に集団的自衛権容認派の小松一郎を起用、12.6 特定秘密保護法の成立、12.17 新防衛大綱の発表。***

1.20　団、憲法討論集会を開催（名古屋市・愛知労連労働会館)、77名参加。　13g17

2.20　国の「水際作戦」で生活保護申請を不受理にした「三郷事件」で、「生保を申請する権利」侵害と判決（さいたま地裁)。　13g54, s

3.11　福島地裁に原告800名余で原発事故被害救済裁判(福島原発・生業訴訟)等を提訴。その後北海道(6月21日)、愛知(6月24日)、千葉(7月12日)と続き、新潟・東京・新潟・山形・神奈川・群馬で避難者の損害賠償等の裁判が相次いで提訴。　13g37, 13v69

3.13　マツダ防府工場派遣切り（09年4月提訴、16名）で、山口地裁が派遣先企業と派遣労働者との雇用契約を認める。14年7月に広島高裁で和解解決。　13v149

3.23　団、全労連と共催でシンポ「首切り自由を許すな！退職強要、解雇、雇い止め、派遣切りとのたたかい」を開催。約200人参加。　t1449

3.28　最高裁が選挙区割りを違憲状態とした「一票格差」裁判（11年3月）を機に12年自公民3党による各種選挙制度導入合意について、団は2月12日の「小選挙区制の廃止を求める」批判意見書に続いて3月28日緊急意見書「『優遇枠』案がもたらすもの」を発表。　13g32

3.29　北海道・陸自真駒内基地の徒手格闘訓練死事件で、自衛隊員に対する安全配慮義務違反を認めた初の勝訴判決（札幌地裁、確定)。「自衛官の人権弁護団・北海道」が「対テロ戦争」名目での素手による殺傷訓練を究明。

3.30　「明日の自由を守る若手弁護士の会（略称・あすわか)」第1回総会を開催。　t1452

4.5　社会保険庁分限免職訴訟で人事院が大阪事案で免職取り消し、10月香川事案も免職取り消しの判断。　13v165・14v152

4.19　生来的歩行困難障害者について、自動車保有を理由に生活保護を廃止されたことを違法とする判決（大阪地裁)。　s181

4.25　3名の原告が提訴し救済を求めたレッド・パージ事件について最高裁が訴えを斥ける。原審大阪高裁は、マ書簡に反して救済する責任はないとして国を免責した。

5.15　団、「96条改憲による発議要件緩和に反対する意見書」を発表。

5.15　団、橋下徹大阪市長（当時日本維新の会代表）の従軍慰安婦容認発言に対する抗議声明発表。　13g99

5.29 団、「国家安全保障基本法に反対する意見書」を発表。日本版NSC（国家安全保障会議）に反対するが、6月7日に関連法案が国会に提出される。 13g18

5.- 団、裁判員裁判の制度見直しに関する意見書を発表。制度施行後3年の見直しに向け11年3月試案、12年7月修正試案後の討議をさらに積み上げた成果。 13g80

7.27 団、東京都新大久保、大阪市鶴橋で頻発する在日朝鮮人へのヘイト・スピーチに抗議する声明を発表。 13g29

8.2 65期司法修習生が給費制廃止の違憲性を訴え、東京・名古屋・広島・福岡の各地裁に一斉提訴。

8.30 ブックレット『安倍「雇用改悪」を斬る』（学習の友社）を発行（団・労働法制中央連絡会・全労連共編）。 14g42

9.12 大阪府警が「生活と健康を守る会」（大阪市淀川区）を捜索、元会員逮捕。

9.19 山梨県議会議員に対する海外研修視察旅行の公費支給について、違法として返還を命じる逆転勝訴判決（東京高裁）。14年5月最高裁で上告棄却、確定。 t1491

10.7 「在日特権を許さない市民の会（在特会）」メンバーによる朝鮮人学校へのヘイトスピーチについて、京都地裁が違法とする判決。14年7月大阪高裁が1審判決を前進させて14年12月最高裁確定。 t1469

10.20 団本部事務所の移転を決め、団内募金活動を開始（責任者・荒井新二、事務局長・泉澤章）。 14g111

10.31 生活保護申請を稼働能力の判定で却下した事案（岸和田訴訟）について、従来の要件を緩和し能力活用の判定には「最低限の努力を行う意思の有無」等を考慮すべきとして利用者の保護申請権を広く認め勝訴判決（大阪地裁）。

11.5 団、意見書「徹底究明　秘密保護法案　戦争のための人権抑圧法」を発表。続いて11月19日意見書「秘密保護法/日本版NSC　山積する問題」、12月3日意見書「参議院での秘密保護法案の廃案を求める」を発表。

11.7 特定秘密の保護に関する法律（秘密保護法）案、衆院安保特別委員会の審議入り。11月25日自公等の修正案、12月6日強行採決。団は抗議声明。 14g25

12.6 秘密保護法の成立。ただちに団長声明を発して同法の廃案を提起。 t1473

2014
平成26

[社会の動き]　3.18 ウクライナ南部クリミアのロシア編入、4.11 少年法「改正」の成立、4.22 経済諮問会議が「新たな労働時間制度の提案、5.30 内閣官房に人事局設置、6.13 改憲手続法の成立、7.1 安倍内閣による集団的自衛権容認、11.16 翁長雄志氏が沖縄県知事に当選、12.14 総選挙で自公で3分の2議席を超える。

1.23 団、TPP問題に取り組むTPP対策プロジェクトチーム（PT）を設置。 t1475

2.25 佐賀地裁に生活保護基準引き下げを違法とする提訴、その後大阪・熊本・愛知・埼玉・三重等の各地で提訴。13年からの段階的引き下げについて、全国1万人超の審査請求運動が「いのちのとりで全国裁判アクション」の支援のもとで続く。 15g57, 16g35

2.28 完成した熊本県営・路木ダムについて熊本地裁が建設を違法とし、判決確定後の公金支出を差止める。 t1483

3.5 倉敷民商専従事務員3名が税金申告書作成で税理士法違反で起訴される（岡山地裁）。同15年4月20日地裁は禰屋事件と公判分離した他の民商事務員2名について有罪判決。 15v80

3.15 団、沖縄県竹富島の公民教科書採択に対して、3月14日下村博文文科大臣が直接的是正要求を求めたことに抗議。 t 1484

3.20 団、『これが秘密保護法だ　全文徹底批判』を出版（合同出版）。 t1481

3.27 袴田事件の再審開始決定（静岡地裁）。同時に死刑執行停止・身柄釈放。その後18年6月11日東京高裁が同決定を取り消すが、20年12月23日最高裁が破棄差戻し。

4.23 護衛艦たちかぜのいじめ自殺訴訟について、東京高裁が遺族側に対する賠償を国に命じる勝訴判決を出す。 15v25

4.25 団、「カジノ法案の廃案を求める意見書」を発表。 14g88

4.25 クラブの風営法ダンス営業規制事件で無罪判決（大阪地裁）。15年1月大阪高裁が1審維持（最高裁・確定）。 d85·195, 15g37

4.- 団本部事務所が文京区関口に移転。

5.15 安倍首相の私的諮問機関「安全保障の法的基盤の再構築に関する懇談会」（略称「安保法制懇」、責任者は元外務事務次官・柳井俊二）が集団的自衛権行使を可能とする報告書を提出。 w下893

5.17 団、「安保法制懇」報告等反対の全国会議を開催（161名参加→19日）。 14g24

5.21 大飯原発3・4号機運転差止め判決（福井地裁）。 t1491

5.28 「国民安保法制懇」が結成される。

5.- 団、『改憲がもたらす戦争する国日本～法律家が読み解く自民党改憲草案Q＆A～』を発行（学習の友社）。

6.3 JAL整理解雇事件で、東京高裁が会社更生手続き下の客室乗務員に対する整理解雇を有効とする不当判決。6月5日に運航乗務員についても同様の不当判決。 15v97

6.11 団の加入する憲法改悪共同センターを組織強化し「戦争する国づくりのストップ・憲法を守り生かす共同センター」（通称「共同センター」）に改組し、「毎月7日宣伝」行動を長期間継続していった。 15v35

6.12 団、「解釈改憲・立法改悪は『戦争』への道～安保法制懇報告書・批判～」を発表。 14g24·108

6.20 過労死等防止対策推進法の成立。

7.1 安倍内閣による集団的自衛権容認。

> **Column－【安倍内閣による集団的自衛権の解釈変更】**
>
> 民主党から政権を奪還した安倍首相は、第1次政権時に発足した「安保法制懇」を再開、同懇談会は5月15日に集団的自衛権を容認すべきとする報告書を作成・発表。集団的自衛権について政府は、これまで「わが国が、集団的自衛権を有していることは、当然であるが、憲法9条の下において許容されている自衛権の行使は、わが国を防衛するため必要最小限度の範囲にとどまるべきものであり、集団的自衛権を行使することはその範囲を超えるものであって、憲法上許されない」と解釈してきた。安倍首相は、この政府解釈の変更を受け入れない山本庸幸内閣法制局長官を退任させ、集団的自衛権容認論者の小松一郎外務省元国際法局長を法制局長官にすげ替え、そのうえで7月1日、同報告書を基礎にして集団的自衛権の一部行使を認める閣議決定を行った。この決定に基づき提出されたのが安全保障法制（戦争法）である。団は、この安保法制の法案化に向けた政府の動きと同時進行の形で批判活動を続け全国的な反対運動を広範に呼びかけた。

7.8 大阪府泉大津市コンビニ窃盗事件で大阪地裁堺支部が無罪判決（確定）。軽微事件にもかかわらず長期302日の未決拘禁。 sak85·19v92

7.9 法制審「新時代の刑事司法制度特別部会」答申案の決定。取り調べの可視化と日本的司法取引の導入、盗聴法の適用拡大。 14g40

7.- 団、盗聴法・司法取引阻止対策本部を発足（8月28日に第1回全国会議）。 14g41

8.14 チチハル遺棄毒ガス事件の最高裁での終局判決（請求棄却）が出された日に、弁護団と中国の人権発展基金との被害者医療支援等の民間基金の設立が合意される（15年8月正式発足）。 15v29, 16v27

9.10 橋下大阪市長の仕掛けた大阪労組の組合事務所明け渡し事件で組合勝訴の判決（大阪地裁）。15年6月大阪高裁で逆転敗訴になる。が、同10月中労委が不当労働行為を認定し謝罪文交付を命じた。 15v104

10.9 泉南アスベスト訴訟（第1・2次）で最高裁が国の責任を認める判決（11年8月の第1次訴訟の高裁不当判決を破棄差戻し）。 d117･197

10.15 団、「徹底解剖！イチからわかる　安倍内閣の集団的自衛権―閣議決定が示す戦争できる国づくり、そのカラクリ」を発行（合同出版）。

10.30 国家公務員賃下げ違憲訴訟、東京地裁で不当判決。 t1507

11.16 翁長雄志氏が沖縄県知事に当選。前職に10万票の差をつけて圧勝。 15g5

11.26 団、刑事訴訟法（刑訴法）改正案の「盗聴法拡大・司法取引導入」反対意見書を発表。以後15年4月、9月に意見書を逐次発表。 15g34

11.28 19歳青年に対するパワハラ過労自殺について会社に損害賠償を命じる（福井地裁判決）。 t1512

12.25 団、意見書「参議院の意義とあるべき選挙制度」を発表。 15g32

2015 平成27

［社会の動き］ 1.31 イスラム国が日本人人質2人を殺害映像の公開、4.27 日米安保協議（2×2）で新ガイドラインの合意、5.15 安保法制法案（戦争法案）の国会提出、5.24 ヘイトスピーチ対策法の可決、8.7 盗聴等法案の成立、9.11 労働者派遣法改悪の成立、9.19 安全保障関連法（安保法制）の成立、12.28 日韓外相が日本軍「慰安婦」問題で合意。

1.19 銚子市母子無理心中事件（14年9月発生）で団は、全生連・中央社会保障推進協議会（中央社保協）等と協力し県と市に事情聴取、調査。その後千葉支部による裁判傍聴や調査等を行って報告書を発表（9月）。16年5月『なぜ母親は娘に手をかけたのか―居住貧困と銚子母子心中事件』（旬報社）を出版。 t1515, 16v174

2.4 JAL整理解雇（客室乗務員）で最高裁が上告棄却、2月5日には運航乗務員に同様の判決。当事者らはその後も職場復帰を求め運動を継続。 ton77

2.24 時給1000円以上の最低賃金を求める訴えに横浜地裁は、最賃決定の処分性を否定し却下判決。 16v122

2.- 団、育鵬社の教科書問題プロジェクトチーム（PT）を設置。同社の公民・歴史教科書の問題点を広く意見書等で批判宣伝することを確認。 15v143

3.10 団、緊急意見書「戦争法制が生み出す国」を発表。その後5月「いつでもどこでも切れ目なく戦争へ」、6月「逐条検討・戦争法制」「新三要件の従前の憲法解釈との整合性について」（法律家6団体）、8月「逐条検討・補充」、9月「5つの疑問」・「Q&A」の各意見書を発表。 15g17･87

3.13 「刑訴法一部改正」案の国会提出。可視化・盗聴法拡大・司法取引の導入。

3.13 労働者派遣法「改正」案が国会に提出。事業所単位の派遣労働を自由化。9月11日成立。

3.23 翁長沖縄県知事が辺野古新基地建設作業を一時停止する旨指示。農水相は知事指示の効力を停止。

3.26 いすゞ非正規切り事件、東京高裁が地位確認等を否定した1審判決を維持する不当判決。16年1月に解決。 15v111

3.30 維新大阪市政の思想調査アンケートで大阪地裁が職員のプライバシー等侵害を認める。16年3月大阪高裁が1審判決維持（確定）。 15v104, 16v47

4.3 労働時間「改正」案が国会に提出。8時間労働の解体・残業代ゼロ法案。 15v85

4.14 高浜原発の操業に反対する住民訴訟で福井地裁が運転差止めの仮処分決定（12月24日　異議審で取り消し）。 15g40

4.22 九州電力川内原発の運転差止め仮処分訴訟で鹿児島地裁が住民の要求を斥ける。

5.17 団、「平和・非戦の提言」を発表。 15g20

5.17 大阪都構想、住民投票で否決。団大阪支部は1月以来、住民投票の法規制検討チームで討議、都構想反対のため奮闘。 16v203

5.27 団、盗聴法拡大等反対の霞が関昼デモを行う（弁護士・市民など3000名参加）。 t1525

5.29 国に年金減額の取消を求める年金裁判、全国一斉提訴（13地裁）。 15g58

6.12 旧砂川事件弁護団有志が記者会見し、砂川事件判決に関する自民党側による説明の虚偽を解明・批判。 15g17

6.- 団、リーフレット「平和な戦後が終わる」の発行。45万部に達する。

7.2 派遣法労働者からの電話相談実施。東京地評と全労連との共催（相談者40名）。 t1531

8.6 日弁連主催の「安保法案反対‼立憲主義を守り抜く大集会＆パレード」が4000名参加で開催（日比谷野音）。

8.26 マイナンバー制度反対連絡会が結成。団参加。 16g81

8.30 安保法制反対の国会包囲行動に12万人が参加。大阪2万5000人集会など全国1000箇所で数十万人の集会開催。 15g16

国会議事堂を埋めつくす人々。　（朝日新聞社）

9.8 最高裁で被爆者援護法に基づく医療費支給を在外被爆者にも認める判決。

10.13 翁長沖縄県知事が前知事の辺野古新基地・埋立承認処分を取り消す。国が11月17日代執行訴訟を提訴（福岡高裁那覇支部）。

10.15 岩国基地周辺住民による基地爆音裁判で山口地裁岩国支部は損害賠償を命じる判決（ただし新滑走路運用後は賠償を限定）。 16v19

10.29 ノーモア被爆者訴訟で、東京地裁が17名全員勝利の判決（18年3月東京高裁でも勝訴。確定）。

11.- 総がかり実行委員会が戦争法廃止を求める2000万人署名運動を提起。

12.21 団、夫婦同姓強制を合憲とする最高裁判決（12月16日）に対する抗議声明を発表。 16g97

12.- マイナンバー違憲訴訟、仙台・新潟・東京・金沢・大阪で提訴。16年3月に横浜・名古屋・福岡で提訴。 t1549

2016
平成28

［社会の動き］ ***4.3 パナマ文書疑惑、4.14 熊本でM7の地震で死者49人、4.25 最高裁ハンセン病患者特別隔離を謝罪、5.24 刑訴法一部改正案成立、7.10 参院選で改憲派議員が3分の2議席を獲得、11.4 地球温暖化委対策パリ協定の発効、11.9 トランプが米大統領選で勝利、11.15 南スーダンＰＫＯ駆けつけ警護の閣議決定、12.9 部落差別解消法の成立、12.15 カジノ解禁法の成立。***

1.15 大阪市が国内初のヘイトスピーチ規制条例を制定（氏名公表を含む）。 16v221

1.20 法律家6団体主催・日本労働弁護団協力で「『テロとの戦争』と安保法制」を主題にした国会院内集会を開き講演などを行う。 16v31

1.25 資生堂・アンフィニ争議（有期雇い労働者の偽装派遣，請負に由る解雇事件）で勝利的和解。 16v105

1.29 建設アスベスト訴訟で京都地裁が初めて建材メーカーの責任を認める判決。 16v185

2.19 山梨県下の信用組合合併で、最高裁は退職金の大幅減額容認について、従業員の自由意思に基づくと認める合理的な理由が客観的に存在するかの観点から再検討するべきとして、東京高裁判決を差戻す。 16v124

2.24 大阪高裁が内閣官房機密費の使途の公開を求める訴訟で、1審判決に続き一部の支出文書の開示を認める。 t1554

3.4 沖縄県と国の代執行訴訟で、福岡高裁那覇支部が提示した和解が成立。辺野古新基地工事はいったん停止。 16g7

3.9 大津地裁で高浜原発差止めの仮処分決定。3月18日関電要人が、この仮処分決定が上級審で取り消された場合、仮処分申立人に対する損害賠償を検討すると恫喝発言。団は3月30日抗議声明を発表。 16g107, 16v166

3.28 ＩＢＭロックアウト解雇事件（12年10月提訴）、1次・2次訴訟で勝利判決（東京地裁）。その後17年12月に東京高裁で勝利和解。 16g107, 16v109, 18v112

3.31 不当労働行為と認められた高校クラス担任の解任について、中労委の緊急申し立てが東京地裁で認められ原職復帰。 t1561

4.8 今市事件で宇都宮地裁が自白ＤＶＤを事実上採用し有罪判決。団は証拠採用を批判し弁護団支援、団内カンパを訴える。 t1589, 17v55

4.14 可視化・盗聴法拡大などの刑訴法改悪反対の法律家、司法取引に反対する法律家5団体のデモと集会。 16g33

4.19 業務軽減措置を求めた通所介護勤務女性（妊婦）が受けたマタニティ・ハラスメント（マタハラ）について、福岡地裁小倉支部が女性の主張を認めて勝訴判決。 t1562

4.26 安保法制違憲確認等訴訟を東京地裁に集団提訴。同日福島地裁いわき支部でも提訴。以後全国各地で安保法制集団違憲訴訟が起こされる。 18v34

5.13 長澤運輸事件で東京地裁が定年後再雇用の賃金を不当差別と認めて違法とする判決（16年11月東京高裁は1審判決取り消し、18年6月最高裁は精勤手当に連動する超勤手当のみ違法と判断）。 18v106

5.19 部落差別の解消の推進に関する法律案（部落差別解消法案）が議員立法で国会提出。団は10月法案批判意見書を発表。12月同法が成立、委員会付帯決議で「過去の民間運動団体の行き過ぎた言動等、部落差別の解消を阻害していた要因を踏まえ、これに対する対策を講ずる」とした。 17g54

5.20 沿線住民738名がリニア計画に反対する訴訟を東京地裁に提訴（ストップリニア訴訟）。 17v162

5.24 盗聴法拡大と取り調べ可視化・司法取引の導入「刑訴法一部改正」が強行採決される。

5.25 自衛艦「おおすみ」の広島湾における小型漁船衝突事件の真相解明と瀬戸内海の安全を求め、損害賠償を提訴（広島地裁）。 hir94

6.2 在日コリアンに対するヘイトスピーチを伴う差別集団主催のデモについて、標的にされた社会福祉法人から半径500m以内の禁止仮処分（横浜地裁川崎支部）。 16g94

6.30 松橋事件（熊本県松橋町で85年の殺人事件発生）で再審開始決定（熊本地裁）。19年3月28日無罪判決・確定。 18v79

7.11 沖縄県東村高江のヘリパッド建設工事の再開にむけて現地で工事用資材を搬入し、現地の反対運動の座り込みを排除。

7.22 国土交通省（国交省）大臣が沖縄県知事に対し埋立承認取消の取り消しをしないことについて、違法確認訴訟を提訴（福岡高裁那覇支部）。9月16日同支部が全面的に国の主張を容認（最高裁で確定）。

8.3 安倍内閣、働き方改革実現会議・担当大臣の設置を表明。団、10月12日「安倍『働き方改革』を批判し、働くルールの確立を要求する意見書」を発表。 17g73

11.30 自衛隊員の母親が自衛隊南スーダンPKO派遣差止訴訟を提訴（札幌地裁）。新設された「駆け付け警護」任務に基づく派遣（第11次隊）の違憲性を問う。 18v51

12.5 国家公務員賃下げ違憲訴訟、東京高裁が不当判決。 17v91

12.20 最高裁が辺野古の埋立承認を取り消した県知事に対する、国交省大臣による変更・是正指示を擁護する判断。団は12月22日に抗議声明を発表。 17g12

12.20 沖縄県高江への機動隊員派遣の費用支出を問う住民訴訟を東京地裁に原告180名超で提訴。 18v26

12.21 市民活動家らが個人情報を県警によって中電の子会社に提供された「大垣警察市民監視国賠事件」で岐阜地裁に国賠請求を提訴。 18v72

安保法制（2015）・共謀罪（2017）反対のリーフレット表紙（法律事務所事務員・宮内鶴代作画）

2017
平成29

［社会の動き］ ***1月マタハラ指針適用、2.7 防衛相南スーダンPKO日報公表、3.13 加計学園問題で「総理のご意向」文書が確認される、4.5 北朝鮮の弾道ミサイル発射、4.23 米軍と海自がフィリピン沖で共同訓練実施、6.15 テロ等準備罪（共謀罪）法の成立、12.19 イージス・アショア導入の閣議決定。***

1.25 御嶽山噴火（14年9月27日発生）で被災した登山者の遺族が提訴（長野地裁松本支部）。 nas117

2.1 東京地裁が福祉事務所のミスによる保護費過誤支給について、生活保護の趣旨等から返還処分を違法と認める。 t1593

2.7　防衛庁が廃棄済みとしてきた南スーダンPKO派遣陸自の「日報」隠し等を公表。その後派遣中止。

2.9　法務大臣が法制審に「少年法の少年年齢を18歳未満とすること等」を諮問。その後部会審査が始まる。

2.15　学校法人森友学園問題で「瑞穂の國記念小學校」用地（豊中市）に団大阪・京都支部の団員10名超が集まり現地調査。　17v32

3.6　共謀罪法案に反対する法律家6団体連絡会（後に8団体）、市民団体と「共謀罪NO！実行委員会」を結成。　17g19

3.6　デルタ航空の契約社員の雇い止め、契約更新を繰り返してきた長期間勤務等の実態を踏まえたうえ整理解雇法理からして無効とする判決（大阪地裁）。　t1601

3.17　原発事故被害救済裁判で、前橋地裁が長期評価に基づき国と東電の責任を認め損害賠償を命じる判決。国の責任を認めた全国初の判決。9月22日に千葉地裁は東電の責任を認めるが、国の責任を否定する判決。　17g30, 18v197

3.21　共謀罪法案の国会提出（過去4度目の提出）。団は提出前の16年11月意見書「看板を代えても共謀罪の本質は代わらない」、提出後の4月意見書「憲法違反の共謀罪は許されない」を発表し、院内集会や議員要請を展開。　17g18

3.27　小田原市生活保護担当者たちによる「保護なめんな」「不正受給はクズだ」とプリントしたジャンパー着用問題で団本部・神奈川支部が市役所を訪問し「不正受給」問題で意見交換。　17v144

3.28　団、「家庭教育支援法の提出に反対する意見書」を発表。　17g73

3.-　団貧困・労働委員会が全国一般東京地本・神奈川労連・エキタス等とともに最低賃金研究会を発足。　17g46

4.19　ビギナーズ・ネットや日弁連・市民連絡会とともに取り組んだ司法修習生給付金の裁判所法一部改正が成立。　17g59

5.3　安倍首相、自衛隊の存在を明記する条項を追加する新しい9条改悪案をビデオメッセージで提起。

5.10　松川事件の「世界記憶遺産」登録申請が行われる。　18g31

5.20　刑事弁護について、新入団員に対する今村核の講演と交流。今村団員がNHKに放映された直後であった。　d199

6.15　共謀罪法の国会成立。

6.28　大崎事件で再審開始決定(鹿児島地裁)が再度出される(1度目は02年3月。04年12月に福岡高裁が取り消す)。しかし19年6月最高裁は破棄自判で再審請求を棄却。　18v76

6.28　JAL客室乗務員のマタニティ・ハラスメント事件で08年の制度改悪を乗り越えて勝利的和解（東京地裁）。　ton85, t1604

6.29　社会保険庁分限免職訴訟、東京事案の1人について回避努力義務が尽くされてないとして免職処分取り消しの判決、他の2名の原告の請求は斥けられる。　t1602

7.7　国連で核兵器（開発・保有・使用）禁止条約が採択される（21年1月22日発効）。

8.2　団「道徳の教科化の廃止を求め、道徳教科書による子どもへの価値観の押しつけに反対する意見書」を発表。　17g45

8.30　団、「憲法討論集会 in 静岡」合宿を熱海で開催（120名参加→31日）。　17g11

9.1　大阪維新の会の知事や市長による「南京事件等の自虐展示を撤去せよ」との抗議で変更を余儀なくされた大阪の平和資料館展示について、市民が求めた情報公開請求が拒絶された事件について、1審敗訴後に団員が受任して大阪高裁から非公開決定を違法とする逆転勝訴判決を勝ち取る（ピース大阪訴訟）。　20v28

9.14 日本郵便の契約社員について年末年始勤務手当の8割、住居手当の6割の損害賠償を命じる東京地裁判決。18年2月に大阪地裁で年末年始勤務、住宅、扶養各手当の不支給を不合理とする判決。さらに大阪高裁は19年1月に1審認容の賠償額を2倍にする判決。 18v105

9.16 団東京支部23名の沖縄調査団が派遣（→18日）。高江のヘリパット、辺野古新基地を調査・交流。

9.- 「安倍9条改憲ＮＯ!!全国市民アクション」が発足し「安倍9条改憲ＮＯ！憲法を生かす全国統一3000万人署名」を提起し、団は署名運動を行う。 18v15

10.10 福島原発･生業裁判で､2002年の長期評価に基づき国の責任を認め、また自主的等避難対象地域について中間指針を越える一律損害を認める判決(福島地裁)。 18v191

10.13 「公民館だより」（14年7月号）への9条俳句不掲載でさいたま市民が市を訴えた裁判で、不掲載を違法と認めて市民勝訴の判決（さいたま地裁）。18年5月東京高裁が1審判決維持。 19v79

10.23 エミレーツ航空の解雇で、大阪地裁が整理解雇の必要性が高くないとして無効判決。就労を拒否する会社に対し不当労働行為でもあるとして20年2月中労委が就労命令。 t1615

10.27 神奈川建設アスベスト裁判で、東京高裁が国と建材メーカーに損害賠償を命ずる逆転勝訴判決。 18v209

11.17 横浜米兵強盗殺人事件（山崎事件、06年1月発生）で遺族側と米軍との示談成立。加害者の空母キティホーク乗員と国に対する横浜地裁の裁判（09年5月）は、米兵のみの請求を認めたに過ぎず、その後米国の地位協定上の見舞金に関して粘り強く交渉して前進させた。 18v54

11.24 港区の公共賃貸住宅に住む高校生のエレベーター死亡事件でシンドラー社（製造）・ＳＥＣ社（保守管理）・港区（設置者）等の再発防止対策と和解金の支払い等を内容とする和解成立（東京地裁）。 t1618

12.13 広島高裁が四国電力伊方原発3号機の運転を差止める（18年9月30日まで）仮処分決定。翌18年9月25日に広島高裁が異議審で取り消し。

12.18 宮崎県新富町の空自基地の騒音問題で住民122名が夜間飛行差止め等訴訟を宮崎地裁に提訴。 18v47

12.20 滋賀県愛知郡の湖東病院事件で再審開始決定（大阪高裁）。

12.- この時までに全国各地での弁護士に対する大量懲戒処分申し立て総件数が13万件にのぼる。 20v35

2018 平成30

［社会の動き］ ***3.12 財務省、森友問題に関する公文書改ざんを認める、4.27 韓国・北朝鮮が南北首脳会談、5月米大統領イランとの核合意から一方的に離脱、6.12 初の米朝首脳会談、6.13 成人18歳改正民法の成立、7.6 松本智津夫ら7人の死刑執行、7.20 カジノ法の成立、10.30 韓国大法院・新日鐵住金元徴用工への賠償を命令、12.8 改正出入国管理法が成立。***

1.12 倉敷民商事件のうち禰屋事件について、広島高裁岡山支部が1審岡山地裁有罪判決（17年3月）を破棄差戻し判決。 t1621

1.18 団「生活保護のあり方の抜本的な是正を求める緊急提言書」を発表。3月に厚労省等との意見交換会を持つ。 19v152

2.8 グリーンディスプレイ事件、横浜地裁川崎支部で通勤帰宅途上の過労事故死に安全配慮義務違反を認める勝利的和解。 18v123

2.8 ユニチカが豊岡市から譲渡された工場敷地を第三者に売り払ったことを問う住民訴訟で、名古屋地裁が全面的に認容判決（63億円）。その後19年7月に名古屋高裁が21億円に減額（20年7月最高裁確定）。 t1632

2.14 「群馬の森」追悼碑住民訴訟で、前橋地裁が県知事の不許可処分を取り消す勝訴判決、公園使用更新の義務付けの訴えは棄却。 t1626

2.27 日産非正規切り事件で、神奈川県労働委員会が日産に対し派遣切りに関する団交に応じるよう救済命令。 18v99

3.14 「65歳に達した障害者の介護保険優先原則」によって、介護保険サービスの不申請の障害者が障害者サービスを打ち切られた浅田訴訟で、岡山地裁は不支給を違法とする判決（広島高裁岡山支部は12月13日1審維持）。 19v147

3.14 東京高裁が「ひとり親方」の建設アスベスト被害について、国の責任を認める判決。大阪高裁は8月31日（京都1陣）、9月20日（大阪1陣）で勝訴判決。 19v205

3.20 団、「働き方改革」一括法案の国会提出の断念を要求する意見書を発表。 18g39

3.- 高校の学習指導要領の改訂が公示される。「道徳教育の配慮」を指導するよう要求。

4.2 防衛相、イラク派遣時の日報が発見されたことで陳謝。

4.12 団、改憲反対緊急意見書「安倍改憲は戦争への道」を発表。 18g77

4.27 団、「少年法の適用年齢引き下げに反対する意見書」を発表。 18g24

5.21 米子市で開かれた団5月集会で初のＬＧＢＴ分科会がもたれる。 d201

5.29 倉敷民商事件で、最高裁は専従事務局による申告書作成援助を税理士法違反にあたると判断（有罪）。 t1639

5.- 政府、イージス・アショアの配備候補地として秋田県新屋演習場と山口県萩市陸自むつみ演習場を選定。

6.5 森友学園の国有地売却問題で検察審査会に申し立て（5月31日の不起訴処分を受け）。団員が真相を求める会に結集して奮闘。 t1637

6.6 DNPファインケミカル解雇・偽装請負争議、都労委で和解解決。 19v137

6.7 団、「『働き方改革』一括法案の12の問題点」を発表。 18g40

6.29 「働き方改革」一括法案が成立。団はただちに抗議声明。 18g40

7.2 路線バス会社の職場の実態を『しんぶん赤旗』に取材させた労組委員長に出勤停止処分を行ったことについて、大阪高裁が1審判決を破棄して違法とする逆転判決。 19v139

7.11 日野町（滋賀県）事件で再審開始決定（大津地裁）。

8.1 団、中学校の「道徳の教科化に反対する」意見書を発表。 18g33

8.3 今市事件で東京高裁は、1審判決が自白の取り調べを録音・録画した記録媒体を実質証拠としたことについて法令違反として破棄自判したが、有罪・無期の結論を容認。 19v93

9.19 社会保険庁分限免職訴訟の東京事案で、東京高裁が原告全面敗訴の不当判決。 19v134

9.30 辺野古新基地建設反対の玉城デニー氏が沖縄県知事選に当選。

11.17 団、「生活保護法63条の『徴収』と『天引き』の『改正』法（63条）運用に関する提言」を発表。 19v152, HP

11.28 団は全労連、労働法制中央連絡会と共催で「働き方改革一括法案批判検討会」の第1回を開く。その後19年1月、3月、4月と4回にわたり開催。 19g41

12.7 団、死刑問題学習会連続勉強会第1回の開催。その後随時継続。 19g32

12.13 郵便非正規・期間雇用の労働者の住宅手当・年末年始手当等を非合理な差別として是正させる（東京高裁）。同様な判決が19年1月24日大阪高裁で下された。 19v119

12.20 安倍政権下の自民党憲法改正推進本部が自民党改憲原案4項目を発表（自衛隊明記·教育無償·合区·緊急権）。 19g6

2019 平成31・令和元

［社会の動き］ 1.11 毎月勤労統計調査のずさんな処理が判明、4.19 アイヌ新法（施策推進法）の成立。

2.5 防衛大学校学生に対し「学生間指導」名目で行われた暴行・いやがらせ・セクハラ・私的制裁の違法を認め、学生らに対して損害賠償を命ずる（福岡地裁）。 t1660

2.14 同性同士の結婚ができないことは憲法違反とする訴えが、東京5組、札幌3組、名古屋1組、大阪3組のカップルで提起される。 19v243

2.15 大阪医科薬科大学事件で、大阪高裁が有期雇用労働者に対する賞与について不支給を不合理とし正職員の6割を支給すべきとの判決。 19v122

2.20 メトロコマース事件（14年5月提訴）で東京高裁が非正規社員の格差のうち住宅手当、退職金の一部、褒賞、早出残業手当の差異を不合理とし、退職金について正社員の4分の1を支払うべきとの判決。 19v124

2.24 辺野古移設を主題にした沖縄県民投票で反対票が7割を超す。

3.1 徴用工問題に関する韓国大法院判決を受けて、団は政府・関係企業に対し「過去の歴史に向き合い犠牲者救援の立場から解決」を求める声明を発表。 19g20, HP

3.15 中労委がコンビニ加盟店ユニオン、ファミリーマート加盟店ユニオンに加入のコンビニ・フランチャイズオーナーについて労組法上の労働者性を否定。 19g45

3.19 法律家6団体で自民党憲法改正推進本部作成の「日本国憲法改正の考え方〜『条文イメージ（たたき台素案）』Q＆A〜」に対するブックレット『「改憲案（4項目）Q＆A」徹底批判』を発表。 15g16, 16v31, 19v25, HP

Column－【法律家6団体連絡会の共同行動】

秘密保護法廃案運動のなか14年8月に生まれたこの連絡会は団・日民協・青法協・社会文化センター・国法協・反核法協で構成され、法律家の統一的な行動体として幅広く活動を積み上げてきた。14年から本格化した安保法制などの動きに呼応し、8月21日に改憲問題対策法律家6団体と改称し、軸足を平和問題に置いて安保法制反対の詳細な意見書作成など、国会論戦で立憲野党に対し法的な援助・助言をした。安保法制問題で法律家6団体は立憲野党やマスコミ各社の論説委員との意見交換を定期的に行い、ブックレットの発行・国会院内集会の開催等にとくに力を注いだ。法案の問題点の究明とともに、国会前行動・包囲活動に参加し国会前警備・監視活動も担った。また野党共闘を強力に呼びかけてその結成と活動を推進した。18年以降は憲法審査会に関する情報の発信や立憲野党等との意見交換を通じて、改憲案の提出阻止に貢献。団はその一員として活動。法律家6団体の共同闘争は安保法制成立後の現在まで地道かつ旺盛に続けられている。

3.28 東京都立川市の就労指導違反で生活保護を打ち切られ自死したとされる事件について、団は学者・守る会とともに調査を実施して報告書を発表。その後行政当局と意見交換をもち行政上の改善を図る。 19v153

4.26 団、イージス・アショア配備候補地の秋田県新屋演習場周辺の現地調査。5月26日調査報告書の発表。 t1669, HP

5.27 布川再審事件で国と茨城県を国賠法により訴えた事件で東京地裁が違法な捜査を認めて損害賠償を命じる。 t1672

5.29　パワハラ対策の法制化（労働施策総合推進法改正の成立）。同時にセクハラ・マタハラ防止に関する事業主の責任の明確化等。

7.17　沖縄県は国に対し辺野古新基地について、地方自治法に基づく埋立承認撤回の取消裁決の取り消しを求める裁判を福岡高裁に提訴。また8月7日に那覇地裁に裁決取消し訴訟を提訴。

8.19　日産非正規切り（09年3月末に日産およびその関連会社による解雇）が中労委で和解成立。　20v107

8.19　無期転換権を行使した客室乗務員がオランダ航空から雇い止めされた事件で、東京地裁が有期契約の客室乗務員3名について契約上の地位とバックペイを認める。　20v108

8.27　最高裁が、朝鮮学校無償化除外の取り消しについて学校と元先生側を敗訴させた東京・大阪高裁判決を維持。

9.5　団、あいちトリエンナーレ「表現の不自由展・その後」について公権力による「表現の自由」の介入に反対し、表現者の自由を擁護するとの声明を発表。9月13日実行委員会が再開を求めて仮処分申し立て。9月30日和解を受け10月8日に再開。　t1683

9.13　「よみがえれ！有明訴訟」裁判で開門を命じた確定判決の無効化を求める国を勝訴させた福岡高裁判決（18年7月）を最高裁が差戻す。　21v249

11.7　安保法制違憲訴訟について東京地裁が訴えを棄却。4月北海道での先の敗訴判決（札幌地裁）に次いで東京でも敗訴。その後20年になって請求棄却の判決が続いた。

11.13　政府が「桜を見る会」の20年度開催の中止を明らかにする。

11.20　団、強制動員問題（徴用工）に関する日韓法律家による共同宣言を発表し記者会見。　20g60

11.29　山陽新聞が新設した印刷工場に希望者全員のうち労組の委員長・副委員長のみを出向させなかった組合攻撃について、岡山県地労委が不当労働行為と認める。20年2月に勝利的な解決。　t1701・1702

12.3　北海道警による安倍首相の街頭演説中のヤジに対する強制排除事件（7月発生）で、札幌地裁に国賠訴訟を提訴。なお付審判請求については札幌地裁が20年11月請求棄却。　20v82

12.4　公立学校教員に1年単位の変形労働制を導入する特別措置法「改正」法の成立。団、反対声明を発表。　20g25・61

12.12　川崎市、反ヘイトスピーチ条例「川崎市差別のない人権尊重のまちづくり条例」を制定。初の刑罰付き（20年7月施行）。　20v36

12.27　団、自衛隊の中東海域への派遣を決めた閣議決定に対する抗議声明。　20g13・61, HP

2020 令和2

［社会の動き］　3.13 新型コロナ対策改措法の成立、3.24 オリンピック等の1年延期決定、4.7 緊急事態宣言の発令、6.30 香港国家安全維持法制定、8.28 安倍首相の辞任。

2.4　大阪府大正の生活と健康を守る会の会員2名の携帯電話の貸借を詐欺容疑で不当に逮捕し、大量動員された警察が組織資料を押収。団大阪支部が抗議し奮闘。　t1699

2.13　「『桜を見る会』を追及する法律家の会」結成。8月6日時点で東京地検に1000名弱の弁護士・学者の告発状提出。　t1707, 20v38

2.14　郵政産業労働者ユニオン（郵産労）非正規（時給制）労働者57人が正規労働者との格差を違法として東京地裁に提訴。全国7地裁に集団提訴。　t 1700

3.4 団、「少年法の適用年齢の引き下げ～年長少年に対する新たな処遇制度『別案』に反対する声明」を発表。 20g22

3.5 黒川検事長問題で「検察官の定年延長（1月31日閣議決定）に反対する」法律家9団体の共同声明を発表。その後5月18日政府は検察庁法「改正案」を断念。 g19·20v41

3.12 福島原発避難者訴訟（1審福島地裁いわき支部）で仙台高裁は長期評価などで大津波が予測されたのに対策工事を先送りしてきたことを「まことに痛恨の極み」とし、1審判決を上回る総額7億円余の支払いを東電に命じる判決。 21v225

3.18 前件のDHCスラップ（嫌がらせ）訴訟で被告にされた澤藤統一郎が東京地裁1審判決に引き続き勝訴し、スラップ訴訟の違法性を定式化する勝訴判決（東京高裁）を得る（21年1月最高裁・確定）。

3.18 森友学園の国有地売却問題で公文書改竄に従事させられ自死した財務省近畿財務局元職員の遺書が公開される。 20g19

3.24 文科省が21年度から使用する教科書の検定結果を発表。 d205, 20g26, HP

> Column－【育鵬社教科書の採用問題への取り組み】
>
> 団は「新しい教科書をつくる会」系教科書の不採択を求める運動を01年以来続けて来た。15年4月からは、とくに育鵬社教科書を取り上げ「弁護士から見た育鵬社版公民教科書の問題点」を発表。同社教科書採用に対する反対活動に取り組み、20年6月に「同2020～育鵬社の教科書もいいかな、と考えている方へ～」を自治体の教育委員会等に送り不採用を要請した。7月8日高校入試に不適切な問題点を発表する等、各地で「子どもと教科書全国ネット21」などと連携して活動を進めた。前回採用地域の教育委員会や新聞社・市民への要請を繰り返し行った。団神奈川・大阪支部を先頭に各地の運動が積極的に展開され、その結果採用の自治体が大幅に減少し、21年度中学校の教科書会社の占有率は育鵬社歴史教科書で前年6・4%から0・9%、公民では5・8%から0・3%に激減した。

5.18 9・11関東大震災朝鮮人犠牲者追悼式典（実行委員長・宮川泰彦団員）について、都知事が占有許可にあたり今後不許可があり得ることを承知する旨の誓約書の提出を求めたことに「撤回を求める実行委員会」が抗議の声明。団支部や東京弁護士会も批判。 t1711·1721, 21v53

6.15 河野防衛大臣がイージス・アショアの秋田市新屋陸自演習場と萩市むつみ陸自演習場の配備計画を撤回。 21v21

6.25 生活保護引き下げ（13年以降の段階的逓減）に反対する裁判（全国29地裁、原告数1000名超）で名古屋地裁が初の判決。厚労大臣の広範な裁量を許容し原告の要求を斥ける。その後大阪地裁は21年2月22日に引き下げ処分は違法とする判決を出した。 21v182

7.2 フジ住宅ヘイトスピーチ事件で、会社と会長を訴えた事件で従業員に対する慰謝料支払いを命ずる判決（大阪地裁堺支部）。 sak60, 18v119

7.21 教授5名が奈良学園大学に対し、少子化による学部の統廃合を理由にした整理解雇を争う裁判で、解雇を無効とする判決（奈良地裁）。 21v136

7.28 特養ホーム「あずみの里」での死亡事故について介助職員が業務上過失に問われた事件で、東京高裁が1審長野地裁松本支部の有罪判決（19年3月）を破棄し逆転無罪判決。 t1714, 21v96

7.29 84名の被爆者が被爆者健康手帳の交付却下処分の取り消しを広島県と市に求める「黒い雨」訴訟で、全員に勝訴判決（広島地裁。15年11月提訴）。 21v31

	9.30	福島原発・生業裁判で、仙台高裁が長期評価に基づき国の責任を認め中間指針を超える一律損害を福島県内外に広く認め、1審判決の賠償範囲・賠償額を拡大する勝訴判決。 21v222
	10.1	日本学術会議の推薦した新会員6名を菅義偉首相が任命拒否。団は学問の自由を侵害するとして拒否の撤回を求める。
	10.13	最高裁が大阪医科薬科大学事件、メトロコマース事件で高裁判決を逆転して正規労働者との差額請求を基本的に認めない判決。 21v124・126
	10.28	名古屋自動車学校での退職後嘱託社員について、同じ仕事であるのに基本給が定年前の6割を下回るのは不合理な待遇格差と認め、基本給・賞与の60%以下の部分を法違反で無効とする（名古屋地裁）。 t1723
	11.1	大阪市を廃止し分割する大阪都構想を問う住民投票で反対が過半数を上回る。団大阪支部が反対運動で尽力。 t1723
	11.24	京都新選組壬生屯所隣地事件で京都市審査会が7階建ビル建築の差止めを斥けたが、付言で道路拡幅の同意撤回が「瑕疵のある状況」を生み、開発許可が今後職権で取り消される可能性があると指摘。そのため業者が計画を撤回。 21v199
	12.4	大飯原発再稼働に関する原子力規制委員会の判断は誤まりとし、設置変更許可について大阪地裁が取り消しを命じる。
	12.14	最高裁、建設アスベストでひとり親方を含めて国の責任を認める。
	12.24	「桜を見る会」前夜祭費用補填問題で、安倍前首相の公設第一秘書が政治資金規正法違反で略式起訴される。 21v35

参考資料編

【歴代役職者一覧表】

【団支部の設立一覧表（現支部長）】

【治安立法（悪法）のこれまでの立法経過】

【団（本部）事務所の戦後の推移】

【歴代役職者一覧表】

西暦	団長	幹事長	事務局長	次長						
1945年		上村　進（11月から）								
1946年		上村　進								
1947年										
1948年										
1949年										
1950年										
1951年	吉田三市郎									
1952年										
1953年	1/16吉田没-空白-11/21上村進									
1954年	上村　進									
1955年										
1956年										
1957年										
1958年										
1959年	上村進（代理岡崎一夫）	福田力之助（58年後半~）	中田　直人							
1960年	岡崎一夫	小沢　茂								
1961年										
1962年			青柳　孝夫							
1963年			渡 辺　脩							
1964年			田代　博之							
1965年		尾崎　陸	福島　等							
1966年										
1967年			根本孔衛							
1968年		上田誠吉	坂本　修							
1969年										
1970年			市来八郎	柴田五郎	大森鋼三郎					
1971年		佐藤義弥								
1972年			谷村正太郎	大国和江			宮澤洋夫			
1973年		竹澤哲夫								
1974年			四位直毅				江藤鉄兵	福山孔市良	藤本　斎	舘山　茂
1975年	上田誠吉	根本孔衛		松井繫明						
1976年			松井繁明	我妻真典			沢藤統一郎	松丸幸子		
1977年		石川元也			山内道生		宮川泰彦		佐々木新一	
1978年			菊池　紘	平野　大				小林亮淳		
1979年		四位直毅			根岸義道				田辺紀男	
1980年			小林亮淳			菅原哲朗	鈴木　修	渡会久実		
1981年		鶴見祐策		戸張順平	吉田　聡					
1982年			高橋　勲			小部正治	田崎信幸			
1983年		谷村正太郎		鎌田正紹	城﨑雅彦			堤浩一郎	梶山敏雄	
1984年			船尾　徹							
1985年					斎藤健児		高木一彦			

1985年	佐藤義彌	宇賀神直		小口克巳		山本政道	高木一彦	中丸素明	前田　茂	舘山　茂					
1986年			荒井新二		笹岡峰夫		恒川雅光				森　卓爾				
1987年		松井繁明		前川雄司		柳沢尚武		大久保賢一							
1988年			小池振一郎		星山輝男		堀　敏明		山田安太朗		吉田健一	原 希世巳			小寺貴夫
1989年		菊池　紘		岩田研二郎				小林譲二					矢花公平	岡田正樹	
1990年	小島成一		鷲見賢一郎		清水恵一郎	金井克仁	志田なや子	西村隆雄	中川重徳		大森浩一				
1991年		高橋　勲		杉村　茂			市川清文			荒川英幸		佐藤誠一	横松昌典		
1992年			吉田健一		和田　裕	白井　剣		野澤裕昭	河内謙策						
1993年		永盛敦郎		藤木邦顕			山下基之			山口　泉	後藤　寛	高橋　宏			
1994年			前川雄司		鈴木幸子	長尾宜行		森賀幹夫	岸本　努						
1995年	石川元也	渡部照子		岩橋進吾			神田　高			長野真一郎					
1996年			平和　元		松島　暁	長澤　彰		今村　核	中西一裕		藤田温久				
1997年		荒井新二		加藤健次			高山利夫								
1998年	豊田　誠		小部正治			千葉一美		中野直樹	則武　透						
1999年		鈴木亜英		神田雅道	小賀坂徹	工藤裕之	高畑　拓			中野和子					
2000年			小口克巳					財前昌和	南　典男		山田安太郎				
2001年	宇賀神直	篠原義仁		山田　泰		大川原栄				伊藤和子	黒澤計男	柿沼祐三郎			
2002年			中野直樹		井上洋子		馬屋原潔	齋藤園生	山崎　徹						
2003年		島田修一		杉島幸生	渡辺登代美	坂勇一郎				平井哲史	村田智子				
2004年	坂本　修		松島　暁				齋田　求	瀬野俊之	大﨑潤一						
2005年		吉田健一		泉澤　章	今村幸次郎	飯田美弥子									
2006年			今村幸次郎		阪田勝彦		増田　尚	山口真美	松本恵美子	平井哲史					
2007年	松井繁明	田中　隆		町田伸一		杉尾健太郎				馬屋原潔					
2008年			加藤健次		大山勇一		神原　元	半田みどり	三澤麻衣子						
2009年		鷲見賢一郎		菅野園子		伊須慎一郎				西田　穣	福山和人				
2010年	菊池　紘		杉本　朗	愛須勝也	小林善亮		近藤ちとせ	坂本雅弥	佐藤　生						
2011年		小部正治				斉藤耕平			久保木亮介	芝田佳宜	與那嶺慧理				
2012年	篠原義仁		泉澤　章	井上耕史	川口彩子		瀬川宏貴	森　孝博							
2013年		長澤　彰				上田月子			並木陽介		林　治	山添健之			
2014年			山口真美	佐野雅則	田井　勝		辰巳創史	本田伊孝		横山　雅					
2015年	荒井新二	今村幸次郎				藤岡拓郎			増田悠作						
2016年			西田　穣	湯山　薫	岩佐賢次		種田和敏	久保田明人							
2017年		加藤健次				酒井健雄									
2018年	船尾　徹		森孝博(5.22以降)	遠地靖志	星野文紀		深井剛志		緒方　蘭	尾﨑彰俊					
2019年		泉澤　章	森　孝博			江夏大樹		鹿島裕輔							
2020年	吉田健一		平松真二郎	馬奈木厳太郎	辻田　航		太田吉則								

団支部の設立一覧表

設立年月日	支部結成	現在の支部長（21年4月1日）※支部長を置かない場合は幹事長もしくは事務局長を記載
（1921年8月）	（団結成）	
（1947年5月）	（神奈川支部結成）	藤田　温久
（1948年3月）	（九州支部（福岡・熊本・佐賀・大分・長崎・宮崎・鹿児島の各県を網羅）結成）	
（1948年3月）	（東海支部結成（現愛知支部））	田原　裕之
（1963年10月）	（京都支部結成）	小笠原伸児（幹事長）
（1965年）	（熊本支部結成（九州支部から））	
（1965年10月）	（北陸支部（富山・石川・福井の各県を網羅）結成）	
（1966年1月）	（大阪支部結成）	藤木　邦顕
（1967年10月）	（長野県支部結成）	岩下　智和
（1969年12月）	（中国支部（広島・岡山・山口・島根・鳥取の各県を網羅）結成）	
（1970年6月）	（兵庫県支部結成）	佐伯　雄三
（1971年9月）	（北海道支部結成）	佐藤　博文
（1971年）	（静岡県支部結成）	塩沢　忠和
（1973年1月）	（東京支部結成）	黒岩　哲彦
（1974年1月）	（千葉支部結成）	市川　清文
（1974年5月）	（滋賀支部結成）	近藤　公人
（1974年8月）	（東北支部（宮城・福島・山形・秋田・岩手・青森の各県を網羅）結成）	
（1974年10月）	（三重支部結成）	伊藤　誠基
（1974年11月）	（群馬支部結成）	赤石　あゆ子
（1975年2月）	（新潟支部結成）	土屋　俊幸
（1975年6月）	（熊本支部再建）	森　徳和
（1975年10月）	（沖縄支部結成）	新垣　勉
（1975年10月）	（埼玉支部結成）	島田　浩孝

(1976年5月)	(和歌山支部結成)	小野原　聡史
(1976年9月)	(山形支部結成(東北支部から))	田中　暁
(1976年10月)	(四国総支部(香川・徳島・高知・愛媛の各県を網羅)結成)	
(1976年11月)	(宮城県支部・福島支部結成(東北支部から))	宮城県・小野寺義象 福島・広田次男
(1976年11月)	(広島支部・山口県支部結成(中国支部から))	広島・石口俊一 山口県・内山新吾
(1977年6月)	(岡山支部結成(中国支部から))	石田　正也
(77年7月29日)	(福岡・佐賀支部結成(九州支部から))	福岡・中村博則 佐賀・名和田陽子(事務局長)
(77年7月30日)	(長崎支部結成(九州支部から))	横山　巖
(1978年1月)	(秋田県支部結成)	虻川高範
(1978年7月)	(大分支部結成)	中山知康
(1981年5月)	(奈良支部結成)	宮尾耕二
(1981年6月)	(岐阜支部結成)	岡本浩明
(1982年)	(南九州支部設立(宮崎・鹿児島両県で))	
(1987年9月)	(鳥取県支部・島根県支部結成)	鳥取県・高橋敬幸 島根県・光谷香朱子
(1996年11月)	(山梨県支部結成)	加藤　啓二
(1998年9月)	(岩手支部結成)	佐々木良博(事務局長)
(2012年4月)	(福井県支部・石川県支部・富山県支部結成)	福井県・海道宏実 石川県・飯森和彦 富山県・山本直俊
(2012年9月)	(宮崎県支部・鹿児島県支部結成(南九州支部から))	宮崎県・後藤好成 鹿児島県・増田　博
(2021年3月)	(茨城支部結成)	谷萩陽一

【治安立法（悪法）のこれまでの立法経過】

略称（通称）	正式法律名	国会提出
破防法	破壊活動防止法	52年4月～52年7月成立
警職法	警察官職務執行法	58年10月～58年12月廃案
政暴法	政治活動防止法	61年5月～62年5月廃案
弁護人抜き裁判法	刑事訴訟法一部改正	78年3月～79年6月廃案
（警察）拘禁二法	留置施設法・刑事施設法	①82年4月～83年11月 ②87年4月～90年1月 ③91年4月～93年6月各廃案
国家秘密法 （スパイ防止法）	国家秘密に係るスパイ行為等の防止に関する法律	①85年6月～85年12月廃案
	特定秘密の保護に関する法律	②13年10月～13年12月成立
盗聴法案	犯罪捜査のための通信傍受に関する法律	①98年3月～99年8月成立
（盗聴拡大・司法取引法）	刑事訴訟法の一部改正等	②15年3月～16年5月成立
共謀罪法	組織的な犯罪の処罰及び犯罪収益の規制等に関する法律の一部改正	①03年、②04年、③05年の各提出（各廃案） ④17年3月～17年6月成立

※刑法「改正」は74年5月の答申以来国会に提出されず事実上廃案（74年コラム欄参照）

【団（本部）事務所の戦後の推移】

1945年10月	千代田区丸の内3－2　三菱21号館　梨木作次郎法律事務所内
1946年春	上記がGHQ接収により、一時的に渋谷区代々木上原近く（初台とも言われる）の歌人中原綾子方
1946年中に	中央区京橋3－2　根本ビル　梨木・東本法律事務所（47年10月に東本法律事務所に改称。但し表向きは港区芝新橋7-12の文化工業会館内）
1950年 4月	港区琴平町2－21
1951年 1月	中央区銀座西3丁目1番地　碌々館内　吉田三市郎法律事務所（53年1月16日　吉田三市郎死去）
1953年 8月	港区琴平町2－21（住所表示変更後　港区虎ノ門1－10－3）
同 年11月	上記の場所が正式に仮事務所から本事務所となる
1984年 4月	文京区小石川2－3－28　DIKマンション小石川201号室
2014年 4月	文京区関口1－8－6　メゾン文京関口Ⅱ202号

出典略号一覧

1）本文記事の末尾に略号で記述した出典（文献・資料・報告書など）をアルファベット順に配列した。

2）出典は、編者・著者、書名・資料名、出版社・発行機関、出版年の順に記述した。

3）略号（アルファベット）に続く数字は、号数または頁数を示す。

4）掲載写真の典拠文献についてもこの一覧の略号を用いた。（掲載をご許可下さった各出版社・新聞社等については、これをもってクレジットとさせていただきます）

a　自由法曹団「小年表」『自由法曹団物語（戦後編）』所収

ao　青柳盛雄著『治安維持法下の弁護士活動』新日本出版社，1987.2.25　(ao41 →『本書』41ｐ)

ar　荒川章二著『豊かさへの渇望』『全集・日本の歴史』16，小学館，2009,3.30

b　自由法曹団編『人権のために』同団発行，1959.4～1976.5　(b17 →『本書』17号)

c　沖縄人民党史編集刊行委員会編『沖縄人民党の歴史』同委員会発行，1985.11　(c165 →『本書』165ｐ)

d　自由法曹団編『自由法曹団団報』同団発行，1959.10～　(d76 →『本報告書』76号)

e　「メーデー事件裁判闘争史」編集委員会編『メーデー事件裁判闘争史』白石書店,1982.11　(e57 →『本書』57ｐ)

f　自由法曹団編『自由と人権』自由法曹団発行，1955.12～1958.11　(f14 →『本書』14号)

g　自由法曹団編『自由法曹団議案書』同団発行，1963.9～　(80g39 →80年『本議案書』39頁)

h　『法律新聞』法律新聞社発行，1900～1944（戦前）(h1872 →『本紙』1872号)

hir　広島法律事務所編『あゆみ―広島法律事務所の50年」同所発行，2018.11

i　日本国際法律家協会50年史記録編集委員会編『日本国際法律家協会のあゆみ―民主的法律家の国際連帯運動の50年』同協会発行，2008.10.1

if　自由法曹団兵庫県支部・藤原精吾編『井藤誉志雄の歩んだ道』(復刻版)，同支部発行，2020.10　(i f16 →『本書』16ｐ)

is　石川元也著『創意―事実と道理に即して刑事弁護六〇年余』日本評論社，2020.1.6　(i s26 →『本書』26p)

j　自由法曹団ニュース，1946.10～1950.12　(j12 →『本誌』12号)

j②　自由法曹団再刊ニュース，1951.9～1955.8　(j②8 →『本誌』8号)

j③　自由法曹団ニュース，1968.10～　(j③48 →『本誌』48号)

k　自由法曹団編・中田直人監修『憲法判例をつくる』日本評論社，1998.10.10　(k399 →『本書』399p)

ko　甲府合同法律事務所創立30周年記念実行委員会編『甲府合同の30年』同委員会発行，2001.11　(ko53 →『本書』53ｐ)

kz　岡崎メモ（元団長岡崎一夫が団本部に残していたメモ）

m　自由法曹団編『自由法曹団物語―解放運動とともに歩んだ45年』労働旬報社,1966.10　(m7 →『本書』7ｐ)

m②　自由法曹団編『自由法曹団物語（戦前編)』日本評論社, 1976.10.15　(m②103 →『本書』103ｐ)

m③　自由法曹団編『自由法曹団物語（戦後編)』日本評論社，1976.12.25　(m③33 →『本書』33ｐ)

m④　自由法曹団編『自由法曹団物語―世紀をこえて（上)』日本評論社，2002.11.5　(m④332 →『本書』332ｐ)

m⑤　自由法曹団編『自由法曹田物語―世紀をこえて（下)』日本評論社，2002.11.5　(m⑤357 →『本書』357ｐ)

ma　松本三益著『松本三益団規令事件公判記録―米占領下,秘密警察とのたたかい』あゆみ出版，

1971.7.20

n　松川運動史編纂委員会編『松川運動全史：大衆的裁判闘争の十五年』労働旬報社，1965.12.15（n420 →『本書』420 p）

na　梨木作次郎著『ある法廷からみた昭和史』白山書店，1988.3.1（na126 →『本書』126 p）

nar　奈良合同法律事務所編『古都を吹く風―奈良合同法律事務所の20年』同所発行，1997.11

nas　自由法曹団長野県支部編『民衆とともに―自由法曹団長野県支部50年のあゆみ』同支部発行，2017.10（nas67 →『本書』67p）

nd　名古屋第一法律事務所編『名古屋第一法律事務所のあゆみ』同所発行，2008.11（nd13 →『本書』13 p）

ni　内藤功ほか著『憲法九条裁判闘争史―その意味をどう捉え、どう活かすか』かもがわ出版，2012.10.23

nn　中田直人著『国民のための刑事法学―その理論と闘い』新日本出版社，2011.1.30（nn180 →『本書』180p）

ns　梨木作次郎著『激動の八十五年を生きて』若草書房，1993.4.16（ns39 →『本書』39 p）

ob　岡林辰雄著『われも黄金の釘一つ打つ：一弁護士の生涯』大月書店，1980.12.12

oc　岡村親宜著『無名戦士の墓―評伝・弁護士大森詮夫の生涯とその仲間たち』学習の友社，1997.3.18（oc82 →『本書』82 p）

oh　大塚一男著『松川弁護十四年』晩聲社，1984.1.23（oh321 →『本書』321 p）

oi　大石進著『弁護士布施辰治』西田書店，2010.3.15（oi88 →『本書』88 p）

ok　岡崎一夫著『闘いの灯をかかげ続けて―岡崎一夫のメッセージ』イクォリティ，1993.11（ok139 →『本書』139 p）

om　岡本光雄著『広場の証言：メーデー裁判20年と私』東銀座印刷出版，1976.5.20

osk　自由法曹団大阪支部編『自由と人権のために（8）支部結成50周年記念文集』同支部発行，2016.10（osk35 →『本書』35 p）

oz　記念出版実行委員会編『小澤茂を語る』記念出版実行委員会,1976.10.15（oz215 →『本書』215 p）

p　日本共産党中央委員会著『日本共産党の七十年―党史年表』新日本出版，1994.5.5

q　日本国民救援会著『嵐に抗して―　救援会50年のあゆみ』同会発行,1978.12（q15 →『本書』15p）

q②　日本国民救援会著編『救援会の70年』同会発行，1998.4（q②40 →『本書』40 p）

r　総評弁護団20周年記念出版編集委員会編『戦後労働争議と権利闘争』上・下，労働教育センター，1977.9（r上40 →『本書』上巻40 p）

s　井上英夫ほか編『社会保障裁判レボリューション：いのちの砦・社会保障裁判』高菅出版，2017.9.30（s178 →『本書』178 p）

sak　堺総合法律事務所編『「自由都市」の灯をかかげて半世紀』堺法律事務所設立50周年会発行，2019.5.1（sak85→『本書』85 p） su　杉之原舜一『波瀾萬丈：一弁護士の回想』日本評論社，1991.10.10　(su98 →「本書」98p)

t　自由法曹団『自由法曹団通信』同団発行，1973.3～　(t32 →『本通信』32号)

ta　為成養之助先生の喜寿をお祝いする会編『清貧に生きて━私たちの為成養之助』同会発行，1980.5　(ta59 →『本書』59 p)

tg　東京合同法律事務所編『東京合同法律事務所創立50周年記念・世紀を超えて━ひとつの戦後小史』同所発行，2001.1　(tg17 →『本書』17 p)

tk　竹沢哲夫著『戦後裁判史断章━ 一弁護士の体験から』光陽出版社，2006.4　(tk31 →『本書』31 p)

tko　東京法律事務所編『東京法律事務所の50年』同所発行，2005.6

to　徳田球一・志賀義雄著『獄中十八年』大月書店，1955.1（新版・講談社文芸文庫，2017.12）(to32 →『本書』32 p)

ton　東京南部法律事務所編『50周年記念誌━人権と民主主義が守られる公正な社会の実現を目指して』同所発行，2018.10

u　法政大学大原社会問題研究所編『日本の労働組合100年』旬報社，1999.12.25　(u105 →『本書』105p)

ud　上田誠吉著『国家の暴力と人民の権利』新日本出版社，1973.7

ut　東京合同法律事務所編『植木敬夫遺稿集』日本評論社，2002.11.9　(ut54 →『本書』54 p)

v　「自由法曹団研究討論集会（5月集会）特別報告集」1985.5～　(89v11 → 89年『本集』11 p)

w　渡辺治編著『憲法改正問題資料』上・下，旬報社，2015.4.27　(w上482 →『本書』上巻482 p)

wa　鷲野忠雄著『検証・司法の危機　1969－72』日本評論社，2015.3.20　(wa93 →『本書』93p)

x　東京弁護士会百年史編纂刊行特別委員会編『東京弁護士会百年史』東京弁護士会発行，1980.10.25　(x379 →『本書』379 p)

y　飯島伸子編『公害・労災・職業病年表』すいれん舎，2007.6.25　(y366 →『年表』366p)

yok　横浜法律事務所編『横浜法律事務所35年のあゆみ━今日まで、そして21世紀へ━労働者、市民とともにpartⅢ』横浜法律事務所発行，1998

z　環境総合年表編集委員会編『環境総合年表━日本と世界』すいれん舎，2010.11.23　(z205 →『本書』205p)

HP　自由法曹団のホームページ　https：//www. jlaf.jp

HN　自由法曹団編『自由法曹団百年史　1921～2021』日本評論社，2021.7.20（HN24 →『本書』24p)

索　　引

1) 本年表記事中に記述記載された事項のうち重要事項を中心に採録し、五十音順に配列した。ただし、[社会の動き]「Column」からの収録は省略した。

2) 収録した項目は、法律、裁判、事件、企業、政党、争議などに関わる特定期な事項と、人権・民主主義・差別・公害・労災・解雇などの係争上の論点を示す事項を併載した。これらのキーワードを複層的に検索することにより豊富な情報の獲得を可能とした。

3) 同内容の項目または関連項目が複数ある場合（A･A'）は、一方（A）に集約し、他方（A'）を「見よ項目」とした。また、略称名称、変更名称、参考項目も同様に処理した。

（例 1）イタイイタイ病　34　41　53　69
　　　　富山イタイイタイ病　34　→　イタイイタイ病

（例 2）日本国民救援会（国民救援会）24　37　63
　　　　国民救援会　24　→　日本国民救援会

4) 収録用語の表記は、原則として記事中に使用されている語彙をそのまま収録したが、一部その内容を補充する語を付加し、あるいは一部を省略した。

【あ】

【い】

【う】

【え】

【お】

【か】

【き】

【く】

【け】

【こ】

【さ】

【し】

【す】

【せ】

【そ】

【た】

【と】

【な】

【に】

【ね】

【の】

【は】

【ひ】

【ま】

【み】

【む】

【め】

【も】

【や】

【ゆ】

【よ】

【ら】

【り】

【れ】

【ろ】

【わ】

自由法曹団　百年史年表

2021年8月20日発行
2022年4月25日第2刷
定価　本体1800円＋税

編集　自由法曹団創立100年記念出版委員会
編著者　荒井新二
発行者　高橋雅人
発行所　すいれん舎
東京都千代田区神田小川町3-14
第二万水ビル5B
電話　03-5259-6060
Fax　03-5259-6070
E-mail:masato@suirensha.jp
印刷·製本　モリモト印刷

乱丁·落丁はお取り替えいたします
ISBN978-4-86369-658-7